変化する
社会と家族の
役割・価値

——生命の尊厳・平和と共生の文化・社会の礎は家族に始まる——

西村 洋子

学文社

まえがき
——1970年代以降の西欧社会の家族の激しい変容とその問題性に今日の日本の社会と家族は直面しつつある——回顧と展望

家族に始まる，いのちの尊厳

　家族・家族生活は，人びとの生老病死を通してほとんど誰もが身近に体験し，日常しごくあたりまえの存在や事実と感じているだろう．したがって，人間が長い間かかって創出した独特の慣行・伝統であり，かつまた社会制度と考えるよりも，むしろ自然発生的・生物学的世界に属する存在や事象とみなされているかもしれない．だから誰でも家族について知っていると思いがちであり，誰でも自らの体験やイメージを通して家族生活の何たるかを語ることはできるだろう．しかし，ちょっと距離をおいて，客観的な考察の対象にするとなれば容易ではないだろう．

　専門学識者らによる家族研究自体が，家族生活を観察検討し，分析し，解明するうえで，これまで多くの困難を経験してきたし，多くの家族研究者間で，家族生活への視角や家族の定義をめぐる見解もまちまちで到底一致をみることは不可能でもある．それゆえ社会科学者間はもとより社会学者間ですら，家族は体系的学術研究における生成発展が弱体な領域とみなされやすい．そのことはとりもなおさず，人間生活の根底をほとんど網羅している家族自体が複雑で，多様で，広大深遠な性格をもつ実体であると共に歴史的・社会的，文化的，伝統的，価値的あるいは宗教的構成体ともいえる側面をもつからであろう．

　家族のとりわけ家族の実証的研究は，なぜ多くの困難に直面するのか．その根拠を探ってみよう．まず一つには，家族が人びとの社会生活の私的・個人的な経験領域であることにある．人びとは自分にとっても不確実な家族関係や暮らし向きにある私的世界を，オープンにして衆目にさらしたり，学術研究調査

の観察対象になるのを好まない．微妙な感情や事情が交錯する隠れた私的世界への社会学的洞察は，かなり容易なことではない．二つには，家族が，結婚や親族関係と同様に，グローバルにみれば多様な文化や宗教・民族・地域・言語・自然環境などが歴史背景にあり，多様な構造，機能，意味を有して多様に変化する社会制度であることによる．世界的規模にわたる現在までの家族や結婚や親族関係についての，文化人類学的・歴史学的・社会学的諸発見をみてみると，家族生活には，一つの時代性，地域性，民族性，宗教性などと関わる普遍的だが，特徴的でもある社会・文化を反映する多種多様な規則，規範，地位，役割，勢力関係，支配関係そして信念や感情などが関連していることがわかる．だから家族は，歴史的にみてもたえず変容し続けてきた人間社会が作り出した制度であり，社会集団でもあったが，特定の社会の一定の時点でも実際には多様な型の家族が存在していたのである．さらに，個々の家族が，時の経過とともに，さまざまな家族の型を現出し，生活変化を経験する，人びとの一生が生老病死を中心にさまざまな生活の変化という節目や段階をもつ，つまり，ライフサイクルをもつことが，家族史家らにより指摘解明されてきている．かくして，家族研究者は，家族がおびただしく錯綜した多種多様な制度の産物であることに直面せざるをえない．学問的にいえば，今日の家族・家庭の研究は既成の学問領域の枠を越えきわめてインターディシプリーなものということになる．

　家族はまた，人びとの価値観や思想的盲点の一つというべきものである．人びとが日常何気なく描いているイメージや，そして経験したり見聞して知っている家族像や家族生活のありようは，現実であり実体であるが，同時に周囲の社会・文化的環境や伝統や宗教や政治や経済の動き，国家政策を背景とするイデオロギー，理念，信条，価値観や政治・法制等々に裏打ちされたものである．人びとが当然とみなしている，男女のカップルの結婚，子産み，子育て，男女の役割分業，家族関係に託す愛着・親愛・信頼の情でさえも，周囲の社会・文化的環境のあり方や変化と相互に関連し合い，影響し合って変容することもある．そしてまた，家族に関するイデオロギーや理念あるいはイメージと，人び

との営む実際の家族共同生活との間には著しい乖離があり，各人各様の家族観・家族像をもつことになる．とりわけ，グローバリゼーションやメディアやテクノロジーの驚異的発展のもとでは影響・相互関連性は想像の域をはるかに超える．

近年，欧米先進社会では，人口動態統計や多くの調査研究資料などをみれば離婚や再婚，単親家族，婚外出生児，非婚の独り者，非婚同棲，結婚と離婚をなんども繰り返すシリーズ婚，ステップファミリーなどの著しい増大，あるいは家庭でも妻虐待や子ども虐待，同性愛などのパートナーシップ婚の頻発する風潮がみられ，いわば伝統的核家族や結婚をめぐる変化や，家族の危機あるいは家族の崩壊がさまざまに指摘されてきた．今日の日本も程度の差はあれ，欧米の趨勢に20～30年遅れて追随し直面しているようにみえる．

これまで日本でも現代家族をイメージして「揺れ動く家族」，「家族の崩壊」，「解体する家族」，「病める家族」，「危機の中の家族」，「家庭のない家族」，「ホテル家族」，「すれ違い家族」，「アダルト・チルドレン」等々の言葉が多くのさまざまな分野にある人びとの著作やメディアで喧伝されてきた．離婚の増大，単親家族，母子密着，DV（ドメスティックバイオレンス），子ども虐待，子ども間のいじめ，夫や妻の不倫・家出・蒸発などの事象の例が家族の絆や人間関係の崩壊，病理，危機，解体を具現するものとしてさまざまに論じられてきた．また孤立する核家族化の進行，三世代同居家族の減少や老・若世帯への分離と老親介護の問題，出生率の著しい低下と少子化，進む晩婚化，とりわけ女性の結婚拒否症候群，高齢化や，女性の教育の伸長や社会進出に伴う女性のライフサイクルや意識の変化，若年や高齢者の単独世帯の増加，DINKS家庭の増加など，少子・高齢化を背景とする家族の人口学的変化の様態や問題性が指摘されてきた．

今日の社会の急激な変動への対応と適応を余儀なくされる家族の変化が，家族の解体なのか，危機ととらえるのか．あるいは家族生活が生み出すさまざまな問題が，家族という制度や集団自体の存立や安定を揺るがしているのか．

家族への社会学的アプローチは，今日のわれわれの生活の変化を知る上できわめて適切であろう．本書の中では，われわれ個々人の体験を超えて，家族，結婚，親族関係のあり方や問題のより客観的で一般的な視点からの検討・考察が試みられている．われわれ自身の家族生活への個人的経験の範囲から外に出て，さまざまな社会的・経済的，文化的，法制的ないし人口学的な諸要因により，構造や機能を，型や意義を変化させる家族に，さまざまな局面からアプローチし，客観的にそのしくみを考察することは，自らの家族形成と家族生活の営みのためにもきわめて有意義であろう．本書は，筆者が70年代～90年代にわたってまだ日本では研究者らすら想像の域を出なかった頃70年代後半から80年代，そして90年代にわたって実際に現地調査をしてさまざまな行政機関や自助団体を訪問しました，研究者と交流して知見を深め，普通の市民の生活に当たり，見聞してきた．西欧先進社会での著しい変容を遂げた家族・結婚・子どものあり方などを対象にして論じている．

　2004年1月

西村　洋子

目　次

まえがき ……………………………………………………………………… i

第1部

第1章　家族の成り立ち　　　　　　　　　　　　　　2
　　　　──なぜ人は家族をつくるのだろう？

　第1節　集団としての家族・制度としての家族・脱制度化する家族 …… 2
　第2節　家族の類型と変化 …………………………………………………… 6
　第3節　家族の機能縮小と変化 ……………………………………………16
　第4節　家族は社会生活・人間関係の基礎 ………………………………23
　第5節　家族のライフサイクルとその変化 ………………………………37

第2章　家族の崩壊・解体から家族の再構成へ　　　　49

　第1節　離　　婚 ……………………………………………………………49
　第2節　単親家族 ……………………………………………………………66
　第3節　ステップ・ファミリー ……………………………………………74

第2部

第3章　オーストラリアの家族　　　　　　　　　　　80
　　　　──多様化する移民社会・多様な民族・多様な文化を背景とする

　第1節　結婚と離婚の推移 …………………………………………………82
　第2節　単親家族 ……………………………………………………………89
　第3節　事実婚家族 …………………………………………………………91
　第4節　家族と法制度 ………………………………………………………92
　第5節　離婚問題の統計的推移 ……………………………………………93
　第6節　法変化との関連 ……………………………………………………98
　第7節　家庭裁判所の役割 ………………………………………………103

第4章　イギリスの家族
——結婚・未婚母の増大から離婚・単親家族増大へ　112
第1節　ファイナー・リポート成立とその背景 ……………………112
第2節　リポート以後の趨勢 ………………………………………114

第5章　カナダにおける単親家族　126
第1節　変化の中の家族 ……………………………………………126
第2節　単親家族の形成と特性 ……………………………………130
第3節　単親家族増加とその背景 …………………………………134
第4節　単親家族と法——離婚法と家族法 ………………………139
第5節　単親家族と自助団体 ………………………………………148

第6章　ドイツにおける結婚と家族の生活形態
——多様化と個人主義化と脱制度化の傾向　153
第1節　背　景 ………………………………………………………153
第2節　結婚と家族——変化の趨勢 ………………………………159
第3節　単親家族・子なし家庭・増大する単独世帯 ……………168

第7章　スウェーデンの家族と家族政策　180
第1節　福祉国家と家族 ……………………………………………180
第2節　家族の変化と家族政策 ……………………………………182
第3節　結婚をめぐる変化とその趨勢——制度にとらわれない男女の結び付き ……………………………………………………189
第4節　男女平等の推進と女性の就業——男も女も個人として共に働く ……………………………………………………………203
第5節　親子関係をめぐる変化 ……………………………………207

あとがき ………………………………………………………………227
索引 ……………………………………………………………………231

第1部

第1章　家族の成り立ち
――なぜ人は家族をつくるのだろう？

第1節　集団としての家族・制度としての家族・脱制度化する家族――でも社会関係の礎は家族に始まる

　人間誰れしも，生涯に一度は，僅かな期間であれ，家族に生まれ育ち，家族を持ち，家族という人びとと関わり合いながら，家族という集団の中での生活を経験する．夫婦として，親子として，きょうだいとして，あるいは祖父母や孫として，同じ屋根の下に住み，寝食を共にし，頻繁に対面接触し合いながらかなりの間共に生活する．たとえ一時的に離れて住んでいても長期間その成員であり続ける場合も多い．それゆえ家族は，人びとが属するさまざまな社会集団の中では人びとの生活を，運命的に包括的に決定づける，もっとも身近で日常的で親密な絆を覚える社会関係からなる生活共同態だといえよう．

　いつの時代にも，どのような社会や地域や文化にも，必ずさまざまな家族が存在する．しかし，家族はもともと人間だけに生成してきたわけではなく，太古の昔から，高等動物の間にも見出される，家族に類似した共同生活の営みを，人間もまた同じように享有してきたともいいうる共同生活の形態である．しかし，他の動物と人間のちがいを家族機能という観点からみると，動物ではもっぱら生殖・種の保存，幼い子の飼育という本能的な範囲にとどまるに対し，人間の場合はそれだけではない．家族全体の課題として，日常の基本的生活習慣やマナー，言語や知識，社会の規範や価値・観念，行動基準などを習得するだけでなく，世代から世代へと新しい価値や文化の創造と伝承をも行ないうるだけの社会的・文化的に成熟した人間の形成やその社会化を行なっていくことに，動物とはちがう社会・文化創造主体たる人間としての特質がある．

　アメリカの先駆的社会学者クーリーは，「主として個人の社会性と理想とを形成するうえで基本的である集団」を第1次集団（primary group）と称し，そ

の典型の一つを家族にみいだした．すなわち，家族は，子どもを生み育て，社会化や人間形成のためのもっとも重要な基盤をなす親密な人間関係からなる基礎的社会集団である．

　家族の存在は，時代や社会や文化のちがいを問わず普遍的であるが，その存在のしかたはきわめて多様で，しかも変化する．一つの家族でも年月の経過とともに形も，人間関係性も生活のしかたも変る．今日では，どのような社会構造にも普遍的で典型的といえる家族は，単に夫と妻と子ども達とで構成されるいわゆる核家族とみなされている．したがって，「典型的な家族は？」と聞かれれば，欧米人達のみならず日本人の多くが──現実に見聞するさまざまな家族を想定して戸惑うとしても──究極は，核家族イメージに行きつくだろうし，さらにつけ加える必要があるなら，夫は家庭の主たる稼ぎ手として外で働き，妻は主として家庭にいて家事・育児や家族員のケアや安定化に従事・寄与している家族の中心者であり，太陽であるというかも知れない．

　しかし，今日では，かつて例をみないほどに家族は，社会の変化，人びとの価値観や意識あるいは生活スタイルの変化や多様化を反映して，さまざまに変化し多様化している．現実の家族の様態，家族についてのイメージも人びとによってさまざまである．

　多様な家族を特徴づけるには，主して三つの側面からのアプローチがある．まず第一は，家族を構成する人びとの間柄や居住のあり方をどう認識するかという主として社会制度的・構造的・規範的構成面である．第二は，家族を構成する人びとには誰が家族なのかの認識にはじまりどのように親密な感情や心理関係が認識されるかという成員関係であり，絆とか親密さの度合いの認識である．第三は，家族というものが社会の人びとから，また同じ家族の人びとから，何をどのように期待され，イメージされているか．反対に，周囲をとり巻く社会のあり方が家族の生活のあり方に影響したり，影響に抗って変化するなどという機能の側面である．それらは一般的に以下のように指摘されよう．

　(A) 制度としての家族の構成員は，夫婦，親子，きょうだいなど，主として

姻縁または血縁（養・継の親子，きょうだいなどの擬制的血縁も含む）関係にあたる性，年齢，世代の異なった少数の近親者である．その近親関係は，通常異なる性の1組の夫婦関係を基礎として派生拡大し成立する親子，きょうだい，祖父と孫，おじおば，いとこ，などの関係であり，こうした派生する親族関係は家族集団にのみ特有である．

しかし，婚姻による夫婦関係が構成の基礎であれば，それの欠落した母子や父子のみの単親世帯や，きょうだいだけの世帯，あるいは祖父母と孫の世帯などは家族の範疇に入らないかというと，けっしてそうではない．男女の夫婦関係を含む家族が標準であり完全形態であると，社会や人びとの多くが認識しているからこそ，夫婦という関係を含まない場合は，過渡的か一時的な欠損・逸脱ないしは不完全な家族形態とみなされやすいのである．今日では，非婚同棲の家族・同性愛者の家族でも自分達が家族だと思えば家族とみなされる可能性がある．今日の家族は結婚をめぐって脱制度化・新制度化への趨勢にある．

(B) 家族の人間関係での，夫婦，親子間の近親者としての情愛や愛着にもとづきながら，長期にわたる共住と全生活的共同や頻繁な接触によって醸し出される親密さや愛着心，情緒的・許容的な強い絆は，他の集団にみられない特徴である．諺として，「血は水よりも濃し」という一方で「生みの親より育ての親」ともいう二つの相矛盾する論理や感情を合わせもつのも家族関係の特質といえよう．家族は，成員間の強い結合，絆，一体感，愛情，いたわりや許し合い，やさしさや包容性などが期待され，讃美され，強調される．

しかし，実際にはしばしば期待にそむくことも多い．「愛と憎悪は紙一重」との諺があるように夫と妻，親と子あるいはきょうだいの間に感情や利害や意識のずれや失望感が生じ，対立，反目，葛藤，緊張，憎しみが生じ，時には身体的暴力や虐待行為にまで発展する．もはや修復し難い深い溝や傷手から離婚や名実ともの家族崩壊・離散に発展することもある．個々の家族員が自らの言動を自覚・抑制・反省し，他の家族員の意志や期待を賢明な理解と同情，寛容と包容性，思いやりやいたわりの心によって葛藤やあつれき不信に対処し克服

して，家族アイデンティティをたしかめ合い補い続けていくことが肝要であろう．

(C) 家族の機能とは，家族集団のめざす課題であり，働きである．共同生活形態である小集団としての家族は，歴史上さまざまに様相を変えつつ人間の多くの問題解決に寄与し，生存に必要不可欠な存在として機能してきた．ゆえに家族の機能は，個々の家族員，他のさまざまな社会集団あるいは全体社会のために，家族が果すべき独特な課題にもとづいた独特な固有様式による家族の意味であり，家族共通の活動とその成果である．

家族機能には二つの側面がある．ひとつは，家族周辺の外社会からの要求に対応していく社会的機能，二つにはその外社会に直接包摂されつつも家族独自に個々の家族成員の要求や期待に対応していく個別的機能である．双方の機能はしばしば複雑に相関連し合って区分は定かではない．両者の要求や期待が矛盾なく一致することもあれば，相対立し乖離することも，相補い合うこともある．家族は社会と個人を結ぶ媒介機関，社会の基本的単位，制度として，歴史の過程で家族を包摂する全体社会や国家の期待に大勢では対応し従容しながら，一方で家族独自の価値観やあり方を樹立し，しばしば社会的風潮に対する抗いの意志や姿勢を保とうとしてきたのも事実であった．

家族はまた，内に対しては社会的規範をたてに個々の家族員をコントロールし，個人の欲求や自由を制約して，家族統体の安泰・存立欲求を優先充足させてもきた．

子どもを産み，育て，人間形成をしていく社会化の機能は，社会と個人が，家族を媒介にすることでもっとも緊密に出会うものである．厳格な階級・身分社会，ファシズムや全体主義の社会体制下で，あるいは家父長制や男性優位の伝統的社会で，子どもの出生数の統制あるいは男児優先をはじめ，出生順位や性別による社会化やしつけや教育のあり方，宗教・思想・信条・価値観などが国家や社会や特定の宗教理念の統制や圧力下におかれる事実は，歴史上に限らず現代にもさまざまな国や社会に存在する．日本のイエ制度は，男尊女卑を

基底に，個人の教育や就業の機会をコントロールし，個人の恋愛や結婚をはじめ一人ひとりの生き方の自由を「家名を汚す」「世間体が悪い」「家の恥さらし」などとかなり制約した例である．

第2節　家族の類型と変化

有史以来，家族や結婚は，社会や国や地域や文化によって，または時代によってさまざまに異なった多様な意義・形態をとってきた．驚異的な産業化や交通の進展拡大をみる今日ですら，世界各地にさまざまな独特の結婚の様式やあり方や家族のしくみがみられ，男女関係，男女役割や，家族生活のあり方，子産み子育てや子どもの取り扱いなどに多様な相異を示している．かくして家族や結婚の普遍的定義づけはかなり難しいが，家族の類型は，特定の社会や文化や時代に属する慣行や法律や宗教などに規制されてできあがっている家族制度に関わるものであり，結婚や家族形成規範の多様性を反映するものとして把握されよう．主な家族形成規範は，(1)家族の大きさと組成（員数，配偶者数，親族続柄），(2)居住のあり方，(3)出自と親族関係，(4)権威と役割，(5)結婚とその解消のあり方などである．これらの家族形成規範にもとづく家族類型を以下に挙げてみよう．

(1) 家族の大きさと組成

① 核家族（nuclear family）は，近代の西欧先進諸国での慣例的かつ標準的な型とされている．家族員は一組の夫婦と未婚の子どもから成る独立的・自己完結的単位として共住する．夫婦は通常，自分の親・きょうだいなどの親族と緊密な接触を保ちつつも，それらと物理的・空間的距離を保ち，孤立しがちでもある．また単独でも存在するが組み合わさって多様で大人数からなる拡大家族を構成することもある．アメリカの人類学者マードックは，核家族があらゆる文化や社会にも，いかなる形態の家族にも，核として普遍的存在であるとのいわゆる核家族普遍説を主唱した．

核家族は親子2世代を含み，夫婦と親子二つの関係を含む．親世代とその夫婦関係を主体にするか，あるいは子世代と親子関係を主体にするかにより，2種類の核家族が成立する．前者は1組の男女が結婚して新家庭を創設し，子を出生し育成する「生殖家族（family of procreation）」である．後者は子どもがその中に出生し，養育され，基礎的な社会化と人間性形成の重要な基礎を与えられ，人生の基本的方向づけをされる「定位家族（family of orientation）」または「生育家族」である．ほとんどの人が，結婚により定位家族から生殖家族へと生涯に2つの家族を経験する．定位家族は，心身共に無力で生まれた子どもを包容して全生活的に愛育保護し，養育し社会化して一人前の社会人として自立成長させる権利をもち義務を負う．子どもは一定の定位家族へ選択の余地なく運命的に出生し帰属する．一方，生殖家族は，夫婦関係が主であり，夫婦間の愛情，期待，役割配分，子産み，子育ての方針，家族生活スタイルなどの選択欲求，任意性や選択志向性が強い．子どもにとって親の夫婦関係の任意性や選択性が強すぎると，親の「生殖家族」は解体し，崩壊しやすい．それは子どもにとっての「生育家族」つまり両親のいる「実家」が無くなることである．

核家族は，西欧社会では既に相当の年月にわたり浸透してきた．核家族が大幅に浸透した時期は，イギリスでは産業革命よりずっと以前から，アメリカではほぼ植民地開拓時代に逆のぼるといわれる．そして産業化や都市化の著しい進展，民主的・友愛的夫婦制理念の浸透などがますます定位家族と生殖家族の世帯分離化を推し進め，核家族はとくに西欧社会においては現代家族の主流あるいは標準的形態とみなされるまでに普及してきた．しかし，過去20～30年間の激しい社会変動・グローバリゼーションの進展を背景に多様化が進み，同性愛家族，単親家族，非血縁家族など，あるいは制度にとらわれないさまざまな家族形態や結婚のかたちなどが生じ，核家族は今や伝統的家族と称されるまでになっている．

② 拡大家族（extended family）は，親と子の2世代以上にわたる多数の近親者が同居する大家族である．両親，子ども，祖父母，曾祖父母，叔父叔母や，

その他の近親者をも含む場合も多い．かつて家族が生産製造や販売の主要な場であり，人びとの生計維持や扶養や福祉追求上の主要な機関であった時代には，多くの近親者間の協働や相互援助を必要としたから，拡大家族は広く普及していた．現代にも祖父母と孫の同居する3世代家族をはじめ，多様な構成による拡大家族が，さまざまな経済的，文化的，社会的背景や要因により世界各地に広く存在している．日本でもさまざまな背景による老親同居の3世代家族率は，先進諸国の中では主に郡部地方で高い．

③ 単婚家族（monogamous family）は，1人の夫に1人の妻，またはその逆からなる家族，いわゆる一夫一婦制家族（conjugal family）として知られる．われわれは一夫一婦婚を文化社会に自明と受けとめそれ以外の結婚については異常，野蛮，非道徳，男尊女卑の典型などと考えるのが普通である．欧米諸国をはじめ日本でも，同時に2人以上の配偶者をもつことは法的に禁じられ，重婚（bigamy）罪で厳しく制裁される．しかしこのような法的に厳格な単婚制の存在は，今日でも世界諸種族間での僅かに20％程度にとどまり，他は以下に述べる複婚制を宗教的・慣例的に容認するものが圧倒的多数である．

④ 複婚家族（polygamous family）は，1人の男性が複数の妻をもつ一夫多妻婚（polygyny）または1人の女性が複数の夫をもつ一妻多夫婚（polyandry）の2つから成る．両者の大多数をなす一夫多妻婚は，世界の大部分の諸社会や諸文化の中で古代から現代に至るも制度的に存在が容認されてきた．しかし実際には，特定の宗教的背景にある人びととか一部の特権・富裕階層間に実行されるにすぎず，大部分は単婚・一夫一婦婚である．

一妻多夫婚は，チベットなどごくわずかな社会での慣行が知られている．この結婚は，ふつう女性1人と，一つの兄弟集団との間に成り，同一世帯を構成し，長兄が家長で子どもの養育責任者とみなされる．他の場合では，妻は夫達とは住まずに，引き続き自分のきょうだい達と住み，子どもの養育もきょうだい達が援助する．

(2) 居住のあり方

　結婚した新しい生殖家族と，夫と妻双方の定位家族との間の居住関係のちがいにもとづく家族類型がある．まず，① 父居制（patri-locality）または夫居制（vili-locality）は，夫方の定位家族との同居，② 母居制（matri-locality）は，妻方の定位家族との同居をいう．どちらでも都合のよい方を選択し同居するのが③ 選択居制または双居制（bi-locality）である．どちらの定位家族からも独立居住する場合が，④ 新居制（neolocality）である．

　今日世界の大部分の社会では父居制が優勢し，アメリカをはじめ西欧先進社会では新居制がより支配的である．選択居制や新居制は，子ども夫婦の自主性や就業上の都合などにより，むしろ自由に決定されるのが普通である．しかし，親と子家族との間に相互の社会的接触のあり方をめぐるさまざまな問題が介在しやすい．わが国では，戦前の直系家族制のもと，夫方の老親と子家族の同居扶養が当然とされていた．今日では直系家族制は衰退し新居制が普及してきた．とはいえ同居か別居かの居住形態は，まだまだ親と子双方の大関心事・大問題であるし，夫方の老親と子家族との同居率は今なお郡部を中心に高い．1960年代に8割だった同居率がだんだん下降して80年代に7割を切り，今では6割余であるが，欧米先進国での同居率が多くても3割を越えないのと比べればまだ高率といえよう．同居率の高さは，同居の理念の残存や家族慣習，それにさまざまな点での同居の実利制や利便性が考慮されるからであろう．しかし一方で，昔からの嫁姑間のあつれき，さまざまな生活面や意識面での親子世代間の差異の拡大，平均寿命の伸びと長くなった老後あるいは，年金や介護保険の一応の普及などの理由から，老親・子ども共に少なくとも親がまだ丈夫な間は別居するという傾向も一般化してきた．欧米先進国では親子双方の自立独立心，プライバシー観念，葛藤や衝突の忌避，年金や医療保険など社会保障の充実，核家族観念の浸透などで，別居は当然視され同居するにしても娘の家族とのそれが望まれ，実際に多いという．しかし，いわゆる「物理的距離を置いた心理的親密さ」が良しとされ，近居による頻繁な接触が保たれようとするから，老

親の7割前後がほぼ毎日子どもの家族と接触するといわれる。それに反し、住宅、就業、社会保障などの点で制約が多く同居も別居もなかなか意のままにならないのが今のわが国の実情でもある。同居では日常接触は常態で、むしろべったりの関係となり、古くて新しい嫁・姑関係や親と子間の、祖父母と孫間の世代間葛藤も顕在化しやすい。別居すれば遠居となりやすく日常接触どころか接触自体がおぼつかなく、とりわけ老親の孤立となりやすい。わが国の同居型老親扶養の家族慣習は、今、農山村地域の過疎化＋高齢化をはじめ都市部でも高齢化地域が増え高齢者単独世帯も増大している。急速に進行する高齢化と少子化を背景とするさまざまな社会的・人口学的変化のもと、家族の住まい方、暮らし方は大きな転換点を迎えている。

(3) 出自と親族関係

出自は、親族体系のおそらく唯一のもっとも重要な局面である。人は出生に際し、父と母の二つの血統を受け継ぐがほとんどの社会や文化が、父か母いずれか一方の血統を重視する規範をもつため、他方の血統は家系継承規範から除外される傾向がある。出自はまた、誰が家族を保護防衛する最高責任者または権威者となるかを決定し、その人間によって家族の富や諸資源を移譲させる。さらに出自体系は、家族の居住のしかた、大きさ、構成などにも影響する。まず、① 父系制（patrilineal system）は、父方の血統がもっとも重視され、子どもは父方家族の権威下に入る。その逆が ② 母系制（matrilineal system）である。③ 双系制（bilateral system）は、父方と母方が平等視されるもので、今日の西欧先進社会の市民階級層に広く浸透している。そこでは、父系制のほぼ唯一の名残りとして、妻が夫の定位家族の姓を使用することに表わされている。しかしそれも大勢において変化しつつある。近年では両性の平等主義が浸透し、女性解放意識の高揚、女性のアイデンティティの確立などにより、結婚後も妻が自分の定位家族の姓を保持したり、使用する例も増え、それを合法化している国も多い。

わが国では，父系制に基づくイエ意識が地方や古い世代ではいまなお根強い．結婚によりほとんどの妻が夫の姓を慣例的に名乗ることで，夫の家系への嫁入りを意味し，夫の家系の一員となり，夫の家系の権威に従属し，それへの帰属意識を深め子どももまた夫方の姓を名乗る．妻はやがては夫方の家族の墓に入ることが当然視，あるいは期待される傾向が強い．しかし，今や現実に，父系の唯一の残存形態である姓および墓が，父系出自とその継承の象徴として，人びとの意識や生活を支配しているといえようが，それも今日ではかなり様変わりしつつある．

　もっとも，両性の平等性に基づいた理想的にも思える双系制にも，実際には問題が生じやすい．夫と妻双方の定位家族間での，子夫婦とその子ども達の注意や歓心を引きつけようとする競合やいさかいである．こうした競合は，子夫婦が強い独立性を保ち，双方の定位家族から過度な権威支配や影響を受けないようにするとの鉄則を堅持する他ない．そうしなければ，婚姻間関係のみならず子夫婦の愛情関係をも葛藤から崩壊へと導きやすい．近年の出生率低下による子ども数の減少は，将来のひとりっ子同士の結婚や，双方の後継ぎの子同士の結婚増大を予想させる．姓や家系の継承をめぐってのみならず，実生活での接触，親の扶養や介護をめぐる困難や問題が予想される．

　かくして，厳格な双系出自体系は，小さな夫婦家族または核家族単位とか新居制ともっともなじみ易い．定位家族の親達による子夫婦家族へのコントロール，干渉あるいは権限は，子夫婦の生殖家族にプライバシー保持上の不安，そして別居生活の自立性に不安を抱かせる．

　近頃の欧米社会の一般的風潮は，出自をさほど気にかけず，夫婦双方の定位家族を平等に扱い，子は両親の財産を平等に継承するが，子夫婦は親達に干渉されるべきでなく，住みたい所に住もうとする．とはいえ，双系制は，まだ多くの人びとに疑問や不安，非道徳感や心理的抵抗感を抱かせ，親子間の情愛や親密性をそこなうとみるむきも多い．したがって，出自規範の規制力は，通常それに導かれながらも，実際はそれに気づかないか，あるいは他人が出自規範

に拘束されている事を好ましく思わない程度のことであるようだ．さらに，単親家族，混合家族，ステップ・ファミリー，同性愛家族などがあたりまえのようになりつつある欧米，生殖革命が静かに，しかし議論の余地を残しながらも進みつつある欧米社会は，今後ますます，出自や親族関係にこだわるよりも親子関係，個々の人間関係，そしてその親密関係を中心に考える方向に向うのではないか．

(4) 権威と役割

権威と役割の規範は，とりわけ多数の親族を含む拡大家族において，摩擦を減じ，調整し家族をまとめていくために必要な家族内の一定の地位に具わる強制規範であり，通常三つから成る．

(1) 父権制 patriarchal (2) 母権制 matriarchal (3) 平等制 egalitarian である．父権制は居住単位内の父親がその決定権を有する．しかし，出自規範や家族の大きさの規範が単位外にまで決定上の権威を拡大するとなると，長男もしくはもっとも有能な男性がこの大親族集団を統率する．母権制は概して稀であり，あるとしても，典型的には女性ではなく，母方の男性が実際の決定権を行使し，強化する．たとえば，母の兄弟，父親，祖父などが，その居住家族あるいはより大きな親族集団を統率する．母権制は，おおむね母系出自や母方居住（母居制）と結びつく．

平等制は，最近の理想的で重要な趨勢である．生計の維持，家政および家事，子育てなどの仕事が，夫婦平等に分掌され，家族の中で，決定において夫婦平等な権力をもつ．平等制は，友愛結婚（companion marriage）のもっとも完ぺきな形態である平等結婚に基づく．平等結婚の特色は，伝統的性別分業の平等な分掌である．夫と妻は，伝統的に女性の仕事とされる育児や家事も，男性の仕事とされる力仕事にも平等に責任をもち，すべての決定に平等に関与する．仕事や決定を平等に分掌する夫婦は，男女それぞれに固定された伝統的性役割をもはやベースにはしない．夫婦は，各自の個人的技量や資質が異なる以外は，

全ての点で絶対的に平等と考え，行動する．平等制は，平等結婚に，そして典型的な共働き結婚（夫婦が有意義で有力な仕事をもつことが，生活スタイルのすみずみまで浸透している）にみられる．平等結婚は現実にまだ少なく，実行上にもさまざまな困難や問題が生じやすい．しかし，話し合いによる決定や役割分掌は，夫婦間をより親密にし，親子関係や子どもの社会化の改善に寄与することも大きい．同じ人間として，愛，尊敬，理解，信頼が大切である．

(5) 結婚と離婚

結婚（marriage）と離婚（divorce）は，家族の形成と解体を左右するだけに，社会や周囲への影響が大きい．個人の自由意志を基本としつつも，法や慣習やしきたりなど，さまざまな社会規範に拘束され，制約され，親や家族も干渉しがちである．結婚は，男女間に性と心理学的絆（愛情）を確立するとともに，夫婦家族の場合の中心的単位を，拡大家族や複合家族の場合の下位単位を構築する．

結婚と家族は，狭義では互いに関連し合うが，本来両者は別の範疇である．R・ケーニヒも指摘するように，結婚と家族の関係は歴史の過程で変化してきた．家父長制，あるいは日本の直系的イエ制度でのように，かつては結婚がまったく統一集団としての家族に従属させられる時代や文化があった．個人よりも家族が家族にふさわしい配偶者を選択決定し，結婚生活は家族の伝統や慣習によって規制された．結婚は必ずしも独立して新しい生殖家族を築くことではなく，既存の定位家族の存続発展への寄与が，目的とされた．

現代の結婚は，定位家族はおろか，自分達が創った生殖家族からさえも，かなり分離独立的になるため，家族に対ししばしば脅威となる．原則として結婚は男女の個人的・私的な問題とみられ，余人も家族も干渉させたがらない．いわばケーニヒが指摘するように，結婚の個人主義化が急速に進んでいる．結婚の絆が何らかの理由から解消されると，家族は往々にして解体するかまたは損なわれる．この結婚と家族の間の緊張関係は，次のような社会的矛盾に導く．

すなわち，離婚を主とする家族解体がますます社会に浸透し，受容されている．その一方で子どもの養育や社会化は，両親揃った完全家族でなされるべきで，施設や代替家族でのそれは異常で，弊害が多いとみられている．

　結婚の配偶者選択の範囲は，必ずしも自由かつ開放的ではない．それは選択の自由を制約する以下のような規範・原理が存在するからである．

　①インセスト・タブー（incest-taboo）（近親相姦禁止規則）．配偶者選択に際し，唯一の法的制裁をもつ規範である．この規則は，狭義の親族である人びととの間の性交および結婚を禁ずるもので，あらゆる社会や文化にある．例外は，往々ごく特定の家族，たとえば，古代エジプトの王族に，あるいは，一般市民の間にみうけられた．インセスト・タブーが，夫婦間以外の親族の間で強力に作用する最小単位としての枠付けが，一つの家族集団の境界を意味している．法的には2〜3親等の血縁者間に適用されるが，非血縁である婚姻者間への適用も稀ではない．

　②内婚原理（endogamy）自分の属する集団内で配偶者を選択し結婚する．現代の産業社会では，厳格で公式的な内婚規範はないといえるが，非公式にしかも暗黙に程度の差はあれ，さまざまな集団に（たとえば，人種，民族，国家，階級，身分，宗教，地域など）集団の維持・繁栄のために適用されている．内婚原理の適用範囲は，外婚原理のそれよりも広範である．しかし，社会発展，地域間移動や国際交流の進展に伴い，個人の自由の拡大や集団の開放性が進み，内婚原理の規範性は弱まりつつある．

　③外婚原理（exogamy）は，内婚原理の逆である．特定集団内の成員の間での結婚が禁じられ，集団外の人びととの結婚だけが許容される．そのもっとも厳格な例がインセスト・タブーである．

　内婚・外婚の2原理は，表裏の関係で共に作用しつつ，多かれ少なかれ配偶者選択の範囲を限定している．

　離婚は結婚の解消であり，究極は法規に支配される．法規は通常，結婚の解消の時期や方法と同様に，子どもの養育や保護責任の分担のしかた，財産配分

などを規定する．役割葛藤，緊張が多発しやすい今日の小さな夫婦家族および核家族では，多くの結婚が解消し家族が崩壊する．かつて離婚には大きな社会的偏見やスティグマがあった．しかし，人びとの価値観や生活スタイルの変化は，結婚や離婚は家族の緊張の実体を，離婚によって収集し調整する方向へと向かわせた．欧米諸国での離婚は法規上は容易化し，離婚はもはや罪悪や逸脱とみなされず，離婚者へのスティグマは減少した．そして離婚・再婚の繰り返しによる連次結婚（serial marriage）や，単親家族，混合家族などの出現を常態化している．さらに非婚同棲家族，同性愛家族いわば家族や結婚の脱制度化も増加している．

次に，居住規則に基づく定位家族と生殖家族の関係について，親の側から子の生殖家族をみると，三つの家族型が類別される．

①夫婦家族制（conjugal family system）結婚により成立した生殖家族が，夫婦の一方または双方の死亡により消滅する夫婦一代限りの家族である．その子どもが新居した生殖家族との系譜的一貫性はなく，双系的である．夫婦間および男女間は法的に平等であり，遺産相続は遺言指定の場合を除き子女間の均分相続となる．家族構成規模は小さく，相続不動産の比重は小さく，系譜的にも親の権威からも身軽であるから，職業選択や地域的移動になじみやすい．この制度は，個人の自主性や人格の尊重，平等理念に条件づけられており，さらにそれを補強しているのが，産業化の進展と全般的な社会福祉制度の拡充であろう．この類型に近い家族制は，既に早くから欧米に普及し存在した．わが国も今，それへの漸次的移行過程にある．

②直系家族制（stem family system）原則的に，親が1人の子の生殖家族とだけ同居する家族．一般に後嗣である長男の生殖家族との同居が優先的である．このパターンを世代的に反復し続けることにより，直系的に家族構成が再生産される．男女間およびきょうだい間の地位権限は不平等であり，財産相続は後嗣の単独相続または他との不均等な優先相続である．家業の世襲，家産の保持，家名や家族の名誉の尊重，祖先崇拝の堅持，家族の統合維持・存続維持などを

優先する．家族員個々の主体性や自由自尊性は軽視される．その典型は，わが国における戦前の「イエ」制度にもみられた．また，小農が多い国や地域に多発し，フランス，ドイツ，アイルランドをはじめ，フィリピン，日本などにも広く存在してきた．さらに，概して王侯貴族の家柄，上流富裕階層や身分に，あるいはわが国での伝統文化や芸能の世界に今日もなお厳然たる形で存在している．都市の中流勤労市民層間にも，多かれ少なかれ意識上直系制の残存がみられ，地方の農業地域などではかなり根強い直系制志向がある．

第3節　家族の機能縮小と変化

　家族の平穏無事な存在やはたらきを乱すさまざまなリスクや障害——急速な社会や環境の変化とそれがもたらす混乱——にも拘わらず，家族は今なお生き続け，存在し続けている．もっとも，社会は既にかなり以前から，より広範な社会的欲求充足にとってとりわけ必要であった家族の重要性を認めなくなってきている．そう，家族は過去に果していた仕事や責務の多くを棄て去り，衰微させてきた．昔の家族の主だった機能・サービスの多くが他の社会制度や機関に移譲代替された．こうした家族機能の変化にもっとも早く着目したのが，アメリカの社会学者オグバーン（Ogburn, W. F., 1933）であり，すでに1930年代初頭に，産業化の進展に伴い家族機能が衰微・縮小していった過程・結果を強調した．オグバーンによれば，家族機能は固定的な主機能と変動的な副機能に二分される．前者は性的機能と扶養機能の二つであるが，後者には経済，教育，宗教，娯楽，保護，地位付与，愛情の7機能があり，これらは主として近代産業が発達する以前の家族にみうけられた機能であるとした．これら変動的な七つの副機能のうち，今や愛情以外の六つの機能は，産業発達に伴う社会生活の変化によって，企業，学校，政府，宗教機関など家族以外の専門機関や制度に吸収併呑されたり移譲されるかして，家族機能としての必然性を失なうかあるいは家族機能としてはまったく衰微した．こうして，六つの制度機能が縮小弱体化した代わりに，愛情という人間的機能が相対的に顕在化し，家族存在のた

めの結合の中心となると洞察した．

　社会変化に伴う家族機能の変化と，家族の本質的，本来的機能をめぐる見方は人それぞれの立場により，必ずしも一定していない．

　産業の発達を中心にして，都市化や近代化の発展が進むにつれて血縁や地縁にもとづく部族や同族集団を基盤とするような閉鎖的共同態で相互依存性と強い絆を必要とする集団社会は解体され，自己完結的な生活過程を衰微させていくにしたがって，家族という生産の単位としての生産の機能を失ない，生計単位としての消費機能を卓越させてきた．さらに家族の機能は，特定のものに限定され，それだけに顕在化し，いっそう明確になってきたという見方もできる．アメリカの社会学者T・パーソンズは，産業化の進展に伴う現代の家族構造と機能の必然的縮小を指摘し，最小単位の核家族に最後まで絶対に衰退しない根幹的な機能があることを挙げた．(1)子どものパーソナリティ形成という基礎的社会化 (primary socialization)，(2)成人のできあがったパーソナリティの安定化 (stabilization)，の2つであり，これら家族のパーソナリティ機能こそがとりもなおさず現代家族が存在する上での積極的意義と見なされるものである．

　現代の家族機能とその縮少あるいは変化の様態を以下で検討してみよう．

(1) 性的―生殖的機能

　性は，人びとを結びつけ，交配させ，種を保持しうるために必要である．性衝動は人間の生命躍動と発展に不可欠だが，問題も多い現象である．人々の性をコントロールすることによって，性をめぐる抗争や競争を微小化し，人間存在のために人類が依拠する社会結合や集団を破壊から保護するという問題である．人類はこれまで，性をコントロールする規範，とくに子どもの出生に帰結する性関係に対しての強力な規範を発展させてきたし，性事象について多様な規範を設けてもいる．しかし，もっとも肝要なのは男女の性欲求充足を，結婚という正式の夫婦関係承認によって保障し，それ以外の性行為を規制することである．つまり，結婚ないしは家族において一定の相手との間の性交換の自由

と権利を与え，同時に拘束と義務を課した．性的欲求充足の別の形（婚外あるいは婚前交渉，売春，同性愛など）は，"規範からの逸脱"または例外とみなされ，軽重のちがいはあれ，制裁を与えられることもあった．これは結婚の機能とも同一視される．しかし，文化や宗教観の相違により，婚前交渉，結婚しない同棲や性交渉に寛容，許容的な社会もある．日本でもこれまで男尊女卑観のもと，男性は，畜妾，売春，婚外交渉などにおいて寛容に扱われたが女性は厳しく規制された．

また，今では避妊の知識や技術の発達から家族計画による小産化が一般化し，性と生殖の分離が確定化された．生殖から自由な性は目的化され，往々に遊戯悦楽の対象となり，スワッピング（夫婦交換），同性愛，倒錯した異常性関係，インセスト・タブーの破犯など，既成の性道徳や規範からの解放現象も著しい．しかし，正式婚による夫婦間の性行為が人類の長い歴史の過程で編み出された相対的に妥当な知恵の所産だとみなす価値観は，まだまだ多くの社会に共通するという底流をゆるがせていない．家族の場における愛情，理解，信頼そして責任に基づく適正な性関係は，人間の豊かな生命力の発現と人間性の成長・安定の源であり，活力と喜びのある社会的再生産の重要な基盤である．それゆえ，結婚という機能を家族の重要な機能に位置づける視点が今なお必要であろう．

家族の性的機能はまた，夫婦関係のみでなく他の家族員との関係から考える必要がある．家族の中で性行為が公認されるのは近い血縁の関係ではない夫婦のみであり，親子・きょうだい間には強力なインセスト・タブーが存在する．これは，パーソンズ等が指摘するように家族存在の普遍性ないし本質と関わるのである．

家族の生殖的機能は男女の性的機能を前提とする．生殖的機能は，対社会的には，種の"再生産"機能であり，家族が，新生児の生殖により社会の新しい成員を創造して維持存在をはかることを意味する．ほとんどの社会では，家族形態が人類の再生産にもっとも妥当な設定だとみられている．生殖の機能こそ結婚および家族以外のいかなる制度もなし得ない家族の中心的機能としてきわ

めて重要視する人々は，まだ圧倒的に多いといえよう．

以前の社会で，親族の系譜と相続の様式を問題としたところでは，伝統的に家族内での再生産を重要視し，他のいかなる設定も罪悪であり不道徳であった．

マリノウスキィは，婚姻が性的関係の認可というよりもむしろ親性（parent-hood）の認可であり，生殖機能を前提にしてこそはじめて婚姻の機能があるとみた．以前西欧社会の多くはおおむね，婚姻外に出生する子どもを非嫡出子（illegitimate）とよび，正式な親性を認めなかった．非嫡出子は，生んだ母親とともに，低い社会的位置づけとスティグマ（汚名をきせる）や差別視の対象とされた．正式に親性を認められた嫡出子（legitimate）は，自分の養育に対して責任のある父と母をもつ．たとえこの機能が他機関に移譲されるにしても，単に生物学的生殖にとどまらず，子どもに衣食住を与え，病気や損傷から保護し，愛情と責任をもってしつけや教育や社会化をする最適の場は依然家族だといえるだろう．とくに社会化の機能は，子どもの人格形成や生命尊厳の礎を作る上で意義が大きく，家族の特別に重要かつ肝要な機能として扱われている．

(2) 経済——家計維持機能

家族の生活維持に必要な財貨は，もともと家族自体の中で，生産労働を通じて調達されてきた．産業化の発展に伴う分業の拡大によって，社会に労働の場が占められるにつれ，生産の部分はますます大きく家族外領域に移譲された．そして家族は，大部分の生産的単位を脱して消費共同生活態に変化した．人びとは家内的自営業から雇用労働者へと移行し，職住は分離した．家族内には性的役割分業が生じ，明確化し，男や夫は生計中心者として外で稼働し，妻子は主として家庭にとどまった．家族員が共働する時でさえ，生産労働での共働は減少した．家族員は，共通の世帯に住み，外で稼働し獲得した賃金を媒介に消費財を購入して，家族内で消費する（間接的生産）単位に変じた．こうした消費共同生活態としての内容にも，最近ではさらに変化が起っている．すなわち，家族員個々の生活場面の空間的拡大，生活欲求の多様化や複雑化による質量と

もの変化である．家族外での活動領域，関心，生活時間が多様化し，同じ家庭内でも家族員一人ひとりの私別化（privatization）の傾向が進んでいる．家族員は，家族資源を分掌しあわない形で部分的に使用する．金銭の使用法も家族員が個別的である．これは，家族の経済的本質が変化しつづけているという反映である．

また，家族の消費機能の軽減がある側面での増大をうながす側面もある．たとえば，余暇やリクレーションの増大に伴う，病気や災害の危機に対処するための，あるいは子どもの養教育費の膨脹などに伴う消費支出の増大がある．子どもの社会化や人間性育成の機能は，家族の健全な経済機能の確立によってはじめて可能になる．人間生活の基本的福祉追求という家族の包括的機能の中で，今日ではとりわけ経済的機能の位置が重要な基礎である．

(3) 家族内役割分担の機能

歴史の過程で，社会は重要な仕事を男女のうち一方の性だけに主としてあるいは全面的に委ねるのが普通であった．しかし，あらゆる社会で，一方の性のみに常に限定して委ねられてきた仕事もなかった．男性が家事をし，女性が戦士となるような社会もあった．子どもの出生という生物学的性差すら絶対的なものではありえない例として，夫は妻が子どもの誕生後仕事に復帰しえた時点ではじめて，自分が妻と同様に子どもを出産したかの如き挙動，苦痛，体験から解放され蘇生するとみなした社会もあった．

家族員の年齢も家族の分業を規定する．子どもは一定の成長発達レベルに応じて行為を許可される．今日の社会では，子ども達に家族内で委されうる責任ある役割はごく少ない．以前子ども達は親の労働や家業を手助けし重要な労働役割を担っていたが，今日の産業社会の家族には，既にそうした機能が消滅している．家族内での性差に基づく役割区別は今や動揺し，崩れてきている．ある結果が一つの性だけに強く属するとみなされうる役割は減りつつある．料理，洗濯，掃除，家の補修その他家庭内の雑用などに関しては，以前ほどではない

が，依然一つの性（とくに女性）に属するものとされる．性差に基づく分業が消滅するのはまだ程遠いといえまいか．夫と妻の両方が独立したキャリアを追求する現代的なきわめて平等な結婚においてすら，女性が依然として家事雑事の大半を担当し続けていることが多く実証されている．

(4) **家族の保護と情緒的欲求充足の機能**

　昔は，家族にとっての環境からのあらゆる種類の危険や圧迫に対し，家族自ら自衛し保護することが往々必要であった．他人が加える攻撃や危険から保護するのに，社会は警察や軍隊などの制度的勢力を創生して防禦機能を果してきた．文明化，産業化の進展は，これまで予期しえなかったような各種の新しい防禦対象の出現をみている．超高齢な老人の保護やケア，子どもの交通禍，マス・メディア，危険な遊び，非行化や犯罪，などからの保護・防禦など，あるいは，心身の保健・衛生管理など家族に限界はあるが第1次的な責任の量や範囲が増している．

　今日の産業社会の特性からみて，家族における情緒的要求と安定の機能がとりわけ重要視される．社会での人びとの接触の大部分は，親密性や情緒的関心を伴なわず，非人格的で利害優先的である．それに反し，家族は，人びとが親密に直接触れ合う協同と互助に根ざした持続的単位であり，思いやりと許し合いで緊密に結合した第1次集団であるがゆえに，情緒的安定を醸し出す．それゆえ，家族は，家族外の人びととの間の満足感や情緒を伴わない束の間のうつろいやすい不毛な砂漠のような関係性の中での親密さと愛情のオアシスともいうべき情緒的安定性をもたらすのである．個々の家族員の悩みや困難を解放し，緊張を弛め，外部社会での課題追求や競争の重圧をいやしたいとの欲求は，親密で情緒的な家族集団の輪の中でのみもっともよく充足されうる．家族のいる家庭は，われわれ自身が自らをとり戻し，寛ろぎ，自分の心や感情の深奥を表明することができ，ほんとうの安らぎや支えを見出そうとする唯一の場である．

　現代の複雑で，変化の激しい，競争の激越な，営利追求社会では，社会的領

域と家族領域間の対立が一層顕在化するだろう．それが家族をして，人々の情緒的充足と安定化の唯一のオアシスであり，理想的シェルターであらせようとする．しかし，あまりに強すぎる期待や理想視は，破れやすく，葛藤や対立をも引き起しやすい．今日多くの人が担う精神的緊張，葛藤，障害などは，直接家族内というよりもむしろ，家族外部の職業や学校など第2次集団での条件や人間関係により多く依拠するといえよう．それゆえ，家族関係が過度の期待，情緒包絡性，甘えに基づくことなく，同時に外部社会での人間関係がより人間的で情緒的になることが，より健全な人間的社会をもたらすであろう．

(5) 子どもの社会化の機能

今日の家族のもう一つの際立った機能は，子どもの扶養と社会化である．社会化は子どもに社会の規則，価値，慣習を，あるいは社会から期待される行動パターンを教え，感化させ，内面化させていく過程である．社会化を通じて学習されるわれわれの社会の慣習や信念体系が，われわれ自身の慣習や信念体系になる．社会化を通じて，われわれは，自分や他人のなすべき行動や思考のパターンを知り，話し方，衣服の着け方，善悪・正邪の区別，美醜の判別，他人との接し方やマナーのあり方などの概念も獲得していく．社会化の過程は，人間の発達成長の段階での新しい経験や出会いや知識の吸収として，生涯継続する．しかし，人格形成の基礎づけにもっとも大きな影響を与えるのは乳幼児時期における家族以外にない．われわれが生まれ育つ家族は社会化の第一義的・基礎的機関であり，家族は生物有機体として出生する無力な子どもを愛育して社会的人間に成長させていく唯一重要な機関である．

(6) 社会的地位付与の機能

社会的地位は，個人が家族外部の社会で占める声望や威信であり，職業上の地位・学歴・所有・出身身分・家柄・階層などと関連する．個人の社会的声望や威信の由来の大部分が，したがって社会的地位付与がほとんど家族や家系に

応じてなされる社会は，洋の東西および過去現在を問わず存在する．かつて西欧や日本での封建制の時代に，あるいは今なおインドのカスト社会にみうけられる．

　社会的地位付与に関する主な歴史的変遷の1つは，社会的認識の単位である家族の意義から個人の意義への移行である．封建的身分社会では，個人の社会的地位付与は，その所属する家族ないし親族集団の地位・門地・身分に基づいて承認された．個人的な能力や業績は，そのみかえりとして彼にはねかえってくる家族の全般的地位に寄与し，個人としての能力や業績が独立して評価されるわけではなかった．

　近代になり，家族がより小さな家族へと推移するにつれ，個人の社会的位置はよりいっそう彼および彼女個人について決定されだした．以前は人の地位が，特定家族の一員であるという根拠で決定される帰属的地位（ascribed status）であったが，現代社会では通常，個人の属性や業績により，教育，職業，財政的成功や富を自ら獲得する業績的地位（achieved status）である．しかし，いずれの地位も，親や家族の地位・威信がその子ども達にしばしば有利な機会や社会的位置付けを与えるが，子どもの全生涯にわたって必ずしも典型的に安泰に持続するとはいえない．子ども達は，機会平等と自由競争をたてまえとする現代社会の中で，生まれはどうあれ，境遇に自分自身の力や業績による名声や地位や資格を創出しうる独立した成人になることが期待される．

第4節　家族は社会生活・人間関係の基礎

(1) 人間の発達と初期の社会化

　人間の新生児は，他の動物が有する強固な生物学的本能——生まれながらにして身についた行動パターン——をもたない．自分1人で食物を摂取して生きのびることが不可能なだけでなく，成熟した社会人になりうるための知識も技術もまったく知ってはいない．赤ん坊達が生まれ出た時の状態のままに放置されれば，人間も人間社会もすぐ成り立たなくなるというのも極言ではない．

人間は，生物学的にみると，生後ほぼ6年間は未発達状態（infancy）にあり，親や家族にまったく依存し，次の十数年間もまだ未成熟段階（juvenile）とみなされる．つまり人間はその生涯の期間の15〜20％あるいはそれ以上も両親に依存せざるを得ない．これらの期間は他の動物に比し，きわめて長い．しかしこの長い期間が，社会化を必然化させる．この間は，文化的意義や社会的技術を学ぶのに費やされ，他人や社会環境と生涯の社会的・情緒的絆を結ぶ．
　かくして，すべての人間は，誕生の瞬間から死に至るまで自分の環境あるいは他の人間達と直接的・間接的に関わり，依存し，相互作用し続けることによって，自分の思考や行動や体験を感化され，発達成長をとげていく．この社会環境によって感化され続けること，すなわち，人間性を獲得し，他人や集団や社会のさまざまな方法を学習していくプロセスが社会化（socialization）である．社会環境には，個々の人間が直接接触する多くの他者ばかりではなく，他者によって創造される所与の環境もすべて含まれる．そしてまた，人間は所与の環境との直接接触を通じて，それらを創造した他者達とも間接的に接触する．子どもはたとえどんな地域や国に生まれようと代わりなく社会化の過程を経験し，親をはじめ他の人間との相互作用を通じて，無力な人間動物の状態から人間へと変っていく．彼らは，成人に達するのに長い年月を要して，採り入れるべき行動パターンを見出し，社会的役割——たとえば息子や娘としての，兄や妹とか生徒や学生としてなどさまざまな役割を含む——を習得していく．子ども達は，自分達の文化である言葉や信念体系をはじめ，社会や文化に生存し，適応し，寄与しうるため，さまざまな規則，知識，習慣や慣習，技術や方法を習得する．
　しかし，社会化の過程は幼年時代のみに限られるのではなく，成長するにつれて就学，就業，あるいは新しい人びととの出会い，新しい経験，新しい知識の獲得などにより，生涯にわたって続くのである．成人に達しても，年老いてすら，さまざまな出会いや体験を通して新しい役割を獲得し，習得し，再社会化されもする．人間形成のための社会化や公式的な教育は，家族，幼稚園，近

隣，遊び仲間，学校，職場等々で分担されている．文化規範や価値・信念体系の伝達は，家族内部のみならず，他の教育，研修機関でもみられ，その他にも，隣人，親族，友人を通じ，友人や遊び仲間を通じ，マス・メディア等々を通じてみうけられる．しかし，後年のすべての社会化にとって，あるいは伝達や学習にとっても，基本の場はごく初期の年齢期に家族を中心に貯えられる．この最初の教化ないし社会化は，それゆえに家族のもっとも緊要な課題である．「三つ子の魂百まで」，「雀百まで踊り忘れず」と諺にあるように，無限の可能性と可堕性に富む幼児期に，父母を中心とする家族環境は人間の基本的パーソナリティ形成に重大な意義をもつ．われわれ人間が，生まれ，保育され，一次的・基本的な社会化をされる，すなわち，「生物学的有機体を人間存在に変えていく」責任を負う機関は，まさしく家族以外にはない．

(2) 社会化のプロセス

社会化のプロセスは，子どもの発達段階とともに変化する．最近のアメリカのキャンポらの研究によると，人間の情緒発達の段階にはきまった一定の連続性がみられるという．新生児は，3ヶ月までには，両親の顔を見分けられるが，この時期にはまだ僅かに4つの情感——好喜，驚き，嫌悪，苦痛——経験するにすぎない．それら情感が表われるのは，喜びが生後6〜8週目，怒りが3〜4ヶ月，悲しみや怖れは8〜9ヶ月目であり，12〜18ヶ月で，自分を育む母親を恋い慕う愛着心が芽生えて，外部世界を十分知覚するようになる．子どもの行動範囲に，恥，プライド，罪の意識などが芽生えるのは，18ヶ月〜2歳位までに，あるいは3〜4歳位になってからである．5〜6歳になってやっと，不安や危険，屈辱や悔やしさ，自信，うらやみやねたみなど，本当の意味での社会的情感を示しはじめる．さらに複雑高度な情感——愛や情熱，人生や生き方についての哲学的めい想——が発揮されるのは思春期以降であるとされる．

しかし，こうした一定の発達連続性は，本質的には生物学的起源に根ざすも

のであり，強烈で悲惨な経験はこの標準的過程を大きく狂わせることも可能になる．たとえば，いじめや虐待にあう子どもの恐怖心は，生後3ヶ月ですでに芽生えるという．ごく早い時期における他者との接触は，乳幼児の基本的な生物学的欲求であるだけでなく，健全な精神や情緒発達に必要であり欠かせないものである．

家族における子どもの社会化は，主に社会化する主体（socializer）である両親と，社会化される客体（socializee）である子どもとの間に展開される相互作用の中でも模倣・学習・自己同一化・内面化の過程である．社会化は，主体の側と客体の側の双方が意識し合う意図的な場合と，無意識で無意図的な場合の両方がある．これらの組み合わせにより，薫陶，感化，模倣，しつけなどと称される社会化の各局面が生じる．もっとも社会化は，その主体たる両親と客体たる子どもの間の2回路の相互作用であって，両親が子どもを社会化する過程で，両親もまた子どもにより社会化される．社会化をすぐれて効果的あらしめる両親とは，子どもの社会化の過程で自らもまた学び成長する人である．

さらに両親と子ども間の相互作用は，子どものパーソナリティおよび自我（self）を発達させる．パーソナリティは，その人特有の素質である思考，感情および自己認識のパターンである．自我は，自分や自分自身の認知および社会的同一化についての感情である．人間の自我発達は，パーソナリティ形成の重要な局面として多くの社会学者が関心を寄せた．それらの説を以下に概略紹介しよう．

クーリー（Cooly, H. Charles, 1864～1929）は，人びとの自己認知，つまり自我の発達は，自分の行動や態度に対する他の人びとの感情を想像し感知することによるとみた．人びとの自我意識は，他人が自分に対して抱く感情やみかたの反映であるとされ，クーリーはこの自我を，"鏡に映る自己（looking-glass self）"とよんだ．その自我は主に三つの知覚部分――他人に自分の行動がどう映るか，この行動に対する他人の判断，そして他人の判断についての自分の感情――からなる．要するに，人びとは自分自身の行動を他の人びとの反応を通

じて自己評価し，反省し，改めもする．自我形成は多くの他者の判断との出会いを通じての社会的所産であるが，クーリーは，そのほぼ十全な発達が第1次集団，とりわけ家族の中でなされると信じた．家族の中で，子どもは両親との"同情関係"を通じ，両親らの言動に注意を払うことによって，彼の行動に対する両親の期待，判断，感情などを感知し，自我を形成していくと．

しかし，クーリーの考え方には，周囲の環境ないし社会を美化し過大評価しすぎて，個人と社会の間の葛藤やあつれきが過小評価され，さらに家族を主とする第1次集団よりも大きな他の社会諸力が，個人の自我発達にどのように強力な影響を与えうるかの認識が欠けている．

ミード（Mead, H. George, 1863～1931）も，クーリー同様，自我発達を個人と社会間の調和関係からみた．ミードによれば，生後間もない赤ん坊は他人と自分を区別し得ないが，言葉を知りシンボルを理解するにつれ，自己概念を形成しはじめる．その自我は二つの局面——衝動的な"I"と，内面化された社会の諸要求およびその諸要求を自己認知する"me"——を合わせ持つ．社会化のプロセスで，"me"は模倣，遊戯，ゲームという三つの発達段階を経る．

模倣段階での子どもは，他者の役割——乳幼児にもっとも深くかかわり，その自我発達にもっとも大きな影響を与える母親など"重要な他者"（significant others）達の役割——を取得しはじめる．

ゲーム段階は4歳直後にはじまるが，子どもは家族外の人びとや集団と関わりはじめ，より大きな大会の要求や期待の諸概念，いわゆる"一般化された他者（generalized other）"を発達させる．そして，一般化された他者の役割を取得することによって，"社会"を内面化し，"me"の形成は完成する．

ミードの"一般化された他者"の概念は，人びとが常に社会の期待や要求をやすやすと受容するとみる保守主義的傾向であり，あるいは多様な文化や下位文化からなる複雑錯綜した現代社会にあてはめるのは難しい，あるいは検証不可能な理論にすぎない，等々の難点がある．

社会化のプロセスを，社会的諸力よりもむしろ生物学的要因や情緒的諸力を

重要視した人にフロイト（Freud, Sigmund, 1856～1939）がいる．彼は，人間のパーソナリティが，イド（id），エゴ（ego），スーパーエゴ（superego）の3部分からなるとみた．イドは，本能的な衝動である性衝動を含む．スーパーエゴは，社会的に学習され内面化された当為や義務である．エゴは無意識のうちにイドとスーパーエゴ間の要求の仲介者として働く．これら3つのパーソナリティ部分は，人が精神的に健全であれば全生涯にわたり調和的に働く．子どもは，その両親に激しく包絡する．この包絡性が人びとの後々の人生における情緒的健全さや不健全さを決定づける．子どもと両親との情緒関係は，各発達段階が特別な性感帯にちなんだ一連の精神的な5つの段階——① 口唇期（1歳位まで），② 肛門期（1～3歳），③ 陰茎期（3～5歳），④ 潜在期（5歳～思春期の開始まで），⑤ 生殖期（思春期から死亡まで）からなる．フロイトの理論は，子どものパーソナリティが，乳幼児期のとりわけ口唇，肛門期の社会化の結果が固定されたまま生涯持続すると見，あるいは性衝動を主とする生物学的要因をあまりに強調しすぎた嫌いがある．しかし，フロイトは家族内部での母子・父子関係と子どもの社会的経験をとくに重要視し，乳幼児期の経験が後の人生におよぼすインパクトを分析した貢献は大きい．

(3) 家族関係と社会化

家族における社会化は，両親をはじめ，家族成員間の多様な相互作用が各成員のパーソナリティに与える影響は多くの要因に基づいている．すなわち，

* 相互作用は，家族員数および家族構成と関連する．つまり，大家族か小家族か，核家族か拡大家族か，あるいは混合家族か．
* 家族内の勢力構造が，民主的か，権威主義的か，同僚的かなど．とりわけ，子どもの個人的・社会的発達は，両親の子育てに臨む考え方や態度に影響されるといえる．すなわち，両親が子どもに対し，権威主義的であるか，または許容的であるかなど．
* 核家族外部の人びととの接触が，密であるか，散漫であるか，つまり親

族との接触や訪問が頻繁かあるいは疎遠であるかなど．

* 家族構造が，完全かまたは不完全か．つまり，双親家族か単親（母子・父子）家族であるのかなど．
* 子どもは，両親と1日のどれ位を接することができるか，終日か，部分的にか，長時間か短時間か（両親の職業活動，対社会的活動との関連）など接触頻度とその中身の濃淡など．
* 子どもは，両親の職業や仕事の実際を見たり触れることが可能か，または単に口先の経験だけか，全然知りえないかなど．
* 子どものきょうだい数，きょうだい順位，性別はどうか．
* 家族員間の相互作用は，調和的か，さもなくば葛藤や緊張または争いがあるかどうか．葛藤や争いがある場合どのように解決されるかなど．

こうしたさまざまな相互作用のうちの多くは，実際にはさまざまな家族機能の中に埋め込まれている．社会集団である家族において，社会化の機能に1日のうちの一定の何時間かが充当されるとか，あるいは家族成員間の一定の相互作用が社会化に合致調和しているとかいうわけではない．また，家族のすべての相互作用が社会化本位に考慮され，配慮されるわけではない．意識しようとしまいと，日常の何気ない接触や相互作用を通して家族成員たちは互いに影響し合い感化され合うのがむしろ普通であろう．

(4) 現代家族における子どもの社会化

家族における子どもの社会化は，家族が現代社会の状況にかなり強く制約されることによって，次のような問題を生じさせている．すなわち，

* ハイ・テクノロジーの発達や高度情報化や物質文明の氾濫する現代の多元的社会では，規範や価値観も多様化し，人びとの生活意識や生活スタイルも錯綜・多様化して，家族に少なからぬ影響を与え，変化をうながす．両親は，必ずしも自分達のもつあるいはもつべき何らかの規範や価値観を明確に同一化させているわけではない．その上両親は，自分達が自分達の

子どもを自分達固有の規範や価値観や主体性に基づいて教育すべきか，あるいは急速に変動する多元的社会での生活に対応して教育すべきか，子どもの未来に対応しうる教育ができるかどうか確信がもてず，不安，戸惑い，ためらいにとらわれがちである．ところが子ども達自体は，親の思惑や迷いとは別に，ずっと早くから社会の多様な諸部分と接触し，関わりをもち，準拠している．それゆえ部分的に別の規範や価値観の方が，子ども達の属する固有の家族においてよりも支配的であることも少なくない．マス・メディア，遊び仲間，地域社会，学校友達など，子どもは親の想像をはるかに超える多様な部分領域において，多様な影響と感化の可能性の中におり，同調や適応力も強い．

* さらに注目される困難状況は，今日の社会での家族が，社会の他の部分領域から相対的に孤立しやすいことに原因する．家族構成の小規模化，単純化にみる核家族化の進行，他の親族や地域や近隣からの，遊び仲間や学校友達からの，あるいは直接生産の場からの家族の分離・孤立がみられる．家庭内においても家族員の個別分離化や個人領域の拡大化が進む．少ないきょうだい数，父親の不在などにより子どもの社会的接触は，母親のような家族の一員かまたはごく僅かな人びととの間に限られる．かくして，狭く，持続した，集約的な，情緒的な接触により，過度な情緒的結合が強調され子どもへの過保護や過干渉に陥る懸念がある．それゆえ，子どもの社会化にも情緒過剰が優先しやすい．"個人志向""内向性""直接的接触性""情愛性""閉鎖的第１次集団性""小市民性"というような狭く内に向う価値の方が，"他者への思いやり""友情""公共性""社会性""即物性""政治的関心""道徳的態度""勤労精神"というような広く外に向かう価値よりも比較的強調され易い．閉じこもりなどは極端な例かも知れないが，

* 調査によると（総理府青少年対策本部「青少年と家庭に関する国際比較調査」昭和56年）日本の親の86％が，しつけの場は家庭中心と考え，他の欧米諸国の親よりも家庭教育の大切さを認識している．家庭で現実に重点を置く

しつけの内容は，"基本的生活習慣""責任感""根気強さ""公共心や正義感"の順に多いが（総理府広報室「教育に関する世論調査」57年），親の約8割強が「しつけがうまくいっている」と主観的に評価するわりには，実際はまだしつけが不十分であるという結果がみられる．その他の調査でも外国と比べ，日本の子どもは，家での手伝いが少なく，公共心や他へのいたわり等で低調さがみうけられる．また，日本の親の4割余がしつけに関して悩みをもち，「勉強しない」，「いいつけを守らず反抗的」「子どもの心がわからない」などの順で，子どもの年齢が高まるにつれ親の悩みや迷いが増してくる．

子どものしつけ担当者は，母親が約7割を占め，父母共の担当は約2割強で，母親にしつけの大半が任されている（総理府広報室「父親の意識に関する世論調査」57年）．国際比較調査にみる母親の子育ての意義については，開発途上国で，"家業や親の意志の継承"や"親の老後の面倒をみさせる"が多いのに対し，欧米先進国では，"子育ての楽しさ"が多く，ついで日本を含めて，"子育てによる自己の成長"が多い．日本の親の多くが，すでに"家業の継承""老後の頼り""家名・財産の継承"を，さほど子どもに期待できないとみるせいか，「子ども本位」とする考え方に移行しつつあるようだ．しかし，家庭教育に対する不十分さや不安あるいは，親の自信の無さの表われか，本来家庭で重点的に行なうべき基本的生活習慣の訓練やしつけの内容とほぼ同じものを，家庭で充分にできないための補充として，学校に期待する傾向がみられる．

(5) 家族の社会化の影響と成果

また，家族における社会化の成果如何については，統一的・全体的な判断がなさるべきであり，それには家族を構成する員数，親族関係性に特徴が表われる家族形態と，さまざまな媒介変数との関連性が着目される．媒介変数は，(1)家族世帯の親族構成や家族のライフサイクル，(2)子どもの数と性別，(3)子どもの出生順位，(4)親のしつけ理念やしつけのしかた（権威主義的，許容的，民主

的，自由放任，干渉の大小，厳格か甘やかしなど）がある．また，きわめて重要なのは，(5)国家や地域のあるいは文化や社会のあり方——家族や子どもに何を期待し，どう取扱おうとしているか，男と女の違いをどう意味づけているか，性別役割分業観はどうか，など——であり，それとの関わり方である．さらに，(6)父母ともに就労しているか，どんな就労形態か（就労場所，就労時間），専業主婦であるか，母子・父子家族であるか，その理由や生活のしかたはどうかなどである．

その他にも，信じる宗教，職業（種類，地位，働く場所，単身赴任かなど），収入，階層，教育程度などである．そこで今日に特有的に出現し，変化しつつある家族をとりあげ，そこでの社会化の背景や影響について検討してみよう．

(a) 共働き家族と社会化

乳幼児や学童をもつ母親の家庭外就労が近年わが国でも増大している．母親の就労は社会全体に何よりも子どもに対してのマイナス・イメージがかなり大きく，母親自体にも，子供に罪意識を感じる者や，子供のそばに居てやりたいという意志をもつ者も多いと思われる．家庭・育児との両立が容易でないという問題はあるが，子どもの発達や社会化に不利であるかどうかは，一概に肯定も否定もできないのではないか．伝統的に性役割分業が「男は外・女は内」と規定され，通常夫は稼ぎ手，妻は専業主婦で，子どもの世話，家政婦，そして"正常"家族の情緒的調整者という図式が第2次大戦後，とりわけ高度成長期以降，職住分離が進み雇用社会が進み，サラリーマンが厖大化するに伴って定着してきたといえる．そうした固定観念は女性の高学歴化や法制度の変革などに伴ってかなり変化し主婦の就労は増大してきたが，パートや不安定形態での就労が多く，伝統的役割分業観の根底はいまなお崩れてはいない．

妻であり母親である主婦が，家庭外である程度働く時には，家族構造に多かれ少なかれ影響する．就労する妻は，家事，育児，老親介護などに主として関わるという家族資源の相当な部分領域をコントロールしつつ，なおかつ夫のそ

れに比肩しうるほどの家庭外で仕事や用事の時間捻出とエネルギー放出が必要になる．このことは，就労する妻の自己同一性概念と彼女の家族内での夫婦間の権力・位置関係性のあり方のいずれにも影響する．

　わが国では，今日もなお女性が，結婚を機に，または子どもの出生を機に仕事をやめる場合も多いが，育ち盛りの子どもがいても家庭外就労する母親や，育児が一段落して再就労する母親も最近増えつつある．女性就労に対する男女意識調査（総理府，61年）によると，「結婚や出産などで一時期家庭に入り，育児が終わった段階で再び勤めに出る方がよい」と中断型を選ぶ人が男女共に4割弱でもっとも多く，「全く勤めない」「ずっと勤続する」の両方ともそれぞれ1割程度にとどまっている．女性のほぼ6割弱が，男性は45％が中断・連続の別はあれ就労を望むが，「勤めに出ない」，「結婚したら家庭に入る」と家庭専任を望むのは男性や，高齢層に多くみられ，若年層は勤続型を，30～40歳代では一時中断型を希望する人が多い．結局，家庭・育児がまだまだ女性の期待される主たる役割であり，就労はそれからの時間的心理的余裕の有無あるいは家計補助の必要上などとも関連するといえよう．

　就業理由は母親の年齢，教育水準，階層，仕事の内容などにより多様であるが，概して「生活水準向上のため」，「働く楽しみ」，「自己の能力を生かす」，「家庭に閉じこもりたくない」，「自由になるお金が欲しい」などの理由である．母親の希望する就業形態は「パート・アルバイトの仕事」が過半数を占め，次いで約4分の1が家庭での内職である．主婦の再就業では，短時間勤務または自宅でできる仕事を希望するなど，家庭に重点を置き，あくまで家庭と仕事が両立可能な就労形態を希望する者が多い．他方，常勤雇用希望者も若干増加傾向にある．

　最近では，女性再雇用の特別措置といった新しい雇用管理制度をはじめ，画期的なハイテクノロジー革新，サービスの経済化の進展などに伴い，高度な特殊技能や知識や経験を駆使する在宅勤務や，人材派遣的な形態の職務に従事するスペシャリストとしての女性労働者も増加している．働く日時，場所が自ら

選択可能な，主婦に適した個々の困難や障害が伴うとされている．その最たるものは（内閣総理大臣官房広報室「婦人の就業に関する世論調査」58年），「育児」がもっとも多くて6割以上を占め，次いで「老人や病人の世話」「家事」「子どもの教育」の順に多い．年齢別では，若年主婦ほど「育児」を，高年主婦ほど「老人や病人の世話」を多く挙げている．

主婦の就労に伴う最大の問題は育児とみられる．「就業構造基本調査」（総務庁統計局，昭和57年）でみると，核家族世帯の妻の就業率は，末子0歳時に18.4％ともっとも低く，子どもの年齢の上昇につれ有業率も上昇して13歳時に64.5％でピークに達する．これが3世代同居家族になると，末子0歳時でも44.5％と就業率は相当高く，年齢上昇と共に有業率も高まり，14歳時には8割余に達する．また，15歳未満の子どものいる母親の就業率は，子どもの年齢が高くなるほど高くなっている．

また，末子が0歳でも雇用者として就労している母親には，常用の者が多く，結婚や育児で就労を中断し再雇用される者は，子どもが小さいうちはパート・アルバイトで働く者が多く，末子が小学高学年になる頃常用雇用される者が増加すると思われる．末子の就学以前には，家庭で内職等を選ぶ者もかなりいる．総務庁青少年対策本部が行なった国際比較調査（56年）での，母親の就労で困ることの有無とその内容についての結果では，困ることがあるとする率は，わが国の場合約50％で，他の欧米諸国の場合と比べほぼ2倍も高い．その内容も，「家事不十分」，「心身の疲労」，「子どものしつけ，保育の不十分」などで欧米より多い．子どもの側からみた場合では，「母親の疲労」，「食事時間の遅れ」「家事を手伝わされる」，「話し相手になってくれない」，「1人での留守居が淋しい」などである．母親の就労する家庭の子どもはテレビ視聴時間が長いという調査結果もある．これらの回答からうかがえるのは伝統的な社会通念として，家庭に当然いるべき者とされてきた母親の不在により，放置されるような淋しさ，不安感，あるいは欲求不充足感などである．それゆえ，子どもは，母親の手助けを積極的にせず，母親への依存と甘え，自立心がとぼしい傾向な

どが欧米と比べても指摘されるだろう.

　また，最近の少年非行，校内暴力や家庭内暴力，あるいは離婚の増加などの背景を家庭の問題とみなし，とりわけ家庭の主婦ないし母親の就労に原因ありとする批難的な意見も聞かれる．しかし，各種調査にみる限り，子どもの非行率は，母親の就労や不就労とほとんど関係がみられず，むしろ，親の過保護や過干渉または放任など，偏りのある親子関係や子どもを取り巻くさまざまな社会環境などの影響が大きい．また，妻の就業が必ずしも離婚増加の直接の原因ではなく妻の意識の変化，夫の飲酒，暴力，無気力，夫や妻の不倫関係や不和など別の要因が大きい．かくして，母親の就労が子どもに肯定的あるいは否定的な影響があるかどうか（子どもにとってどのような方向に影響するか）は，次のような他の多くの要因に基づくとともに，それらと子どもとの関わり方がどうなっているかであろう．

* 　父親の職業や職種，地位，収入や生活水準，社会的威信などと子どもとの対応関係
* 　母親の教育水準や教養度
* 　母親の就業の動機，意識，態度，そして職業への適格性，就業と内容への認識度
* 　子どもの性別や発達段階
* 　家族の調和度，職業や就業に対する夫，子ども，他の親族などの意識や態度
* 　母親の教育姿勢（就業を通しての立場を子どもにどう理解させるか）
* 　就業の時と時間，持続性，規則性，内容
* 　私的領域での生活状況，および就業状態における満足度（喜びか嫌悪か？積極的か消極的か）
* 　居住場所（地域），近隣，地域性，就業場所との距離性
* 　子どもへの補充管理様式（子どもとの接触の質，頻度，愛情・理解の表現のしかた）

(b) 両親間の緊張と葛藤の社会化への影響

両親間に緊張や葛藤が潜在的であれ顕在的であれ，あるいは心理的であれ身体的暴力としてであれ，みられる場合には，子どもの発達段階による差異もあるが，多かれ少なかれこれまで一般的に次のような影響が子どもの性行上に表われるとされている．

* 精神・身体的な症候が発現し，攻撃性・不服従性・非行・問題行動などがみられる．

実際には心理的なものに根ざしているが，ある特定の身体的欠陥または病気とみなされる症候の発現．

* 狭量な自己抑制・支配，情緒不安定，社会的適応性や協調性が少ない．
* 就学期間中に知的課題遂行がだんだんと劣弱化していく．
* 青少年時代あるいは成人に達した時期にも進路および職業選択の能力や適応力が劣る傾向がある．思春期以後の異性関係がスムースにいかない．
* 青少年時代になると，社会的に奇抜で奇態な行動に走りやすい．

(c) 単親家族（single-parent family）と社会化

父か母の一方がいない単親家族は，両親ともいる双親家族が構造上標準で，正常で，完全であるとの社会通念により，ごく最近まで構造上，欠損家族とか不完全家族などと称されてきた配偶者をもたない父または母だけからなる家族である．日本では一般に母子家庭とか父子家庭と称されるこの単親家族の形成にはさまざまな原因がある．一般には，(1)両親のいずれか一方の死，(2)両親の離婚，(3)非嫡出出生（未婚の母），(4)別居中，などであるが，欧米諸国では今や単親家族の3分の2は離婚を原因とし，わが国でも死別が減少して離婚が過半数を占めるようになった．構造上は両親揃った家族でも，著しい職住分離に伴う家庭内の極度な役割分業がもたらす父親不在の現象，あるいは母親の家庭外就労などは，往々にして家族の部分的欠損の原因ともみられる．しかし，

母親の就労の影響は，ここでは切り離して扱う必要がある．

　単親家族の社会化の成果は，単に構造上片方の親の欠損性だけを原因とするのではなく，むしろ欠損性と関連する家族の別のいくつかの要因に原因がある．たとえば，両親が離婚した子どもの特質は，離婚後の家族の欠損性というよりもむしろ離婚前の家族内の葛藤や緊張暴力などに関連づけられる場合が多い．あるいは離婚後の社会的環境の，欠損性に対する世間の差別的態度や偏見やその反映から説明される必要もある．

　これまでの両親家族と単親家族の子どもについての種々の比較研究を総合すると，単親家族の子どもの方が概して，情緒障害，行動障害，非行傾向，自殺志向が多くみられるという．それらの根拠に目されるのが，単親家族の，(1)経済的貧困――死別や離婚により，とりわけ母子家族では，家族の主たる稼ぎ手や扶養者が失われ，家族の経済状態が悪化する．(2)家族の困難――単親は，1人で両親の役割を負担する（二重役割負担）から，往々にして養育関係の調整がうまくいかない．(3)子どものアイデンティティ過程および超自我形成における障害，(4)単親家族の大半を占める母子家族での，男性役割および父親役割の形成とアイデンティティ確立上の障害．(5)単親となる原因別の影響――概して，死別より離婚や別居（葛藤や解体の後の）によるものの方が精神的にも後遺症が大きいとされる．家族との接触度，地域社会や周囲の人びとの単親家族に対する偏見，好奇心，蔑視，差別視の有無も子どもには微妙に反映する．もちろん，単親となった親の生活態度や意識，前婚および前配偶者に対する意識や態度は子どもの性格や行動に微妙に影響する．

第5節　家族のライフサイクルとその変化

(1) 人間の生涯における家族の役割

　無力に出生する人間の新生児の記憶は，3歳までにきわめて高度な段階に達するという．乳幼児期は，全生涯のうちで，もっとも急速な成長と，もっとも広範な学習体験で特徴づけられるが，主として，その家族のさまざまな出来事

がもっとも初期の印象となる．一定期間，生活は両親やきょうだい，あるいはごく近隣の遊び仲間や人びととの輪の中で進行する．幼稚園や学校がその輪をいっそう拡大する．

少年期になると，両親をはじめ家族からの精神的な分離——自立が始まる．両親との葛藤のほとんどはこうした時期に芽生える．反抗期・思春期を経つつ，やがて配偶者を探し求め，選択する．1人の別の人物への関心や情緒的な絆が，定位家族の家族員への情緒的関係性を減じさせていく．両親の家庭からの就学や就職への出立は（しばしば既に結婚以前から行われているが），自分の定位家族からの分離独立の貴重な一歩を踏み出すことになる．両親の家庭からの決定的分離は，往々にして結婚によって生ずる．以後，新しい家庭の構築が主要な関心事となる．妊娠と子どもの出生は，生活過程の内部での新しい重要な特徴を意義づける．次々と生まれる2～3人の子どもの社会化・教育・そして成長に両親は精を出す．子ども達の養育，就学や就職への前進が，両親には貴重な体験となる．やがて遂には，子ども達が両親の家庭から分離独立し，去っていく．最初の孫の誕生を喜び，仕事を退職し，老境を迎え，子ども達が去った後，向老期の夫婦だけの生活に戻り，やがて配偶者の病気や死へと重要な展開をして，その核家族は消滅する．

個人の出生・成長・成熟・老衰・死亡という一生の過程は，家族生活の成立から消滅までの過程と相関連して進行するといえる．つまり核家族には，各社会集団のように始めと終りがあり，発達過程がある．生活の一種のくり返し現象であるこの家族の発達過程ないしは生活歴を家族生活周期（family life cycle）とよぶ．

多くの家族が，多くの人びとが必ずしも一般的で終始平穏無事な家族周期過程を経験するとはいえない．家族内の緊張や葛藤が家族を苦しめる．家族員の病気，怪我，事故，失業などで家族の運命が狂わされるかも知れない．あるいは，別居や離婚がひとつの家族を終焉させる．子連れ再婚により，継父・母や継きょうだいから成る混合家族の中で複雑な家族関係を経験するかも知れない．

(2) 家族のライフサイクルの諸段階

核家族の一生の過程，つまりその成立から消滅までに段階区分法は，何人かの学者によってさまざまに試みられ，概して細区分化への推移をみた．今日主だったものは，(1)子どもの出生から離家，(2)第一子の生育段階，(3)夫の退職と死亡の三つの異なったイヴェント（出来事）特徴を設定基準とする，R・ヒルの9段階説や，森岡清美の8段階説がある．

各段階は，特徴的な発達課題をもって他の段階から区別され，段階から段階への推移には多少とも危機をはらむから，段階推移は危機的移行と称される．どんな家族類型の周期段階であれ，各段階での発達課題，役割および権威構造の変化，危機的移行などがある．

一方，直系家族は，夫婦一代で消滅せず，後継ぎの子夫婦が家系を継いで超世代的に存続する（たとえば，わが国の戦前のイエ制度下の直系家族）から，各段階とは異なった家族周期への視覚が必要である．

各段階の周期段階は，大まかに次のように特徴づけられる．

1）新婚・建設期

結婚の蜜月期．結婚への期待・予期，役割が仮定される直後の時期である．望ましい夫婦関係への模索と長期生活設計への展望，出産計画と親性への準備，親や親類との交際のしかたの形成など，夫妻共通に取り組む課題がある．妻は往々まだ職を辞めず，夫自身も職業上でまだ確立途上にある．夫妻の役割分業はまだ狭く，権威構造は未分化で，決定においてはより平等な関係，共通の経験をもとうとし，家計責任を分担している．しかし，夫妻共に，若い独身生活時代の生活意識やスタイルがまだ尾を引き，しばしば緊張，葛藤から結婚生活への不適応や崩壊に見舞われる．

2）養・教育期

この段階は，最初の妊娠と子の出生で始まる．新婚期から育児期への移行は，

親性parenthoodへの変化であり，両親の役割発達の段階を明確に特徴づける．親性へのインパクトは，正常な危機的移行でもある．役割分業は相対的に強まり，夫妻の権威構造はやや夫の方が強まる．妻は往々職を退き，家庭内の仕事や育児に専念する．両親が主要課題をもち，子どもはまったく両親に依存する．母親の家庭外領域からの社会的孤立が，しばしば緊張や不満足感をもたらす．両親は早かれ遅かれ先立つ問題に直面させられる．子どもは成長し，両親も成長し，別の段階へ移行する．状況は，意義，含蓄，欲求などにおいて変化するから，綿密すぎる先の準備は悲惨に導くし，僅少な準備と何事も運命的な成り行きまかせは，家族に満足のいく生活のための準備ができない．子どもの反抗期・思春期・教育期と，両親は物心共に気苦労する．父親は職場での地位，責任が増し，より多く職場に専念を強いられる．家庭での母親主導型，父親不在の現象が，過度な役割分業から導かれやすい．

3）子どもの独立・離家期

　青少年期（adolescence）になると，両親はじめ家族からの精神的な分離―自立が始まる．青少年期は感受性の強い時期である．彼らの心身は著しく変化し，新たな社会的地位や役割を充たすために多くのことを学び適応してゆかねばならない．青少年達は，両親や家族からの影響をいっそう弱めつつ，以前よりもいっそう多く友人や学校の影響を受けていく．新・旧の経験や出会いを円滑に統合し得ない者達にとって，青少年期は大いなる動揺と混乱の時期となる．この時期は，幼年期よりももっと多く他人の意見をとり入れ，自分の人格を注意深く省察することができるが，彼らの世界観はまだ主観主義的であり，しばしば自分に対する他人の評価や判断を気にするが，エゴイズムと自尊心との間で揺れ動いている．両親との葛藤のほとんどはこうした時期に芽生える．近頃よく問題にされるのが，青少年達と両親の絆が弱まった，いわゆる世代間ギャップの拡大である．世代間ギャップの実際の有無とかかわりなく，多くの面で独立心が育っているこの時期は，経済的にあるいは生活維持面ではまだ両親や家

族に依存せざるを得ないことが，強い感情の矛盾や葛藤を生むのである．

　成人に達するまでに，第1次的社会化 (primary socialization) とも称される青少年期の社会化——つまり大人としてのさまざまな役割のための基本的な準備——はほぼ完了する．

　かくして，成人期 (adulthood) を迎え，子ども達のいわゆる親からの，生まれた家族からの分離・離家期が始まる．成人期には，自我の観念，現実と理想，社会の規範や価値の選択受容と自己抑制がある．しかし，成人の人格は完全に固まってしまうわけではない．成人期には，多くの新しい役割が学ばれねばならない．年齢に伴う成人の発達段階は，誰にも共通な"成人段階"であるという．だいたい16～24歳頃まではほとんどの人びとにとっての"家族離れ"期である．彼らは，家族と同居していようと，就学などで別居していようと，両親との間に距離を置き，自立した女性や男性であろうとする．20代後半まで彼らは"世の中に出て行く"ことを試み，大人の役割，責任，関係性などを探索する．そして，友人や家族外の諸機関により多く志向し，就学や就職により両親の家を離れる．

　両親にとって，この経過はかなり不快で淋しく，不安にとらわれ動揺する．母親は子どもの"喪失"に対する社会的代償を希求する．子どもがあろうと無かろうと，夫婦は結局40代半ばになれば，後2～30年にわたるほろ苦い中高年期にさしかかる．この時期は，まだ成長の最盛期にありながらも，苦痛にあえぎ傷つき，疲れきった海老の脱皮の時にたとえられる．一方では混乱と不幸の時期ともみられ，他方では幸多き時ともみなされる．まぎれもない事実は肉体的活力や健康の衰えである．油の乗り切った働き盛りの男性を突然襲う心臓病，癌，脳溢血など，あるいは心身に疲労やストレスがたまりあちこち変調を嘆くようになる．精一杯働き続け，管理的ポストも得た仕事だが既に先が見えてくる．後進の者達が昇進し，追い抜き，圧迫感を与える．自分の出世に不満を覚え，自分の仕事上の不満と共に能力の限界や焦りを覚え始め，新しい仕事への転身や再生を考え，実行する人もいる．

中年期はまた，仕事と結婚・家族の間のジレンマの時期でもある．仕事と家庭は往々にして期待が異なりせめぎ合い，両立し難い点が多い．仕事と家庭の間で人々は，苦悩し，圧迫され，失望し，阻外され，疲弊する．結婚生活も，もはや新鮮さを失い，単調で退屈なものに思えてくる．

育児や家事の重荷からようやく解放され始め，子どもの"喪失"の社会的代償を希求する母親達．子どもの結婚がたいていは決定的に両親の家庭から分離させ，分離期の危機が嵩じる．いわゆる"空っぽの巣（empty nest）"期の到来である．女性そして多くの母親達にとって，この"女性のライフサイクルの第3期"は，解放である反面，喪失への怖れ，虚しさに戸惑い混乱する時期でもある．最近のアメリカの諸研究によると，1940年代以降に生まれた母親達の多くが，前の世代の母親達よりも，子どもへの依存度が少なく，"子離れ"や"空っぽの巣"を怖れず，約半数の母親達が"とても幸せ"に感じ，その他も"ほぼ幸せ"と感じているという．

再び仕事に挑戦したり，各種の社会活動や自己再開発に励むと共に，夫婦関係の再調整がしばしば必要となる．不調であれば，離婚や不満足な夫婦関係に導かれやすい．

この中年期は，男性も女性も共に，分離期の危機への対処適応が困難なことは事実である．しかし，多くの研究が示すように，中年期の人びとは新しく，予期せざる幸せの発見をするに好都合な時期でもある．ある人はこれを"素晴らしい危機"とさえ称している．

夫も妻も，1個の人間として自分自身に立返り，互いに向き合い，愉しみ，知り合い，愛情と感謝を深め合うための未開発の能力を掘り起すこと，いわゆる未来の役割に志向する社会化，すなわち予見的社会化（anticipatory socialization）が必要となる．

4）老年期

この段階は，子ども達が既に離家し，両親だけの生活にかえって間もなく始

まる．エリクソン（Erikson, Brik, 1902〜）によれば，成人の行動や態度にもっとも困難な変化のいくつかが生じる時期だという．人はしばしば，地位や威信の低下を，肉体的な能力の低下を，死への予見を甘受せざるを得なくなり，過去の栄光や失敗も断念せざるを得なくなる．65〜70歳で仕事や社会の一線から退くことで，仕事への自己同一化をたち切られる苦痛と悲哀を味わう．妻や母親の役割に自己同一化を見出していた女性達の多くは，子どもの独立離家により，あるいは夫との死別や離婚の経験により，著しい自己喪失感にとらわれる．

しかし，親達が結婚した子どもの家庭と同居する場合もある．同居しないが，親と接触を密にする子どもの家族もある．"空間的距離をおく親密な関係"が親子間の葛藤を減じる．

しかし，老年期は，中年期と同様に現代社会の新しい発現でもある．医学や保健衛生や栄養摂取技術の発達は，50歳代，60歳代あるいはそれ以上の長寿を可能にし，先進諸国の平均寿命は，70〜80歳以上と著伸し，高齢化が進展した．中年とともに老年の定義も定かでない．退職を余儀なくされる60〜65歳の時点でも，自分の人生の盛りと考え，老年の始まりを80歳とみなす人びとすら多い．一方で50歳代で老いを感じる人もあれば，80歳代でなおかくしゃくとしている人もあり，さまざまな要因の影響により個人差が大きい．若年者達は，老年期を畏怖し，老年期を孤独と喪失に打ちひしがれ，物忘れやボケに見舞われ，変屈で頑迷で，弱々しい時期と考えやすい．老人達自身，行動や見栄に若さをつくろい誇示することもある．しかし，アメリカでの多くの調査研究によれば，老年者の大半は，現在の境遇や生活スタイルにほぼ満足し，幸せと思い，陽気で，楽天的で，自信をもっているという．

(3) ライフサイクル変化の要因と影響

一般的な家族のライフサイクルは，人びとの平均寿命，平均結婚年齢，出生児数と出生間隔，出生率や死亡率など，いわゆる人口学的要因の変化に応じて変化する．わが国の場合はどうか，以下にみてみよう．

(A) 平均寿命・余命が急激に伸長した．平均寿命は，戦前の50歳位が戦後は著しく伸び続けてきた．昭和57年には男72.49歳，女78.2歳に達し，年齢20歳の人の平均余命は男77歳，女82歳で，世界有数の最長寿国となった．4分の1以上の人との生存可能年齢が，男84歳，女88歳で，実に男の4割，女の6割以上が80歳以上生存可能になり，今世紀初頭の人生50年から，半世紀余にして今や「人生80年」時代を迎えた．とくに，戦後，世界に類をみない短期間での急速な乳幼児死亡率・成人死亡率の減少が原因している．

(B) 出生率の激減と長男・長女比率の上昇

出生率低下は，1組の夫婦の平均出生児数減少が主因である．結婚生活15年以上の妻の出生児数は，昭和15年に4.27人，37年に2.83人と減少し続け，47年までにほぼ2人に減少し，57年には15年の約2分の1に低下した．最近では，4人以上の子だくさんの割合が著しく減り，とくに2人の子を生む夫婦の割合が著増し，ひとりっ子の場合も微増傾向を示し，妻の年齢35歳以上の夫婦でひとりっ子のいる夫婦が約10％，子無し夫婦の割合は3％台で双方ともほぼ変化が少ない．

子の生育期間は，戦前では平均5人の子を約15年間に出生したが，昭和37年では平均4人の子を11年間に，57年では2.23人を5.5年間に出生したことになる．夫婦の平均初婚年齢は，男27.9歳，女25.3歳（昭和57年）と終戦直後と比べ男女共に2歳位上昇し，顕著な晩婚化を辿り，夫婦の年齢差は，恋愛結婚の増加や伝統的規範の弱まりなどにより縮小傾向にあり，2～3歳差が平均的である．結婚後第一子出生までの期間は，晩婚化との相関もあり，戦前の2.43年が徐々に短縮し，57年では1.73年に．また，出生間隔は最終出生児数により相異するが，第1子と第2子の間隔は，子ども2人の場合3.3年，3人の場合2.4年である．子ども数は，3人以上を理想とする割合が56％ともっとも多く，2人が約40％，ひとりっ子を理想とする割合はごく少ない．年齢の若い妻ほど理想の子ども数は少ない傾向にある．現実の子ども数は，養育費や教育費の負担，育児に伴う心身の負担などから，出産意欲が減少し，理

想の子ども数より少ない．

　遅めの結婚後早めに短い間隔で2～3人の子を産み，大事に育て十分に教育させるという傾向がほぼ定着しつつある．大半の妻が30歳前後に子ども数を産み終える．高学歴化に伴う女性の職業進出，価値観の変化，子育てのための経済的・心身的な負担増を回避し，親夫婦の家庭生活の満足や快適さを維持したいという生活意識やスタイルの芽生えが，若年層ほどうかがえる．子どもの側からすればきょうだい数が少なく，長子と末子の年齢差も少なく，祖父母などとも同居しない少人数の単純な核家族構成という家族環境は必ずしも好ましくない．充実した養育の反面，親の子どもへの期待過剰，過保護，過干渉になり易い．それが子どもの甘えや自立心の欠如に導くだけでなく，子どもに重圧感や拘束感を抱かせ，自立と温順のジレンマに陥らせることもあろう．子どもの大半が長男・長女であることも，人格形成や社会的連帯心の形成状，従来と異なる問題を現出している．

　(C) 戦前から戦後にかけてのライフサイクルの変化は，初婚から夫死亡までの全期間が42年から45年へと伸びた．初婚年齢が低下すればもっと伸びたはずだが，わが国の場合には上昇しており，全期間短縮に作用するからそれだけ夫婦の寿命が伸びたことになる．目覚ましい伸びは子離れ期で，2年から15年へと伸び，子どもの独立・離家後十数年間，夫婦共に健在の老年期をもつことになる．戦前，十数年間に数人の子を産み，末子の独立期あるいは独立以前に既に父親が死亡し，母親も老境にいるパターンは，戦後大きくかわった．高齢化社会の問題が新たに出現した．

　(D) 著しい平均寿命の伸長に伴うライフサイクルの大きな変化がもたらす影響は，女性，とりわけ中高年女性に顕著である．出生児数の減少，出産期間の短縮は，妻の子育てからの解放時期を早めた．戦前は，多くの子を産み，40歳代半ばにやっと育児から解放された時には，すでに初老期にさしかかっていた．今日では30歳前後までに2人～3人の子どもを生み終え30歳代の終りには育児過程の大半から解放される．高学歴化，自立意識の強まり，エネルギー

と時間的余裕の増大は,とりわけ中高年女性の社会的進出を大きく促進した.家庭をあくまで中心にしつつ,パートタイム就労,趣味,教養やスポーツ教室やサークル活動,消費・市民活動,ヴォランタリー活動,そして新しいハイテクへの挑戦など,女性自身の若返りと変化,社会参加は目ざましい.男性とりわけ中高年以上の男性は,競争の激しい企業の戦士として,家庭を顧みるいとまも少ないまま一歯車として仕事に埋没し,男性主導型の伝統的規範性を変え得ないまま長い老後に直面しつつある.そこから中高年期の夫と妻のギャップや溝も生じ,家庭における妻達の反乱,結婚年数の長い中高年夫婦の葛藤,離婚などが増えている.

(E)「空っぽの巣」期間の出現と伸び.わが国の戦前の直系家族では,夫婦関係より親子関係中心といわれた.戦後,制度上は夫婦制家族に変換したが,人びとの意識や,慣習の中では親子中心志向は未だに強い.むしろ,父親は職場,母親は家庭という分業の明確化が,父親不在の母子密着を助長し,新たな母子関係中心家族を現出させてきた.子どもが独立離家した「空っぽの巣」(empty nest) の中で,長びく老後を,定年退職した夫と向き合って過さねばならない妻.夫も妻も,2人だけの生き甲斐ある長い老後生活順応には,夫婦中心の意識や生活スタイル志向がますます要求されてくるだろう.

(F) 3世代,4世代家族の出現.わが国では,老人人口の約7割が今なお3世代家族に住む.将来もそのあり方は変化しても,同居率はそれほど減らずむしろ高齢化に伴い,3世代のみならず曽祖父母からひ孫にわたる4世代同居家族の増加も予想される.したがって,直系制同居家族の周期段階からみれば,同居期間が以前よりかなり長くなる.そのため,老若世代の順応,協同,指導,援助,扶養のあり方をめぐるさまざまな問題が生じることが予想される.あるいは世代間のギャップや緊張も生じやすくなるだろう.古くて新しい嫁姑の対立,祖父母と孫の葛藤など,家族員のプライバタイゼーションや自主性の強まりなどで緊張,ストレス,葛藤が高まる可能性がある.

しかし,以上のような現象に対応する新しい動向がすでにある.すなわち,

親子3世代同居のしかた自体が工夫されてきた．隣接同居，居住空間分離の同居，家計分離の同居など，互いのプライバシーや生活スタイルを損なわないための"距離を置く親密さ"が志向されている．また，子どもと同居せず夫婦だけの生活を選ぶ老親が増加している．同居する場合も，身体が弱まったり，夫婦の一方が欠けたりした時はじめて同居を望む方向へと意識・実態ともに移っている．社会，経済的阻外要因は多くあるが，こうした傾向はますます拡大するだろう．

(G) 離婚の増加（中高年離婚の増加）　出生児数の減少，子離れ期間の拡大は，中高年夫婦の離婚増加の大きな背景である．アメリカをはじめ，欧米先進諸国では，子連れの離婚・再婚が1970年代以降急増した．片親（主として母親）だけの単親家族（one-parent family）が増加し，子連れ同士の再婚による混合家族（blended family）とか新拡大家族（new extended family）とかよばれる再構成家族（reconstituted family）も珍しくはなくなった．それにより，家族ないし親族の範囲や意識が家族員個々によって異なることは，もはやごく当たりまえになっている．離婚や再婚の繰り返しの中で，複雑化する家族・親族関係，あるいは家庭生活の変化は，典型的な核家族および家族の集団性をもはや自明のものとしなくなった．そこでは，核家族にみられる典型的な家族周期の発達段階は妥当しない．そこでライフコース（life course）という個人の生涯過程に焦点を合わせ，それと相互関連的に家族生活把握を試みる新しい概念がアメリカを中心に起っている．

わが国の離婚の現状は，まだ欧米の比ではないものの，離婚件数は昭和30年代中葉から増加の一途を辿っている．顕著な傾向は，結婚生活期間10年未満層の離婚率が近年低下気味であるに反し，45年以降10〜20年未満層と20年以上の結婚生活期間の長い中高年層の増加である．時系列的には，各年齢層とも離婚割合が上昇し，若年層ほどその割合は高く，年長になるほど小さくなる傾向は以前と変わらない．しかし，40歳代での伸びは2.5倍ときわめて大きい．離婚を最初に言い出すのは大半が妻で，家裁の離婚申し立ても妻は夫の

3倍弱である．しかも子どものいる親の離婚とともに，妻に親権が帰属する場合が増えている．子どもの親権帰属は，昭和40年を境に妻が増大し，今では妻が全児の親権を行なう場合が7割，子どものいる離婚のうち10人中7人の妻が子どもの親権者である．

　子どものいる離婚の増加は，夫婦関係にとって「子はかすがい」でなくなりつつある．伝統的なイエ制度が崩れ，子どもはイエの後嗣として夫の許に残すという意識の薄れ，女性の自立意識や経済力が強まった．親族や周囲の圧力や拘束力の弱まり，核家族化に伴い，夫は男手での子の養育が困難である．そして欧米流に子どもの最適養育者は母親という社会的通念が，民主的夫婦家族制の浸透とともに広まってきたといえるだろう．また，わが国の場合，欧米と異なり，離婚した妻の場合，再婚は低調であり，そのため，近年はとりわけ離別による母子家庭の増加が著しく，死別の母子世帯の減少も相伴って母子世帯のうち3世帯に1世帯が離別原因である．

〈参考文献〉

森岡清美・望月嵩『新しい家族社会学』培風館，1982年．
青井和夫『家族とは何か』講談社現代新書，1974年．
山根常男『家族の論理』垣内出版，1972年．
小山隆（編）『現代家族の親子関係——しつけの社会学的分析——』培風館，1973年．
島田一男（監）滝本孝男・鈴木乙史（編）『家族の人間関係』II各論，講座・人間関係の心理，ブレーン出版，1986年．
Havemann, E. & Lehtinen, M., 1986. *Marriages & Families,* Englewood Cliffs, N. J : Prentice Hall.
Clausen, J., 1986. *The Life Course : a Sociological Perspective,* Englewood Cliffs, N. J : Prentice Hall.
Konig, R., 1974. *Die Familie der Gegenwart,* München : C. H. Beck,
Goode, W. J., 1982. *The Family,* 2nd ed. Englewood Cliff, N. J : Prentice Hall.
Goode, W. J., 1963. *World Revolution and Family Patterns,* New York : Free press.

第2章　家族の崩壊・解体から家族の再構成へ

第1節　離　婚

(1) 離婚の動向

　離婚は，今日における家庭崩壊のもっとも顕著な事象であり，あらゆる社会関係面でのもっとも深刻重大な問題といえよう．近年の離婚激増は欧米先進国ではすでに普遍的な現象である．アメリカがとりわけ著しく，離婚件数は1975年ですでに年間100万件を突破，25年前の3倍，10年前の2倍強の増加をみた．人口千人当たりの離婚率の推移では，1965～79年で2.5～5.4に上昇し，今や，全結婚の2件に1件が離婚に終るとされ，世界一の高離婚率国になっている．ヨーロッパはどうかというと，過去20年間の離婚件数の増大はイギリス6倍，フランス3倍，西ドイツおよびスウェーデンで2倍強をみている．イギリスでは1850年代には年間僅か3件の離婚にすぎなかったが，1979年には約13万件弱に達し，今では結婚3件に1件が離婚に終るといわれる．各国の離婚率は，1980年にはイギリス2.8，デンマーク2.7，スウェーデン2.4，フランス1.7，西ドイツ1.6であった．ある研究によると (Wiener Srudie, 1977)，西暦2000年にはヨーロッパの全結婚の85％が離婚すると予測されたが，最近の新しい研究では，今日の全結婚の3分の1から3分の2が離婚するかまたは危機的状態または破綻状態にあるとみている．

　わが国の趨勢をみると，1983年の総離婚件数は18万件弱で，20年前の2.5倍の増加，離婚率は1.5で，件数・率ともに戦後最高を記録，とくに離婚率では最近，加速的上昇傾向にある．とはいえ，先進国間ではまださほど高率ではなく中位といえる．しかし，これは第二次世界大戦後に限定される動向である．戦前，とりわけ明治16年（わが国離婚統計の開始）から明治31年（明治民法制定）までの離婚率は2.3～2.9以上の高さを示し，わが国は世界有数の高離婚率国

であった．これは当時の結婚や離婚が，嫁入り婚を中心に各地の因習的慣行や習俗にまかされていたこともあり，夫や婚家の親達による一方的な嫁の「追い出し」離婚も多かったからである．

しかるに明治31年の民法制定により戸籍法上，婚姻や離婚の届出制が徹底されたこともあり，翌32年には1.53に急減．以後「家」制度の浸透とも相まって低下し続けた．大正年間は0.8～0.9，昭和6年に0.77と続落し，昭和13年には0.63の史上最低の率を示した．戦後は昭和22年から離婚統計が再開されたが，世界的傾向である戦争の後遺症や戦後の社会的混乱を反映して離婚率は上昇し，昭和25年頃まで1.0前後の高率を示し，離婚件数も年間8万件前後であった．しかし，社会の安定化に伴い昭和26年頃より漸次減少して，昭和36年には約6万9千件余と戦後最低の離婚件数を見，昭和38年には0.73の戦後最低の離婚率を記録した．しかし高度経済成長による社会的繁栄を背景に昭和39年以降は一変して上昇に転じ，46年に離婚件数は10万件の大台を突破，47年には離婚率で戦後最高の1.02に達し，以後今日に至るまで毎年上昇記録を更新しつづけている．しかし離婚率自体は世界主要先進国の中では相対的にまだ低いうえに，婚姻率は今もなおきわめて高く，実体はどうあれ届出による協議離婚が9割を占めるという離婚の自由化をもっとも進展させた観のわが国の事情に照らせば，今の離婚率は絶対的にはまだ格段に低いといえなくもない．しかし，それだけに反面では，最近の加速的離婚率上昇の背景・要因は注目の必要があるともいえる．

一般に離婚率上昇は，産業化や都市化の進展が大きな基底要因といわれ，欧米先進諸国は概ねその傾向を辿ってきた．しかし，わが国では，今世紀初頭以来の産業化，都市化，近代化の進展にもかかわらず離婚率が低下し続けてきた．したがって，わが国の場合には離婚率の増減は必ずしも産業化や都市化と機を一にするというわけではない．他の伝統的な日本風土，慣行，習俗，「家」意識に基づく家族・親族システム，あるいは社会的態度の影響が大きかったといえよう．明治民法により拘束力を強めた「家」制度下でとくに女性に良妻賢母，

貞女，忍従の美徳を課した儒教思想や軍国主義の台頭，離婚や離婚者に対する偏見や劣等・差別視，女性の社会的・経済的無力による夫への依存や忍従などが，離婚を抑制してきたといえるのではないか．

　わが国の最近の離婚の特徴をみると（厚生省「58年度人口動態統計：年間推計」，「離婚統計」），次のようである．まず離婚する年齢層は1960年を境に，それまで顕著に多かった若年で結婚期間が短く子どものいない夫婦の離婚が減少に転じ，代わって40歳以上の中高年層で結婚持続期間の長い夫婦の離婚が急増してきた．1983年には夫の3人に1人，妻の4人に1人が40歳以上で結婚持続期間10年以上の離婚夫婦がほぼ半数，15年以上も5分の1で20年前のほぼ倍増をみた．離婚夫婦の7割に20歳以下の子供がいる．親の離婚に関わる子供の数は1950年には約8万人だったが1982年には20万人を超えた．子供をひきとる養育・親権者は，1966年を境に比率が父親から母親へと逆転，以後年々上昇して1983年には母親76.4％，父親23.6％となる．家裁での離婚請求者も妻の方が夫の3倍も多い．

　これでみる限り，かつて女性を不幸な結婚に忍従させ，繋ぎとめていた「子はかすがい」「糟糠の妻」「偕老同穴」などの社会的意義はますます影が薄れていくようだ．その背景・要因は多様であろうが，明らかに女性の意識やライフ・サイクルの変化に負うところが大きい．女性の自立意識の高揚や経済的自立志向の強まり，夫婦平等主義の浸透，離婚に際し子どもの養育・監護権が母親に優先され夫の許に子どもを残す必然性が弱まったこともある．また平均寿命の伸長，出生児減少による育児期間の短縮と長くなった子育てからの解放期間，就労や社会参加機会の増大などがあろう．また核家族化の進展による親族結合の弱体化．そして夫婦関係への親族関係による緩衝・干渉ともに弱まったことなどもあろう．夫達が男性支配社会のしくみの中で伝統的・固定的役割観や性の二重基準モラルに安住し呪縛されて意識・態度を変革しえないでいるうちに，妻達はせっせと意識変革に目覚め，不満をつのらせ忍従を放棄してきたといえる．夫達が家庭不和や離婚の危機に際し，社会や世間体をはばかり，た

めらい，戸惑い，あるいは他に逃避しはけ口を求める他はないのに対し，家庭にいる妻達は社会的圧力や世間体から比較的自由であることも妻側からの離婚要求を助長させるということもあろう．欧米先進諸国への漸次的追ずい傾向がうかがえる．

しかしわが国の離婚の現実は，夫より妻への慰謝料・財産分与はなきに等しく，子どもの養育費をきちんと支払う夫はごく僅か，支払わず仕舞いに終る場合が普通であり，大半の母親が自力での扶養を余儀なくされる．欧米では，「貧困の女性化」現象として問題視されてきている．

(2) 離婚の意義

離婚は通常合法的に成立している結婚・夫婦関係の持続的な不和・不適応，葛藤の段階を経て，究極は合法的に解消することである．この法的な結婚解消（marital dissolution）に至るまでに多くの場合，夫婦関係が情緒的，性的，経済的な結合面では完全に破綻，崩壊，断絶している場合——別居（separation）や遺棄（desertion）など——もありうるし，まったく冷えきった関係の名ばかりの夫婦が，相対峙しつつも同一家屋に暮している家庭内離婚ないしは潜在離婚などと称される場合もある．したがってアメリカでは結婚の正式解約＝法的解消の場合は絶対的離婚（absolute divorce）と称されている．

結婚はもともと全人格的で包括的な社会関係である．ほとんどの結婚は，強い満足と期待感や幸福感で出発するが，それらが結婚生活の中で変化する度合いは個々の結婚により大きく相異するといえる．夫婦関係は他のいかなる社会関係よりも，性的，情緒的，経済的，物質的に長期間関わり合う．その結合関係は終生の持続と安定を前提に社会的にも祝福され，承認され，期待され，要請されている．しかし夫婦関係は緊密で集約的で，深く長く持続する相互依存関係ゆえに，葛藤の余地もまた大きくなる．大多数の夫婦は，多少の葛藤・不和・不適応を解決し克服しつつ結婚を持続させるが，それに失敗する夫婦もまた多い事実を最近の離婚増大が示している．

もっともすべての結婚は成功であれ不成功であれ,実際には配偶者との死別でいずれは必ず終る．しかし離婚は死別による結婚の終結とは異なり,短い結婚持続期間での恣意的かつ選択的な結婚中断・解消であり,しかも夫婦関係の失敗,断絶,崩壊の帰結である．それは直接的には夫婦間のみの関係の解消ではあるが,実際には子ども,親族,友人,近隣などとの関係に影響が大きいという点で,私的,個人的行為の範疇にとどまらず,まさしく社会的な範疇に属する．離婚は死別とは別の意味合いをもち,社会的期待や要請に添わない行為として社会に受容され難い面があるからである．夫婦の離婚に際し,周囲の人びとが苦痛や悲嘆を味わうだけでなく,説得,非難,反対,疎遠,絶交の態度に出たり,逆に同情,支援,擁護などさまざまな形と度合で反応し,介入し,関わり,影響を受ける．とくに未成年の子どもの処遇と子どもへの影響は当事者夫婦のみならず社会的にも大きな関心事となる．しかし一方においてあらゆる家族システムには,個々人をその支配や抑圧から解放するための何らかの逃避メカニズムがあるといえるが,離婚はそのひとつでもある．離婚が長びく結婚不適応や破綻の状態から夫婦を,そして親達の不和葛藤の巻き添えをくう子ども達を解放し,安定や新たな幸福の機会を与えるという意味合いもある．「死んだ結婚よりも生きた離婚」を選ぶことに意義を認め,離婚が社会の「必要悪」として肯定される側面である．

だが他方では,離婚の高いつけが個人に,家族に,社会に回ってくるのも事実である．個人的には精神的苦痛,悲嘆,挫折,喪失感がつきまとい,子どもの養育扶養費の支払い,財産分配,離婚による社会関係の変化や生活上の変化など物心両面の苦労や損失がある．家族的には,とりわけ核家族の場合には夫婦の離婚はそのまま家族集団の解体・崩壊に結びつきやすく,その影響を深刻なものにする．子どもは両親の犠牲になることを喜ばないし,これまで多くの研究が子ども達に親の離婚が好ましくない影響を与えることを指摘している．もっとも,親の不幸な結婚の持続が,離別するよりもっと悪影響を子ども達に与えるという多くの意見もある．また親の離婚により,子どもは片方の親のい

ない母子家庭や父子家庭での生活を余儀なくされる．欧米諸国の離婚増大は，多くの子ども達を離婚に巻き込み，厖大な数の単親家庭の発生を今や常態化させており，そのほぼ8～9割が母子家庭である．わが国でも近年は離婚による母子・父子家庭の増加が著しい．また，裁判離婚が多い他国では離婚の社会的つけとして，離婚のための法的手続きや法的抗争のために費消される厖大な時間や資源がある．たとえば，カナダは抗争のない離婚成立でも600～1,000ドルの法的手続き費用が必要だとされ，離婚のために人びとが費した費用の総額は過去10年間で5億ドルにも達したという．離婚の大多数に法的抗争がないとされるイギリスでも，民事上の法律扶助の約7割が離婚後の財産配分，扶養，子どもの監護養育権などをめぐる離婚問題に費やされるという．

(3) 離婚への社会的対応

離婚に対する人びとの反応，社会的態度ないし法的対応は，歴史的，社会的，文化的背景の相異とともに多様であり，時代的にも変化するが，大別二つの相反する立場がある．すなわち離婚をまったく容認しない結婚非解消主義と，離婚を容認する結婚解消主義である．結婚非解消主義は，結婚を宗教上の誓約とみなすがゆえに離婚を罪悪として絶対に容認しないキリスト教倫理観が典型的である．近代化が進み，結婚を宗教的誓約の儀式とみるより法律上の民事契約とする方向に進んだ結果，離婚指導の導入をみたものの，今なお根強く社会に浸透した倫理・道徳として離婚を強く抑制している．結婚解消主義は離婚を異なる観点や意味づけにより容認する．すなわち，①有責離婚主義(fault divorce)――結婚持続を困難にする配偶者の有責行為に基づく法的特定理由に対して，離婚が容認される．欧米諸国での最近までの典型的な理由は，姦通(adultly)，遺棄(desertion)，虐待であり，そのうち姦通がもっとも一般的で，虐待，遺棄の順に多かった．さらに法的理由の種類や数は国情や時代により相違し変化する．②救済離婚主義――離婚は善ではないが，完全に崩壊している結婚生活救済の手段とみなして容認する．③破綻離婚主義(no-fault divorce)──結婚が自由な民事契約である以上，離婚もまたその自由な解約であるべきで，配偶者間の有責ないし過失と関係なく，回復不可能に破綻した結婚は個人的自由に解消されるべきだとする．

こうした離婚に対する多様な社会的態度は，今日でも各主義が程度の差はあれ世界の多くの国々に存在するし，法制上もそれらを併用した内容が採用されている．しかし歴史的にみれば，非結婚解消主義から結婚解消主義へ，さらに有責主義から救済主義を経て破綻主義へという推移が法制度の変遷に具現されてきている．したがって今日世界各国の離婚制度をみると，結婚非解消主義の立場から離婚を絶対に容認しない国は，アイルランドのエール以外はほとんどない．離婚は容認しないが別居制度を認めている国は，カトリックが浸透しているスペイン，アルゼンチン，ブラジルなど僅かである．カトリック国イタリアでは1971年に離婚が解禁され，離婚制度が導入された．他の欧米諸国では法制上の離婚と別居を併用する有責主義を基底にしてはいるが，1960年代から70年代にわたる各国の相次ぐ離婚法の改正は，大幅な破綻主義の導入または有責主義廃止の方向を示した．最初に破綻主義に切り換えたアメリカのカリフォルニアをはじめ，いくつかの国では，実質的に"離婚"という法的用語を廃止し，"婚姻解消"に代行されている．

わが国の離婚は法制上破綻主義が基調である．離婚方法は第二次大戦後の民法改正により，当事者の合意のみで成立する協議離婚，家庭裁判所による調停離婚と審判離婚，一般裁判所での離婚判決訴訟による判決離婚の4種類がある．判決離婚の場合の法定理由は，配偶者の①不貞行為，②悪意の遺棄，③3年以上の生死不明，④回復不能が見込まれる精神障害などの有責主義だが，⑤その他，婚姻を継続し難い重大理由のあるとき，というこの5項にも破綻主義が示されている．

わが国の今日の全離婚件数のうち9割が協議離婚で，9％が家裁の調停離婚，判決離婚は僅かに1％であるとされる．離婚は夫婦の婚姻契約の解消とみる破綻主義の立場を大幅に取り入れ，協議離婚が圧倒的なわが国の離婚制度は，離

婚緩和への世界趨勢からすれば，個人の自由で主体的な選択を尊重する離婚自由化をもっとも推進させた進歩的離婚法といえなくもない．しかし，まだ社会全般に離婚を好ましいことでなく，止むを得ぬ処罰とする風潮が強いから，裁判による離婚抗争は種々の公的・私的生活面で損失が大きいとか，離婚の法的対応の不備・不足から，内実は別として形式上は抗争せず私的に処理する協議離婚が選ばれる可能性があるといえなくもない．そのことがまた反面では離婚に対する法的対応・処置，とりわけ妻や子どもの人権に対する保護，対応をなおざりにしている面が指摘できるかもしれない．

(4) 離婚率の社会的背景

欧米先進国の1960年代半ば以降の急速な離婚増大には，前述の各国離婚率の差が示すごとく，各国多様な背景・要因が影響する．しかし，ほぼ共通的要因とみられるのは，まず第一に伝統的な結婚や離婚に対する人びとの見方や態度の変容，動揺ないしは衰微が挙げられる．結婚をキリスト教倫理にもとる宗教的誓約儀式とみなすよりも，民事的契約とみなす傾向が進展して，離婚や離婚者に向けられる社会的モラルや倫理上の制約が弱まり，社会的態度はより寛大で受容的になり，非難や差別が弱まってきた．第二に，1960～1970年代にわたり，各国の離婚法が相競って改正されいわゆる離婚の法的自由化が推進されたことが挙げられる．それまでの厳しい離婚制度が人びとの変化する現実の生活スタイルや結婚観やニーズに適応し得なくなった．それにより離婚を"社会の必要悪"として肯定認容する現実対応上の制度的改変が必要であった．かくして離婚は配偶者いずれかに過失責任があるとする"有責主義（fault）"から，夫婦関係の破綻を確認合意する"破綻主義（no-fault）"への移行の大きな流れが，離婚を以前より容易にし増大させた要因のひとつといわれる．法的援助もより容易になされだしたことが労働者階級の離婚増を生み，法的結婚許可年齢の引下げによる早婚化も離婚増に反映したとされる．

離婚は結婚の鏡に写し出された姿でもある．結婚率が低い，あるいは有配偶

率が低い国では,結婚しない独身者や事実婚同棲者が多いことも考えられ,離婚率も低くなりやすい.性解放や自由な結婚観がきわめて発達したスウェーデンや,最近の西ドイツでの低い離婚率は,低い結婚率に負うものといえる.その反対に,初婚年齢の低い者が多く,結婚率が高く,再婚率も高いアメリカやイギリスでは離婚率も高い.今日のアメリカ人の92％が一生に1回は結婚し,離婚者の8割は遅かれ早かれ再婚するといわれる.イギリス人は92％が結婚,3分の1が離婚,離婚者の3分の2が再婚するという.カナダやオーストラリアもほぼ同じ傾向にある.主として英語圏にある国々での高い離婚率は,伝統的な結婚という制度自体の危機あるいは家族制度死滅の前兆とみる向きも多いが,近頃少々頭うちではあるものの今なお高い再婚率に,制度としての結婚や家族の安泰を見出す向きもきわめて多い.それゆえ次の段階は,人びとに連次性結婚 (series of marriage),あるいは連次的単婚制 (serial monogamy) がいっそうの自由と多様性を拡げて普及するだろうと予測する欧米の学者達もいる.つまり人びとが伝統的な制度としての結婚や家族にとらわれず,シングルにとどまり,同棲を繰り返し,あるいは単親家族にとどまり,コミューン的な生活志向が増大するとみるのではない.むしろアメリカやイギリスではますます結婚に個人の幸福や生き甲斐を求め,結婚に情緒的充足や安定を見出そうとし,良き結婚への夢を増幅させていくだろうという.伝統的な制度である一夫一婦婚を強く志向し,今の結婚に正直で誠実であることへの熱望は失望と裏腹で,失敗の可能性も高くなる.幸福追求の夢と挫折の狭間で人びとは苦悩し揺れ動き,離婚と再婚を繰り返すことになる.

　宗教的戒律の厳しさの度合も離婚率に影響する.離婚は宗教上のとりわけキリスト教倫理に照らし罪悪であるとするモラルが,社会に深く浸透するとか,あるいは制度化されている国では,離婚は禁止されたり,きわめて困難な場合が多い.離婚絶対禁止を続けるアイルランドのエールは,ゆえに統計に表われる法的離婚は皆無である.イタリアは離婚が解禁されたとはいえ今なおモラルでは厳しいから,別居,遺棄はあっても離婚率は低いといえる.したがって離

婚率は家族崩壊・解体の直接的指標と必ずしもいえない面がある。

　また，離婚に際し直接・間接的に厳しい経済的条件が伴う国では離婚が事実上むずかしい。西ドイツは他国と同じく離婚の法的自由化を進めたが，ほぼ平行的に制定した扶養法で前配偶者や子どもへの扶養規制が厳しく，離婚には経済的ツケが大きい。結婚したがらないシングル，結婚しない同棲者，子どもをつくらないカップルが増えている。

　離婚率上昇はまた，女性の就労，社会的進出の増大などによる女性の意識・役割の変化と，社会保障の拡充とも関連する。女性の経済的自立や自立意識の高揚は，不幸な結婚への忍従と依存を減少させるし，社会保障の拡充はある程度の生活手段確保と子育て責任軽減をもたらすからである。男性の側も同様で，妻の自立は離婚に伴う慰謝料や扶養費の支払い責任を軽減することに連なる。

　さらに平均寿命の伸び，子どもの出生数の減少，子育て期間の短縮などライフサイクルの変化がある。不幸な結婚に忍従し，埋没してしまうには人生が長すぎるから，離婚は解放と再生への道ということになる。

　欧米とりわけアメリカやイギリスでの高い離婚率をより基本的に示すのは，結婚への期待の変化だといわれる。今日の結婚は自己充足や幸福を追求し，個人主義的で情緒的であり，相手や結婚自体への期待感が強すぎる。それだけに情緒的な失望感や挫折感は大きくその不幸から逃れ出し，新しい充足への夢を求めて離婚するといわれる。

(5) 離婚の原因

　離婚の原因は個々の夫婦間の独特な事情に応じてさまざまではあるが，社会階層，性別，結婚時年齢，結婚持続期間，子どもの有無や子どもを生む時期，婚前交際のあり方，宗教心の度合，さらに個人的性向などにおいて，離婚しやすい一定の共通要因や傾向があるといえる。全離婚中協議離婚が9割を占めるわが国では，離婚理由に関する調査や統計資料はきわめて乏しいため，イギリスやアメリカでの諸研究からみた離婚要因や性向をみてみよう。

1）社会階層

　最近のイギリスの統計によれば，もっとも高い離婚率を示す階層は，非肉体労働者および非熟練労働者のそれである．中流階層の離婚年齢は，早婚をする労働者階層の離婚年齢よりも遅く，離婚率も低い．この理由は，中流階層では財産問題が関わる場合が多くなり，他の親族の関わりも増し，離婚で失う物が大きすぎるということが考えられる．また，結婚時に妻の職業上の地位が夫のそれより高い結婚は離婚に終りやすく，夫婦間の教育程度の差よりも，職業上の地位の差の方が影響が大きい．労働者層の教育程度が低い夫婦では，心身の虐待，性問題，不貞，飲酒，扶養不履行，男らしさ・女らしさの欠除などがより大きい不満である．中流階層，教育の高い夫婦では，価値・関心の変化，性役割上の葛藤，家庭生活への無理解，意思疎通の欠除，仕事にかまけすぎる，などがより大きな理由になる．

2）結婚年齢

　以前から若年婚は（とくに夫も妻も共に10代の場合），離婚に終りやすいとされてきたが，とりわけ結婚時点で妻が妊娠している場合に離婚のリスクが大きい．イギリスでは，10代夫婦の離婚頻度は，20～24歳層のそれの2倍である．1982年に離婚したカップルのうち，夫の13％，妻の37％が10代で結婚した人達であった．

3）結婚持続期間

　離婚の大半は結婚初期に発生し，そのずっと前から事実上破綻していることが多い．イギリスでの最近のある調査によると，離婚の38％が結婚後4年以内，24％が5～9年，28％が10～12年，10％が20年以上結婚を持続させていた．平均結婚持続年数は2.9年で，この年数が一番危ない時期とみられる．また，離婚したカップルの3分の1は，すでに結婚初年度から離婚に至る深刻

な問題が芽生えていた．結婚した最初の年は，10代の妻それもとくに結婚前から妊娠していた妻には離婚の危険度が大きい．

離婚申し立て理由は，結婚持続年数によってある程度差がある．たとえば，早くに離婚した人びとでは，親族との折合いや性の問題についての理由が多く，遅く離婚した人びとは，関心や価値観の変化，家庭をおろそかにするなどがより大きな理由となる．また，婚前妊娠は，堅実な婚前交際も経ず，やむを得ず結婚に入る場合も多いところから，離婚のリスク度は高い．

しかし，若年層や結婚早期だけに離婚が多いとはいえない．イギリスでは全離婚の約4割弱は結婚後10年以上を経ている．離婚発生はライフ・サイクルの変化とも相関するといえよう．

イギリスのドミニアン（Dominian, J.）は，ライフ・サイクルに応じて結婚破綻に三つの段階があると指摘している．すなわち，第一段階は，結婚後5年以内，まださまざまな基本的な情緒的な紐帯がしっかりと固まらないがために破綻に至る時期である．この段階では，夫婦間で経済，住居，家事分担あるいはその他生活実際面での調整などが困難であると同様に，意思疎通，愛情表現などがうまくいかず葛藤をうまく処理しえない場合が多い．

第二段階は，年齢30～50歳頃の結婚中期で，通常子どもの成長期での離婚発生である．この次期は，主として人格レベルでの変化が離婚の引き金となりやすい．夫婦は情緒的に相互依存を強め，相手との関係においての自分なりの個性やアイデンティティを確立し，自己変革を行なう．しかるに，離婚は二つの理由のいずれかにより発生する．ひとつには，夫婦の間にすでに情緒的な結合が失われてしまっている場合，二つには，自我意識の目覚めや成長による社会的・情緒的・心理的変化が，それまでに築かれた結合を損い破壊させてしまう場合であり，抑圧されてきた妻などによくみうけられる．

第三段階は，子どもが独立・離家した後のだいたい50歳ぐらいから一方の配偶者の死亡までである．この時期には，夫婦の愛情の絆は，第二段階ですでに崩壊しているにもかかわらず，子どもが成長するまであえて離婚を思いとど

まる場合も多い．ごく普通には，そこに至るまでの長い期間，夫婦間に基本的な結合はなかったことの認識がある．時には，問題が未解決のまま残され，しこりとなり，しかもそれが結婚初期からの不適応・不和にまでさかのぼることもある．"エンプティ・ネスト"期には，夫と妻だけで共に過ごす時間や機会が増すだけに弱い絆の結婚は緊張が増し，ずれが大きくなりやすい．

4）子どもの有無

通常，子どものない夫婦の離婚率が高いとされてきた．しかしこれは，結婚初期の離婚頻度が高いゆえに，離婚する夫婦に子どもがいない場合が多いからである．結婚持続年数の同じカップル達を比較すると，子無し夫婦に離婚が多いといえず，むしろ子育て期間に離婚の不幸を経験する夫婦が多く，さらに婚前妊娠のカップル，とりわけ10代での婚前妊娠の場合に離婚が多くみられるというイギリスの調査結果もある．子どもはいまや夫婦の"かすがい"でも，幸福な結婚の証しでもなくなりつつあるといえそうだ．

(6) 離婚のインパクト

離婚は当事者のみならず子どもや他の社会関係に対しても，短期的であれ長期的であれ，また程度の差はあれ，物心両面でのあるいは社会的ネット・ワークや交流面でのインパクトや影響がある．

1）離婚当事者へのインパクト

離婚に関するアメリカでの数多くの研究を再検討して，包括的に離婚インパクトをまとめあげた，ゲティング（Goetting, A.）によると，①離婚により，家計維持および経済面・職業面で困難な問題が生じる，②結婚がうまくいかなくなると社会参加は減り，離婚後いく分増す，③離婚はとくに男性に強い性生活欲求と，欲求不充足をもたらす，④心身の健康度は，幸福な結婚者が最良で不幸な結婚者は最悪であり，離婚者はこの両極間の何処かにある，と結論

づける.

　また，離婚に伴う情緒的ストレスと病気との生物学的関連が医学者間で研究されている．それによると，離婚者は，有配偶者・独身者・寡婦（夫）などよりも自殺率が高く，アルコール中毒が多く，精神病院への入院やクリニック通院の率が高く，医者通いも多い．離婚男性は，女性より早く再婚するが，6年以上独身でいると，自動車事故，アルコール中毒，麻薬中毒，抑うつ症や精神不安定な者の率がさらに増加する．離婚女性には，経済的貧困によるストレス，前夫との絶え間ない葛藤，子育て上の問題などにより，長期間にわたる健康障害がもっとも深刻な影響をみせる．

　離婚は突然に生ずるのではなく，そこまでにいくつかの段階がある．ボハナン（Bohannan, P.）は離婚を六つの発展的段階過程として把握する．すなわち，①情緒的離婚　②法的離婚　③経済的離婚　④子どもの養育に関する扶養上の離婚　⑤家族や友人に知らされるコミュニティ離婚　⑥そして最終段階が心理的離婚に至る．この最終段階で，配偶者喪失で生じた以前のアイデンティティの動揺・混乱から脱し，新たなアイデンティティを形成し，新生・立ち直りがなされる．

　ワイス（Weiss, R.）は離別をさまざまな段階に分類した中で，人びとが離別の悲嘆，不安，パニックの状態から離脱していく経験を解明している．この段階は，人びとが前配偶者を必要としなくなった爽快感に変わるか，または猛烈な孤独に陥る時期であるとみる．離婚を積極的に選んだ人ですら離婚後遺症に苦しむ．その回復はほとんど確実に再婚または新しい親密な関係の形成を待たざるを得ないという．

2）子どもへのインパクト

　離婚の増大または親の離婚に巻き込まれる子どもの数も増大させる．彼等の大半は母親だけの単身家族の一員となり，後には母親の再婚により，ステップ・ファミリーで継父や継きょうだいと関わらねばならなくなる．最近の諸研

究によれば，アメリカの全子どもの3人に1人，イギリスの全子どもの5人に1人が，16歳までに親の離婚による家族崩壊を1度ならず経験すると予測し，これに未婚の親の子どもらを含めるとその率は4割近い．また，37％の子ども達が継子になって以後再び家族崩壊を経験し，2回以上家族を変わり，ステップ・ファミリーに住む子ども達のほぼ5分の1は少なくとも3回家族を変わる．つまり子どもの10人に1人が，18歳までに3回以上家族を変えることになるという．全5歳児でも，アメリカ21％，イギリス7％が親の離婚を経験するという．親達の離婚が子ども達に与える影響の是非に関し種々議論があるが，概して，不幸な結婚に留まる方が子どもに悪影響が大きいとされている．また，親との死別より離婚した場合に，離婚した場合より両親が不和状態の場合に，さらに離別後親との面接が途絶えてしまう場合に，子どもへの悪影響が大きい．

離婚の与える子どもへの障害を例証すると，
① 非行（普通家庭の子どもの2倍，死別の場合は影響がない）．
② 攻撃的，不服従性，問題行動，精神的・情緒的不安定，夜尿症など．
③ 女児より男児の方に障害が大きい．父親と別れた男児は，男性役割の自己同一化や活発性に欠け，男らしい行動を好まなくなる．とくに5歳以前の離別に顕著である．
④ 女児では，思春期まではごく普通だが，対男性関係がうまくいかない．
⑤ 男女ともに結婚が不安定になる．ただしこれは，離別した親との接触維持が良好，温和で知能指数が高く，犯罪指向がない子どもの場合に改善の余地がある．

ただし，以上の性行は，ある種の"問題児"とみなされる子ども達の例であり，ごく普通の子ども達ではその自立性および行動への離婚の悪影響は少ないという．子ども達にとり最善なのは，詳しい事情の説明，離別後の両親との面接保持，とくに両親による子どもの共同監護（joint custody）がなされることである．しかし現実には共同監護の例は少なく，うまくいかぬ場合が多い．イギ

リスでは離別後，別に住む親，とくに父親との面接はほとんどない場合が多いという．アメリカのある調査例では，離別後の父親と面接できる子ども達は，毎月が3分の1弱，毎週となると6分の1弱になる．母親と離別している場合には面接頻度が増し，子ども達のほぼ3分の1が毎週別れた母親と面接する．しかし既に5年もの間，父親と面接なしの子ども達は36％，母親と面接なしが7％であった．1年以上面接なしがそれぞれ17％と7％である．子どもとの面接は親の再婚の有無と関係する．離別後両親ともに再婚していない場合，面接頻度は高くなり，子どものほぼ半数が毎週面接し，両親とも再婚していれば7％だけが毎週面接する．

　前述したゲティングの研究から離婚の子ども達への影響を要約すると次のようになる．①離婚家庭の子どもは，普通家庭の子どもより学校欠席率が高い，②幸福な結婚の子どもは，不幸な結婚や離婚の子どもと比べ，自立―自尊などにより好ましい性行が認められる，③両親の仲が良い家庭の青少年は，両親不仲な家庭や離婚家庭の青少年に比べ，両親との関係がより緊密のようである．離婚家庭の青少年は，両親不仲な家庭の青少年に比べ，父親との距離が大きい．離婚家庭の少女は，不幸な家庭の少女に比べ母親との関係が密である．④両親が離婚した娘は，両親不仲な家庭の娘に比べ早婚で，結婚時点で既に妊娠している場合が多い．⑤両親が離婚した息子や娘や，自身も離婚しがちである．⑥両親が離婚した場合と家庭不和の場合を比べると，離婚だけが非行の原因とはいえない．

　離婚が子どもに与えるインパクトに関しての最近のもっとも包括的で長期的な研究は，アメリカのウォラーステーンとケリイ（Wallerstein, J. & Kelly, J.）の10年間にわたる追跡調査にみられる．彼らは，1971年に，離婚した60家族とそれらの離別時の年齢3〜18歳までの子ども達131人を対象に調査を開始し，離婚後18ヶ月，5年，そして10年目にまた接触し，離婚のインパクトやその関連メカニズムを明らかにしようとした．それによると，離婚に対する見方は，通常，親と子どもが異なることが多い．離婚が親達には不幸な結婚の解消であ

っても，子どもがそのことを知覚するには離婚後何年もかかるし，往々親の離婚よりむしろ不幸な家庭を望む場合が多いという．もちろん，離婚インパクトは子どもの発達年齢によって相異する．ウオラーステーンとケリイは，子ども達を発達年齢で4グループに分類し①3～5歳半，②6～8歳，③9～12歳，④青少年期，とした．それによると，親の離婚に子ども達が示した反応は，

①の場合　感受性が強くなり，時には自分が親達の離婚の原因ではないかとの罪悪感もみられ，もっぱら情緒的な不安や怖れにかられる．

②の場合　もっとも顕著な反応は，悲しみや嘆きであり，父母両方への忠誠心の板ばさみ・葛藤があり，去って行く父親への思慕と，残る母親への怒りがある．

③の場合　怒りをもろにみせ，一方の親に加担し，アイデンティティの動揺や身体的な諸症候が現われる．

④の場合　10代の最年長グループの子ども達は，自分達自身の性的アイデンティティや結婚に危惧し，父母への忠誠心に葛藤を生じ，時には親達と張り合おうとする．

18ヶ月後には，離別した父親の20％，母親の17％が再婚し，母親の60％，父親の40％が生活水準の低下を訴えた．子ども達の5分の1はまだ離婚を気づかい，4分の1が意気消沈していたが，その他はより現実的で，離婚をあまり気にかけなくなっていた．両性間の違いも表われはじめ，女性の方が前夫より離婚後遺症が大きく，その半数がまだ痛手から立ち直れず，3分の2が孤独であったに対し，父親はほとんど心理的には落着きをみせていた．男の子達の多くはストレスにかかり，一途に別れた父親に憧がれ，両親が元のさやにおさまることを夢想していた．少女達は，友達の強力な支援や励ましがあってかなりうまくやっていた．

5年後の時点では，男性の3分の2，女性の半数が離婚してよかったと感じていた．子ども達の5分の1は，いまなお両親の離婚に怒り，惜念や以前の家

庭への執着がみられたが，その他の子ども達はうまく適応していた．

10年後の結果では，子ども達は怒りや悲しみから抜け出しており，両親の離婚理由を理解してはいたが，それでもなお，自分達を生む前の離婚ならよかったとみている．

かくして，ウオーラーステーンとケリイの研究から，両親の離婚はとくに幼少年期の子ども達にとり返し難い傷跡を残すことがわかる．親達に都合の良い離婚必らずしも子どもにも良いとはいえない．また，離婚の子どもは，不和状態の続く家庭の子どもに比べれば，幸福で適応性は高いが，普通の両親家庭の子どもに比べれば，幸福度，適応度ともに低いという．

さらに別の研究では，離婚や結婚からくるストレスに対し，その緩衝地帯としての緊密な社会関係の有無がきわめて重要としている．離婚や別居に際しこの緩衝地帯が往々にして脱落しやすく，それだけに離婚の過程はストレスがひどくて，人びとは二重の苦難におちいる．また社会的援助が必要で，親密で力になる家族や友人のネット・ワークをもつ離婚は，立ち直りが早く良好である．たとえば，男女ともに離婚後のストレスは，支援および社会的関わり方の程度と関係し，それらが弱いとストレスは強くなるとされる．以上の諸研究からみる限り，離婚は，不幸・不適応な結婚からのやむを得ざる脱出解放の方途ではあろうが，家族崩壊が当事者のみかその子ども達に与えるインパクトはけっして容易なものではない．

第2節　単親家族

(1) 家族崩壊と増大する単親家族

離婚率の増大は，母親かまたは父親と未婚の子どもとで構成する単親家族 (single-parent family) 増大の一大要因でもあり，それはすでに欧米先進国では普遍的現象である．欧米では，離婚に際し子どもとりわけ幼少児童の養育は母親が妥当とみる長い間の慣例により子どもの監護養育権 (custody) は大半母親に与えられることから，単親家族の80〜90％は母子家族である．しかし，近

年は父子家族も逐々増加し，単親家族は今や伝統的で標準的とされてきた核家族または両親家族に対する主要なオールタナティブ（alternative：代替的）な家族形態として，社会に一定の位置を占めるまでになっている．

ちなみに主要各国の状況をみてみると，まず世界でももっとも離婚率の高いアメリカで，1978年には子どものいる家族総数3千万世帯のうち19％が単親家族で，その93％は母子家庭であった．単親家族に属する子どもの数も，1960～78年で2倍以上に増加し1千万人を上回った．アメリカの子どもの6人に1人が単親家族のいる勘定になる．この調子でいけば，今日の幼児の2人に1人が，18歳に達するまでの一時期を単親家族で過ごすことになろうと予測されている．アメリカの全家族中に単親家族が占める割合は，白人の方が黒人よりずっと多く，単親家族の子ども達の大半（84％）が白人である．しかし，子どもが単親家族に属する率となると，黒人の子ども全体の40％，白人の子ども全体の12％で，黒人の方が白人より格段に高い．単親家族になる理由は，全般に離婚と未婚の母の増大に負うところが大きいが，白人と黒人ではかなりの相異がみられる．すなわち，1970～82年で，白人母子家族の割合は，全白人家族中の7.8％～15％の増加をみた．理由別では，離婚が40％～57％に，未婚の母が3％～10％に増加したのに対し，別居は32％～24％に，配偶者との死別は25％～10％へと激減している．要するに，白人母子家族の9割は離婚が大半を占める生別か未婚の母が理由であり，死別は僅か1割にすぎない．一方，黒人母子家族の割合は，1970～82年で，全黒人家族中の30.6％～45.5％へと増加，今や全黒人家族の2家族中1家族が母子家族ということになる．母子家族になった理由をみると，1970年には別居が50％を占めてもっとも多く，これに未婚の母18％が続いたが，82年になるとこれが逆転し，未婚の母が41％に増大，別居が28％へとほぼ半減し，離婚は17％～23％へと僅かに増加した．黒人未婚の母の最大割合が10代の母親であり，全黒人出生児の4人に1人以上が10代の母親であった（1982年）．

イギリスでは，全家族数の12％に相当する92万の単親家族に，イギリスの

子ども達全体の8人に1人に相当する150万人の子ども達がいた (1980年). 母子家庭が大半で, 父子家族は6分の1である. 母子家族になった理由別では, 離婚が3分の1でもっとも多く, 5分の1が別居中, 1970年前後世界でもっとも早く注目された未婚の母家族は7分の1である.

　西ドイツでは (1982年), 子どものいる家族全体の11％強に当たる93万の単親家族に, 国全体の子どもの12％に当る133万人の子ども達がいた. 単親家族の形成理由は, 離婚45％, 別居19％, 未婚の母11％と生別が圧倒的に多く, 死別は4分の1にとどまる. 単親家族の84％は母子家族だが, 父子家族も1971～82年で全単親家族中の10.5％～16％ (14万5千家族) へと増加し, その子ども達も11万3千人～19万7千人 (単親家族の子ども全体の15％) に増加した. その大半が離婚と別居によるものだ.

　わが国の場合はどうかというと (詳細は後述), 単親家族発生率は, まだ欧米先進諸国に比べればはるかに少ない. しかし逐々に増加し, しかも離婚や遺棄などの生別が増え, 単親達も若年化傾向にある.

(2) 単親家族の特性と生活問題

　単親家族は, 欧米でもごく最近まで両親のいる完全家族に対する「不完全家族 (imcomplete family)」とか「崩壊家族ないし欠損家族 (broken family)」などと互換的に定義されてきた. それは, 両親家族が理念的にもあるいは家族形態および機能上でも, 標準であり正常であるとする価値判断的な社会通念が背景にある. 父親または母親の欠けた単親家族は, 形態的に異常で逸脱しており, 機能的にも欠陥や障害のある問題家族であるとする社会的偏見に裏打ちされていた. それだけに単親家族は両親家族よりいっそう多くの社会生活上の困難さを経験してきた. ことに著しい産業化や都市化の進展による核家族化や親族ネット・ワークの衰退は, 単親家族世帯を容易に出現させ孤立させるから, 困難に遭遇する可能性も大きい. こうした状況は, 単親家族をいっそうの苦境に陥らせ, 単親家族の形成理由とからめての偏見やスティグマが, 単親家族を社会

的マイノリティの地位に押し込めてきた．

　しかし，最近ことに欧米では，家族形態や家族のライフスタイルや価値観の変化にともなって，離婚や未婚の母が増大し，それに対する社会的許容度も増してきた．それとともに当然増大してきた単親家族に対しても，社会的偏見，スティグマあるいは差別視から解放され，その苦境や困難な現状とニーズが適性に認識理解される必要があること，両親家族と同様に自立した家族形態として正当に社会に位置づけられるべきだとする社会的認識や社会政策上の対応度も高まってきている．

　わが国の場合をみると，離婚などの家族崩壊や未婚の母の増加などが欧米に比べまだそれほどではなくも，増加傾向がみられ，単親家族をめぐる状況も明らかに変化している．戦後の昭和30年代半ばまで百万世帯以上あり，その大半を占めていた夫の戦死や病死による死別の母子家族が減少し，かわって離婚や遺棄による生別母子家族が増大してきた．また，父子家族も増大し，とりわけ生別の増加が目立ち，母子家族と基本的に同じだが，ある面では母子家族以上の苦境にあることがようやく社会に認識されつつある．

　単親家族になる理由は，生別も死別もともに，今日の社会情勢を反映して複雑多様化しており，単親家族になる以前後ともに家庭生活上の種々の問題をからませている場合が多い．生別には，離婚，別居，遺棄，家出，蒸発などがあり，事態が深刻な場合が多い．事故や病気による死別の家族生活も問題は大きいが，それ以上に生別の場合は，家庭崩壊にまつわる精神的，経済的，社会的な苦難や不利条件を伴いがちであり，家族生活上の困難，支障あるいは混乱が生じやすいといえる．

　単親達にとっての基本的問題は，単親になった理由により，単親が母親か父親であるかにより差があるが，共通的には，生計維持と家事・育児両方の役割を単独で担わねばならないこと（仕事と家事・育児の両立），子どもに対しても父と母の役割を単独で担う二重役割負担，前婚や前配偶者との葛藤とその痛手が尾を引く場合も多く，精神的苦痛や身体的疲労が大きく，社会的孤立や孤独の

問題に直面する．また，子どもとの関係の調整，別れた配偶者と子どものあり方に対しての配慮，子どもの養・教育上の気遣いなど並大抵ではない．欧米では新しい相手との再婚や同棲が，離婚や家族崩壊の痛手から立ち直り両親家族形態を再生させることとして普遍化し，単親の再婚や同棲によるステップ・ファミリー（step family：継親子家族）も増大している．そして，別れたもう一方の実親との間で訪問権（visiting right）や共同監護権の設定行使により，子どもとの持続的接触や養育責任を留保する方途もとられている．しかし，そうした場合は，ステップ・ファミリーに元の単親家族単位の，あるいは以前の実両親家族の関係性，意識や生活スタイルなどが持ち込まれたり，影を残す可能性が大きく，継親子間にあるいは継きょうだい間の関係性にも種々の困難や問題が生じやすい．そして元の単親家族単位に核分裂して再び家庭崩壊に至る可能性は高い．

　単親家族の生活問題は，単親自体をめぐるさまざまな条件や資源によっても相違する．すなわち，単親自体の性格，年齢，職業の有無や親族との関係性や，居住・地域環境なども大きく影響する．これらの諸条件や諸資源と単親家族のニーズがどのように相関し合うかによって，単親家族の生活にどのような障害や不都合や困難が生じるかが問題なのである．また，単親家族に対する社会や周囲の人びとの態度や対応のあり方，社会福祉制度のあり方など，支援体系のあり方も問題である．わが国の単親家族の実態はどうかというと，諸外国に比べ単親家族とその問題への関心，認識，理解や対応などが母子家族はまだしも，父子家族に対してはきわめて乏しく，遅れている．単親家族の実態を，もっとも新しいところで厚生省の「全国母子世帯等調査」（昭和58年），「全国家庭児童調査」（同59年度）結果等を参考に考察してみる．

1）母子家族

　母子家族世帯数は71万8千余で，全国世帯中の2.0％を占める．過去5年間に8万4,400世帯，13.3％の増加，戦争の後遺症で100万世帯を超えてい

た昭和30年代には及ばないものの，過去15年間での最高をみた．単親となった理由別では，離婚（35万2,500世帯でのほぼ半数）が死別（25万9,300世帯で全体の36％）をはじめて上回った．死別は5年間に5万6千世帯減少し，反対に離婚は11万2千世帯増加で10年前の2倍以上になった．未婚の母家族も8千世帯増の3万8,300世帯（全母子世帯の5.3％）で史上最多となった．母親達の平均年齢は，41.5歳で前回調査（昭和53年度）より1.5歳若くなり，20歳未満の子どもが1世帯平均1.6人，半数以上の世帯に中学卒以上の子ども（総数55万人）がおり，母親の14％が未就学児12万人を抱えている．厚生省「離婚統計」（昭和59年）でみると，離婚の場合の子どもの親権者は，昭和41年から母親のほうが父親に代わって多くなり，57年では70％対23％と母親が子どもを引き取り監護・養育するケースが圧倒的になった．しかし，別れた父親から養育費を受け取る母親は全体の1割強，過去に受け取った事のある者も1割余にすぎず，8割は初めから仕送りとまったく無縁で，大半の母親が自力での養育を余儀なくされる．したがって，母親達の8割余が就労しており，その3分の2はフルタイマーだが，1世帯当たりの平均収入はきわめて低く，両親家族の収入の5分の2，父子家族の3分の2にすぎず，母親達の4分の1は年収100万円に満たない．死別母子家族の収入は，それでも少しは多く，両親家族の2分の1弱だが，離婚や未婚の母の家族は5分の1の少なさだ．母親の約8割が自分だけで家事もこなし，未就学児12万人の約55％が保育所に通い，中学卒以上の子ども役55万人の約6割が主に高校生として就学している．したがって，母子家族は，経済的貧困の中で，仕事，家事，子どもの養・教育に孤軍奮闘している．

母子家族の悩みごとや，困った問題としてあげられるのが，①家計の維持，②仕事，③住居困窮，④家事の順である．子どもの養育上でも，①教育・進学，②しつけ，③健康の順に不安や困難がつきまとう．世間的には，好奇の目，無理解，偏見や差別があり，社会的に孤立しやすい．死別の場合には，まだ親族や周囲の同情，支援も得られやすく，悲嘆や不幸に打ち克つべく家族内

の結合と連携が強まる場合も多い．しかし，離別の場合には，家庭崩壊の後遺症が大きく，子供をめぐる訪問権や共同親権の設定はおろか，その円滑な行使などほとんどされていないし，法制度上の対応もきわめて不備である．別れた父親の無責任さ，妻の前夫に対する憎悪，嫌悪感や意地もあって，父と接触を断たれる子ども達が多く，母親の再婚の意志も少なく，たとえあるとしても機会がきわめて少ないことも今日の日本的特徴といえるだろう．

一方，社会福祉施策はどうかというと，母子家族に関しては，昭和39年にはじめて成立した「母子福祉法」が昭和56年に現行の「母子及び寡婦福祉法」に改正されたのを基本に，さまざまな救済制度が設けられている．主に公的扶助を中心とする経済的側面での援助により，母子家族の経済的自立援助を主眼とする貧窮対策である．それらはある程度の成果がみられるものの，諸制度が設けられているわりには十分に活用され機能しているとはいえない．母親の就労の諸条件も劣弱なものが多い．社会福祉的施策は，母子家族の質的，量的変化，生活問題，ニーズによく対応するとはいえない現状にあるといえよう．

2）父子家族

父子家族世帯数は，16万7,300世帯（厚生省，58年調査）で，形成理由では，離別が約6割，死別が4割である．父親の平均年齢は43.2歳で，20歳未満の子どもが1世帯平均1.54人で母子家族平均子ども数より少ない．父子家族の2万7,700世帯（全父子世帯の16％）に未就学児3万2,500人がおり，その約6割が保育所に通う．父親の5人に1人は乳幼児を抱えていることになる．約7万4千世帯（44.0％）に中学卒業以上の子ども約11万人がおり，その約半数は高校生が大半を占める就学児である．父親達の9割が就労しており，年収は1世帯平均約300万円（平均世帯人員3.3人）である．これは母子家族の1.5倍ではあるが，両親世帯（平均世帯人員3.42人）のほぼ3分の2にとどまる．

父親の3〜4割は家事を自分でこなすが，ほぼ同数が祖父母等に，約2割が子どもに家事分担させている．困った問題を抱えている父子家族が6割以上い

るが，その内容は ① 家事 (54%)，② 家計，③ 仕事，④ 住居（持ち家率57.1%で，離別母子の持ち家率27.4%と比べるとかなりの好条件である）の順で困難がある．子どもの養育上の困難では ① しつけ，② 教育・進学，③ 食事・栄養・健康の順である．

　父子家族はもともと母子家族に比べて仕事にも経済的にも恵まれているとみられ，経済的自立のための援助優先のわが国の社会福祉策の対象から除外されてきた．また，父子家族の父親は，母子家族の母親よりも再婚が容易であり，祖父母や他の家族との同居，それによる家事・育児の援助が得られ易く，生活上の困難や障害が少ないとの社会通念がある．そのために父子家族に対する社会的関心や認識，福祉的対応を欠如させてきた．しかし，今日では離婚や妻の家出・蒸発などの多発による父子家族が増加し，核家族化の進展による親族援助の衰退，仕事と家事・子どもの養育の両立の困難やジレンマ，転職の繰り返しや失業する場合もあり，再婚もままならず，心身共に疲労して，子どもを施設や他人に委ねる父親達もいる．

　かくして，わが国の単親家族は，経済的貧困をベースに，家事・育児上での父母の二重役割負担，子どもの養育上の問題，対社会関係の困難さ，社会的孤立，孤独など，さまざまな生活問題を抱え，とくに父子家族は乏しい社会福祉対策や社会的関心の中での困難な生活を余儀なくされている．

　単親家族の生活問題は，欧米諸国でも多かれ少なかれ経済的貧困をベースにして類似している．しかし，単親家族問題に対する認識対応は，公私ともにわが国よりはるかに積極的で進んでいる．イギリスをはじめ，各国に70年代に相次いで単親家族の自助・互助団体や支援組織が設立され，単親家族に対する適正な社会的認識や理解をうながし，自らの社会的地位向上や啓発・連携をはかり，行政施策推進に活発に働きかけてきた．世界最大を誇り，アメリカ・カナダ・オーストラリアに広範な組織網をもつ"配偶者なき親（PWP—Parent Without Partner）"達の団体．イギリスの"ジンジャー・ブレッド (gingerbread) やナショナル・カウンシル（単親家族支援団体）"，西ドイツの"ひとり親団体

(VAVM—Verband Alleintehender Väter und Mütter)"などの他，各国にさまざまな自助・互助団体がある．

社会施策においても，子供の繁栄を中心に単親家族への，公的扶助，児童手当て，税金，住宅，労働対策を進めている．あるいは法的対応では，別れた親子間に訪問権や共同監護権を強化増進させ，扶養義務遂行強化策もさまざまに講じられている．もっともそれらが必ずしもうまく機能しない場合も多い．もっとも先端的で理想的な実親子関係の維持方途と目される離別の両親による子どもの共同監護権も，実際には種々の障害や問題が生じる場合が多く，子供のいる離婚の僅か10％前後しか行使されず，あまり円滑にいかない．むしろ制度による訪問権の強化を中心に親子の接続的接触と養育責任を保持させることがより一般化している．

そして，欧米社会では，標準家族として未だに健在とされる核家族さえも既にノスタルジーの時代に入りつつあるとか，あるいは見解の相違による相対主義的家族の時代になりつつあるとの説もある．単親家族のような家族構造が21世紀には他の家族構造をゆうにしのぐほどの増加を示すともいわれている．現実にはさまざまな困難に遭遇しながらも単親家族はいまや，まぎれもなく社会のマイノリティの地位を脱して，伝統的家族（両親核家族）の形態の主要なオールタナティブとみなされる段階に達したといえそうである．

第3節　ステップ・ファミリー

今日の欧米社会で，増大する離婚，増大する再婚や再々婚，そして離婚の大多数に子どもが含まれるという事態が，既成の両親核家族はおろか，既成のステップ・ファミリー（step family——継親家族）のイメージや概念すらはるかに超える家族関係の拡がりと複雑さをもった新しいタイプのステップ・ファミリーを現出増大させている．こうした現代版ステップ・ファミリーが，一般に好んで，混合家族（blended family）あるいは再構成家族（re-constituted family）などと称されているが，その他にも，再婚（remarried），インスタント（instant），

共棲（synergistic），組み換え（re-schuffled）家族などの呼称が，今のところまだ数少ない関連文献の中に見うけられる．しかし，これらの呼称は，親の再婚によって再び構成された，生みの両親の核家族とは明らかに異なった双親家族ユニットという意味づけや状態を記述描写するものではあっても，まだきわめてあいまいで明確に定義づけされたものではない．

今日のステップ・ファミリーとは，子どもが夫婦と恒常的に一緒に住んでいようと，または片方の親の元に残してきた子どもが定期的に彼等を訪問しにくる場合であろうと，以前の配偶関係から生まれた子どもがいる家族である．通常は，夫か妻の一方が実親（biological parent）であり，他方が，血の繋がりのない継親である．したがって，ひとつの離婚から二つのステップ・ファミリーの創成が可能になる．つまり，ステップ・ファミリーの増大は，離婚率をはるかに凌駕する．とともに，その範囲はますます拡大し，人間関係はますます複雑に錯綜していくことになる．

オーストラリアのJ・コノリイは，近著「ステップ・ファミリーズ」の中で，自らも子連れ同士の再婚をした経験をふまえて，ステップ・ファミリー形成には37通りの型が可能だと指摘している．つまり，それは，以前に未婚，離別あるいは死別した配偶者からなる配偶関係サブシステムと，親が今の結婚に連れてきた子ども達の継（義理）きょうだいシステムの両方を含む．したがって，それら両サブシステムで構成される家族システムは，(1)子どもが，一方が実親の夫婦といつも一緒に住んでいる家族，(2)子どもが一方が実親の夫婦と住んでいるけれども定期的なペースで接触し合ったり，訪問して一定期間をそこで過ごすような，もう一方の実親のいる家族，(3)子どもが単なる訪問客にすぎないような一方の実親のいる家族，すべてにあてはまるという．

さらに再婚した実親に新しく子どもが誕生すれば，片親だけ血の繋がった半きょうだい（half-sibling）のサブシステムが加わって，74の型の家族形成が可能になるという．結局，1回の離婚後，実の親が再婚すればその家族での人間関係は複雑に拡大していき，1人の子どもは形の上では4人の親と8人の祖父

母をもつことになる．離婚した親が再婚せず非婚——同棲の場合は，もっと複雑になるだろう．

　これが再々婚やそれ以上になると，その人間関係は途方もなく拡大し，ますます複雑化する．したがって，親が再婚した子ども達にとっての家族とは，実親，継親，実のきょうだい，片親だけ血を分けた半きょうだい，継親の子どもである義理のきょうだいの複雑な人間関係である．また週末や休日にはもう一方の実親とそのステップ・ファミリーとの間を子ども達が交互に行き来するための混み入ったとりきめともいえる．つまり，ステップ・ファミリーは，閉鎖的な一小集団としての家族にもはやとどまらず，錯綜した血縁・非血縁関係からなる拡大した親族ネットワークとみる方がふさわしい気がする．

　かくして，子ども達は親の離婚によってほとんどが通常母子単親家族の成員になり，その多くは後に継親や継きょうだいに対処しなければならない．16歳までに，アメリカの子どもの3人に1人，イギリスの子どもの5人に1人が親の離婚を経験するし，全5歳児のうち，アメリカでは21％が，イギリスで7％が両親の離婚を経験する．アメリカのある研究によると，子ども達の37％が継子になって後再び親の離婚を経験し，2回以上家族を変えており，継子になった子ども達の5分の1は少なくとも3回家族を変わっている．つまり，子供の10人に1が，18歳になるまでに親の再々婚により3回以上常住する家族の変更を経験するといわれる．

　親の再婚はどうかというと，イギリスでは1970年には全結婚の8％だけに再婚者が含まれ，3％が夫妻ともに再婚であったが，1980年にはそれぞれ22％と11％に増加した．つまり結婚の9件に1件が夫妻ともに再婚であった．イギリスでは離婚者の3分の2が，アメリカでは80％以上がいずれは再婚し，離婚から再婚までの期間はイギリスが2.8年だが，アメリカでは45％が最初の年に再婚するという．

　結婚の幸福度では，再婚は平均的にいって初婚ほどにはとくに女性にとって幸せでない．離婚は初婚よりも再婚の方に生じやすく，3婚以上になるほど離

婚のリスクが増すという．夫妻ともに3婚の場合の離婚率は，初婚の場合の4.5倍と高く，離婚の可能性は90％にもなる．アメリカでは，離婚までの年数が初婚では約4.9年であるに対し，再婚では1.7年しか続かない．離婚者が再婚するチャンスは，初婚者が離婚するチャンスの男性では1.5倍であるに比し女性では2倍と高い．その大きな理由の一つが，継親子関係とりわけ継父子関係や継きょうだい関係の難しさにある．

イギリスのある研究でみると，相当数の継親子関係が良好であった．これは再婚時点の子どもの年齢が5歳以下と幼い場合により良好であった．また子どもにとって実母ないし実夫と一緒に住まなくなる割合のバランスは子どもの年齢により変化する．7歳児では，実母と住む場合が実父と住む場合の6.5倍だが，11歳児では4.5倍へと減少する．初婚での子ども達の7割余が父方の祖父母や親族とよく接触を保つのに，離婚後は33％へ，再婚後は29％へと低下する．また，一般に継子のいる家族内の人間関係は，新しい子どもの誕生で改善されるともいわれる．

実の子供をめぐり，血のつながらない継きょうだいをめぐる，様々な位置づけ，役割，領域維持などの点での葛藤があり，インセスト・タブーが弱まる傾向があるともいう．子供達自身のアイデンティティの確立欲求は，別れたもう一方の実親との関係などもあって，ステップ・ファミリーの結合の阻害因にもなり易い．家族内のいかなる緊張も，パニック状態から崩壊へのひき金となりうるのだ．とはいえ，実の親子関係を重視しながらもなお親子関係（血縁の有無を超える）にも価値を見出していこうとする新しい拡大家族確立への移行段階にアメリカをはじめ西欧社会は直面しており，その望ましいあり方へのはげしい模索や試行錯誤の段階にあるといえよう．

参考文献

内海洋一・伊江朝章・田代栄二・林雅孝編著『教養としての社会病理学』学文社，
　1986年

大橋薫・望月嵩・宝月誠編『社会病理学入門』学文社，1978年

西村洋子「欧米の片親家族問題：アメリカ・イギリス・スエーデン・西ドイツ・カナダ」『青少年問題』第25巻6号，第26巻1～6号，1978，1979年

西村洋子『片親家族における児童福祉に関する国際比較』資生堂社会福祉事業財団，1981年

西村洋子「単親家族の国際比較」大橋薫編著『福祉国家にみる都市化の問題』垣内出版，1984年

Argyle, M. & Henderson, M., 1985, *The Anatomy of Relationships and the rules and skills needed to manage them successfully,* Heinemann.

Bell, R., 1979, *Marriage and Family Interaction,* 5th ed., The Dorsey Press.

Bohannan, P. (ed.), 1971, *Divoce and After Doubleday,* Anchor Books, 1971.

Goetting, A., 1981, Divorce Outcome Research: Issues and Perspectives, *Journal of Family Issues,* 2, 1981.

Henslin, J. M. (ed.), 1985, *Marriage and Familly in a Changing Society,* 2nd ed., The Free Press A Division of Macmilan, Inc.

Wallerstein, J. S. & Kelly, J., 1980, *Surviving the Breakup : How Children and Parents Cope with Divorce,* Basic Books.

Weiss, R., 1975, *Marital Separation,* Basic Books.

第2部

第 3 章　オーストラリアの家族
—— 多様化する移民社会・多様な民族・多様な文化を背景とする

　1960 年代から 80 年代にかけての時期は，とりわけ西欧先進諸国で，結婚，家族，女性のあり方などに関する人びとの価値観や態度の著しい変化をみた社会変動の時期であった．政治および経済上の諸制度，人口学的変化，性役割，性行動，子どもの出生パターン，その他社会機構のさまざまな局面での著しい変動が，結婚や家族のあり方に大きな変化をもたらした．

　西欧社会における結婚や家族の意識は，社会学では伝統的に，核家族が社会的秩序の基底をなすものと解され，結婚に基づく核家族単位の諸機能を規定し強調してきた．たとえば，マードックは（1949 年），結婚こそが，家族の諸関係性を成立させ正常にしてきた基本構造であると述べているし，マリノフスキー（1930 年）も，結婚は親性が合法化されることによって普遍的に容認されてきたものとみなし，スピロ（1954 年）も，核家族が普遍的でありたとえ他のいかなる形態の家族であろうとその中枢は核家族であると唱している．アメリカのパーソンズ（1955 年）は，核家族の構造と機能を体系的に考察し，核家族構造が高度に産業化され，都市化された複雑な産業社会にもっとも適合的であり，結婚や家族生活が社会的秩序維持に重要な役割を果たすとみなしている．ゆえに結婚と核家族は他にとって代わるべきものをもたないとして，その変わらざる永続性を指摘した．事実，その頃までの西欧社会における家族は，人口の一部に生涯の独身者やあるいは配偶者との死別や離婚による独身者を含んではいても，結婚および核家族を最良とみる規範的見解を妨げるような種々の問題あるいは変異形態の出現にはほとんど直面していなかったといえよう．

　しかるに，本来は西欧社会からの移民により成立した未だ歴史の新しい国オーストラリアは，その独特の建国史ゆえに，第二次世界大戦前までとりわけ低

い結婚率と少産少死による，人口増がゆるやかな国であった．オーストラリアへの最初の入植時点から後々まで慢性的に，人口性比が極度にアンバランスで，女性が少なく男性過剰でもあった．しかし，戦後の移民政策による移民増がこうした状況を変えていった．第二次世界大戦後の1947年以来，オーストラリアは，その人種構成上の変化による人口学的革命を経験した．約350万人の移民がオーストラリアに移住し220万人の子ども達を出生した．この移民達のうち56％は非イギリス系であったが，彼等はオーストラリアの戦後の人口増の70％程度を占めたのである．

　1947年には，未だにオーストラリア人口の僅か9.8％だけが外国生まれの人達であり，しかも非アングロサクソン系は3％にもなっていなかった．1976年国勢調査では，人口の20.2％が外国生まれ，39％が外国生まれかまたは少なくとも片親が外国生まれかであり，25％が非英国系の外国生まれかまたは片親が被英国系の外国生まれかのいずれかに属する者達であった．こうして比較的短期間に人口の人種構成上に著しい変化を生じ，長い間の同質的文化は，1947年から70年代初期にかけて，世界でもっとも他人種・多文化構成の国の一つになった（Store, 1981）．したがって，今日のオーストラリアはかつての「白豪主義」や「アングロサクソン優先主義」を脱して，社会・文化的な多様性が特徴である．オーストラリアの家族構造や家族生活過程を知るには，かような多様性を考慮する必要がある．戦前の移民の歴史と，移民の家族が生活し労働する今日の社会経済的な文脈とを知らなければ，結婚や家族形成，子ども，離婚，単親家族あるいは単身世帯などの状態を知ることは無意味であるが，あるいは誤解を招きやすいといえる（Storer, 1981）．

　ともあれ，以下の論稿では紙幅の制約もあって，そうした多様性に分け入って詳細に分析検討することは困難であるので，必要最小限にとどめて全オーストラリア的な視点で進めていきたい．いずれにしても，第二次大戦後の1950年代後半から今日までの過去20数年間に，オーストラリアの結婚および家族は，移民政策の変化による多様性の増大を背景として，それまでの約1世紀間

の変化よりも際立った変化を生じさせたのである．

　近年西欧社会のほとんどにみられる傾向，離婚や若い人達の同棲の増加，遅い結婚，出生年齢の上昇や出生児数の減少，単親家族の増大などの傾向は，明らかに結婚や家族のあり方が，過去とは異った状況にあることを示している．

　こうした状況が，オーストラリアにあてはまるかどうかは，統計上からは即断できないとしても，ただ確実にいえることは，45歳までに既に結婚している人びとの高い結婚率に比し，45歳以下の人びとのきわめて緩慢で低率な結婚があるが，1976年の国勢調査では，依然強い結婚信仰と比較的好ましい性比を信じさせる結果が示されているという（Staples, 1982）．

　ともあれ，近年の著しい変化は，家族の形成と解体あるいは家族構造に関わるものであり，それに伴う家族構成員の地位，権利および義務，さらにそれらに関わる立法行政上の変化である．要するに結婚や離婚がもたらす家族形態の変化と多様化，それと因果連関的に関わる立法行政上の変化および変化への要請である．以下の論稿では，オーストラリアにおける家族の変化の状況および背景を家族形成と解体を中心に概略的に述べるが，本稿は，オーストラリア政府の文化財団，「豪日交流基金」の学術研究調査奨励金の助成（1984～85年）による調査研究「オーストラリアの家族問題と家族政策」の研究成果の一部であり，研究の序説に相当する部分である．

第1節　結婚と離婚の推移

　オーストラリアは，第二次世界大戦後，以前の時代と比較すれば，"結婚革命"ともいうべき結婚ラッシュ到来を経験し，1971年までに結婚はほぼ普遍的なものとして定着したという推移がある．それまでのオーストラリアは，その独特の歴史を背景に，結婚率は低かったが，それはヨーロッパからの最初の艦船が1788年にボタニイ湾に到着した時以来の両性のアンバランスな人口比に大きく負うている．たとえば，最初の流刑者のうち女性は4分の1であったし，終局，オーストラリアに送られた流刑者中の女性比は男性の6分の1にす

ぎなかった。その女性達は一般に男性より2～3歳年長の未婚者であったが、極度の女性不足にも拘わらず、女性流刑者達のほとんどが結婚しなかった。結婚している夫婦は1806年の時点でも僅か360組にすぎず、しかも当時19歳以下の子ども達の半数は婚外出生児達であった。

1828年のオーストラリア最初の国勢調査での人口比は、女性100人に対し男性333人であった。それ以前たとえ男性過剰であっても、男性達によって女囚達は結婚できるような代物ではないと思われていただけに結婚できたのはそのうちの42％にすぎなかった。今世紀に入っても女性180万人に対し男性は200万人であり、1976年の時点でも、依然男性は3万1千人過剰であり、同年のアメリカ合衆国が600万人の女性過剰であったのと比べ、著しい差異を示している。20世紀におけるこうした性比不均衡は、長年にわたるオーストラリアの移民政策および移民の受け入れを大きく反映している。つまり、労働可動性への経済的必要性から、初期の非イングランド系移民は女性よりも男性の方を多く受け入れたし、最近の移民（1967年～1971年）ですら、男性を優先的に受け入れており、とくに15～24歳の若年男子層にそれが著しい。こうした状況は、当然、女性側からみれば、結婚の機会が常に女性に有利に展開される原因となったという(Bell, 1974)。オーストラリアでは、未だに、カナダ以外の他の国々と比較しても、男性の割合が多いのが特徴である。

もちろん、性比の不均衡は、行政上の問題として、政府による結婚奨励策が、初期入植者達に対して講じられた事も事実であった。たとえば、1831年～51年の20年間に政府補助が、女性3万7千人になされたのに対し、男性は3万2千人に過ぎない(Staples, 1982)とか、開拓のために残留を決意した兵士達には、結婚の特典として農地や帰国休暇の切符などを与える施策があった。また、オーストラリア初期の女性達の価値は、労働よりも結婚に置かれた。したがって、女性に男性より高い賃金を与えれば多くの女性が独身にとどまろうとしたり、あるいは妻の稼ぎに依存しようとする怠け者の夫を増長することになり、自然の摂理に相反することになるから、女性には男性より高い賃金を与えるべ

きではないというような強力な意見が支配的となったりしたという (Bell, 1974).

ともあれ，第二次世界大戦後，オーストラリアは，結婚人口の著しい増大によって，世界的な傾向と軌を一にすることになった．1971年までに，結婚はほとんど普遍的になった——35歳までに結婚した男性は，1933年には67％であったが，1971年には86％に増えた．また女性のうち35歳までに結婚した者は，1933年の78％から71年には94％へと増加した (Stewart & Harrison, 1982)．しかし，この空前の"結婚革命"もやがて鎮静化する．結婚ブームは，必然的に，生活能力のない失業者にまで及んだことや，あるいは主に若年者による安易で不用意な配偶者選択につらなったことなどから離婚を増加させることになる．つまり，1946年に始まる戦後のベビーブームに出生した世代が1960年代に若年でどっと結婚しはじめたことによる平均結婚年齢の低下（男性21歳，女性23歳）そして，結婚持続年数の平均が10年ということ等と関連して，1970年代半ばに始まるいわゆる"離婚ブーム"の背景が想定される．

ちなみに，1960年代の年間平均離婚件数10,738件が1981年には41,412件に増えた．離婚率の推移でみると，1969年（人口1,000対1以下）以来上昇しはじめ，1972年1.3，75年1.8（離婚件数2万4,307）を示した．1976年には離婚法 (Family Law Act) の施行の影響もあってか，離婚率は4.6へと急増（離婚件数63267件）した．以降離婚率は1979年の2.6にまで低下したが，80年には2.7へと僅かに上昇に転じた．これは1979年の離婚数の3.7％増で，76年以来はじめての増加であり，81年にはさらに増加して2.8となった．オーストラリアでは，低い離婚率はある面では，多くの移民達がオーストラリア生まれの女性とではなく故国出身の女性と結婚するからだといわれる (Storer, 1981)．

法律上の変化によって生じた離婚の増加は離婚に要する費用のてい減，離婚手続きの簡易化，明確な離婚理由形成の必要性の廃止等の理由によるだけでなく，新法施行以前の1974～75年には新法施行まで離婚申請を延期した人びとがいたからだともいえる．その証拠に，離婚提訴数の増加傾向をみると，提訴

された離婚申請の増加率が1972～73年に12％，73～74年が26％増であったに比し，74～75年ではわずか6％増にとどまっている．

1969年以降のゆるやかな離婚の増加傾向は，家族法の施行により大きく変えられたものの，それをピークに下降し，後は今日まで各年ほぼ平坦な増加曲線を描いており，長い間のオーストラリアでの傾向や，西欧先進諸国の傾向により近似してきたとされる (Stewart & Harrison, 1982)．しかし，移民者達は，オーストラリア生まれの者より離婚率は低い．

次に結婚持続年数は徐々に短縮され，離婚はもっとも多く結婚初期に生じる傾向がみられる．1970年代初期の平均持続年数11.9年は，78年までに10.5年に減じ，80年までには10.2年となった．最初の5年以内に離婚に終わるものが年々増え，1966年には全離婚者中この層が7.9％を占め，10年後の76年には15.5％となり，1981年には20.8％にまで達した．

結婚持続年数の低下に伴ない，離婚時平均年齢も徐々に低下してきた．ちなみに夫と妻の離婚平均年齢の推移をみると，夫の場合，37.9歳 (1971年) が35.3歳 (1980年) へと低下し，同じく妻では34.4歳から32.7歳へと低下した．夫も妻も離婚年齢が低下しているとはいえ，全般には中高年の働き盛りの離婚が多いといえるようだ．また，結婚後10年以内に離婚する人びとの平均初婚年齢は，夫23.4歳，妻20.9歳であまり移動がなく相対的に安定している．

次に離婚の一つの特徴として，以前に離婚したことのある再離婚者が少しずつ増えているということである．いわゆる再離婚者は，1977年には全離婚カップルの6.5％であり，1980年までには，夫8.5％，妻の8.4％が以前に離婚したことのあるもの達であった．離婚者のうちの再婚者が増加しているわけであり，したがって，1968年の例をあげれば，全オーストラリアの結婚の8組に1組は，夫婦の一方かまたは両方が再婚者であったが，1978年までにはこれが3組に1組へと増加したという (McDonald 1974, 1980)．また，1976年には，30歳以上の人々の結婚の大半が再婚であり，しかも30歳以前に離婚した人のほぼ80％が，離婚後6年以内に再婚している．しかし，残念ながら，離

婚後の再婚者に離婚率がいっそう高くなっているとされる。全般的に，両配偶者の一方ないし双方が以前に結婚しそして離婚したことがある夫婦の離婚率は，1976年の11.2％から79年には12.9％へと増えている。

また，1976年の離婚ケース中実に半数近い47.9％が，再婚して4年以内に別居した再婚者達であり，この率は年々上昇して，1980年には実に55.6％に上昇した。再婚あるいは再再婚において何故こうも破綻しやすいのか。通常では再婚者達の多くは再婚に踏みきるには時間をかけ慎重であり，心身共に成熟度も高く，仕事の面でも経済的にも良い状態で安定しているのにも拘わらず，多くの西欧諸国では，離婚率は離婚後の再婚において高くなっている（Edgar, 1981）。おそらくこの理由としてあげられるのは，再婚による継親子関係の難かしさ，それとの関連等による新しい配偶者への適応の難かしさ，さらに新しい家庭を築くことと離別した前の家族に対する扶養や関係性の維持のバランスを保つことの難しさがあるとみられる。

再婚や再再婚の平均年齢が年々少しずつ下降しているとはいえ，中年期に生じる多くの離婚や再婚には，当然親の離婚にまきこまれる子どもの多いことも想像される。統計でみると，子どものいない結婚の解消の方が僅かずつ増加しており，子どものいない離婚は1974年の31.7％から80年には39.4％に増加した。離婚にまき込まれた子ども達は，1976〜80年の間に約27万6千人（18歳以下の子ども達の5％に当たる）であった。全般的傾向として，子無し離婚が増え，3人〜4人の子沢山の夫婦の離婚率が減少している（1976年19.9％が80年の14.0％へ）。

離婚が結婚の初期にとりわけ最初の5年以内に生じやすい傾向は，結婚年齢が年々，とりわけ1976年の新家族法施行後から，上昇していることと，さらに結婚した夫婦が結婚後5年以上もたってから子どもを生む者が多くなっているために離婚時に子どものいない者が多い，ということと関連がある。

ちなみに，結婚平均年齢および子どもの出生年齢における上昇傾向をみてみると，25〜29歳の年齢層のうち結婚していない者は，1971年に男性が25.7％，

女性が11.6％であったが，1981年には男性36.5％，女性20.5％と増加を示した．さらに子どもの出生を遅らせる傾向では，第1子誕生は，1971年には結婚後平均1.6年であったが，81年には2.3年と遅くなっている．さらに各家族の子どもをもつ数は減少しており，3人以上の子どもをもつ女性の数も少なくなっており，1971年に13.2％だったが，1981年には8.4％へと減じた．1980年の全離婚者4万6千余のうち，子どもの居ない夫婦が約4割でもっとも多く，次いで2人の子持ちが4分の1で多い．そうした夫婦達の半数以上 (79年) 年端も行かない7歳以下の子ども達がいたし，3分の1以上に5歳以下の子どもがいた．ただし，実際の離婚に関わるだけでなく，家族が事実上崩壊してもまだ離婚にいたっていない段階である両親の別居，あるいは"事実上の結婚"である内縁婚同棲の中での子どもは，実際の離婚に関わる子どもよりもむしろ多数であると想像される．別居から離婚にいたるプロセスは，子どもに著しいしかも長きにわたる衝撃を与えることが多いといわれる．とりわけ，両親が実際に別居に入る前後の時期が，家族崩壊のもっとも切実な段階を示す時期であり，子どもに対してもっとも問題を与えやすい時期であるとされる (Stewart & Harrison, 1982).

たとえば，1976年以降に離婚したカップルの7％が既に8年以上別居していた（うち900組は1949年以前からの別居）し，42％以上が離婚前に2～6年間の別居をしていた (Edgar, Harrison, 1982). 現在の家族法ではすべての離婚しようとしているカップルは，法律によって，離婚書類提出までに少なくとも12ヶ月の別居を義務づけられている．したがって，目下のところ，少なくとも4万人の子ども達は両親が正式な離婚に入るために別居中であるし，さらに数千人の子ども達の両親はどうにもならない不和の段階に来ており，1年するかしないうちに離婚を決心するだろう状態にあるという (Edgar & Harrison, 1983).

次に，オーストラリアでの出生傾向に触れてみる．近年は，結婚平均年齢が高まり，子どもを生む年齢が高まり，したがって出生児数も減少している．オーストラリアでの全出生児数は，1960年代後半には，年間24万人であったが，

1981年には23万5842人に減じた．全出生児中，婚外出生児数の増加が著しく，1960年代の年間1万9千人（全出生児中の7.9％）から81年には3万1,200人（同13.2％）を示した．結婚による出生が大規模に減少している．婚外出生児の著増にも拘わらず，養子に出される婚外出生児（伝統的乳幼児養子）の割合は，1960年代後半の30〜40％から81年には5％ほどに減り，全般に養子に出される乳幼児数は激減した．オーストラリア全土の養子総数は，1969年〜80年にかけ半減したが，特筆すべき傾向は，婚外出生児の養子の減少につれ，非婚姻関係の養子が激減し，代わって，再婚の増加に伴う継親による養子縁組が増して，今や全オーストラリアの養子縁組の半数を示めるまでになった．統計データー上には，継親となる親達の一方かまた両方が前婚あるいは前の婚姻関係からの子どもを養子にする家族の子ども数などは示されていない．しかし，近年の離婚や再婚の増加につれ，1960年代後半から継子数が著しく増加したとみられる（Harper, 1982）．統計上には，どのくらいの数の継親や継子がいるのか定かではないが，継親に1年以内に引き取られる子どもの数は僅かだとみられている．年間の婚姻数（1981年—11万3,905組）のうち，3組に1組は配偶者の一方または両方が以前結婚していた，離婚の60％に子どもがいた，一つの離婚に平均2人の子どもがいた，等が知られている．またその他に，以前婚姻関係になかった親が，そこから生まれた子どもを新しい結婚に連れ子した結果の継子達もいる．その数は定かではないが，婚外出生児が1981年だけで28,076人いたことと考え合わせれば，かなり多いとも思われる．子連れで再婚する親がどれほどいるかも定かではないが，少なく見積っても結婚の15％に子連れの配偶者が含まれており，1981年には約1万7千組の結婚中に子連れの配偶者がおり，彼らにはおのおの平均2人の子どもがあるだろうと仮定すれば，おそらく3万4千人の子どもたちが継子になったと仮定されうるという（Harper, 1982）．

第3章 オーストラリアの家族　89

第2節　単親家族

　オーストラリアでも今や世界的な傾向である単親家族（One-Parent family）の増加が著しく，さまざまな社会的局面で問題を投げかけている．オーストラリアの国勢調査データによると，単親家族数は，1974年の18万2,500が82年には30万6,400へと，68％も著増した．とくに1970年代には驚異的な増加がみられ（1971年～76年の間に57％増加），全有子家族中の割合は，74年の9％から82年には14.1％になった．その約85％が母子家族であった．オーストラリアの単親達のほとんどは以前結婚したことがあり，僅かに1％が未婚親であるという．単親家族の著しい増加ぶりに反し，伝統的な家族——夫・妻と未婚の子よりなる核家族——の増加率は低下しており，1966年以降2％を減じて今や家族数の39％を構成するにすぎない．さらに一家族当たりの平均子供数をみると，両親家族では2.2人だが，単親家族では僅かに少なくて1.9人である（Stewart & Harrison, 1982）．

　これをアメリカ合衆国と比較してみると，オーストラリアの場合はいささか事情が異なる．すなわち，アメリカ合衆国では，夫・妻・その実の子ども達から成る家族は全家族の45％を構成するが，離婚した女性を世帯主とする単親家族は，1960～75年にかけて約3倍に増え，単親家族の子ども達は過去10年間に60％増えたという．そして，全米の子ども達のほぼ2人に1人は，18歳までの一時期を単親家族の中で過ごすだろうといわれる（Schorr & Moen, 1979）．さらにアメリカでは，別居や離婚はしばしば再婚に至る一時的な状態にすぎないとみられているが，オーストラリアでは，たとえ結婚の4分の1が離婚に終るとしても実際には子ども達の約3分の1がその生みの両親達（その3分の2は別居により，その3分の1は死別によって）と生活しなくなるだろうという（Caldwell, 1980）．

　オーストラリアにおける単親家族形成原因を配偶関係から1975年と1982年との統計から比較してみると，1975年には男女共に別居中がもっとも多く，

女性の 40.3％，男性の 45％が別居中であったが，1982 年にはそれぞれ 30.2％と 30.7％に減じ，代わって男女ともに離婚と未婚親が増えている．また，死別によるものも男女ともに減じ，75 年に女性の死別者 26.2％が 12.8％へ，男性では 35.4％から 29.5％へと減じたが，男性単親の方が女性単親よりも別居，次いで死別理由による者が多い．

　未婚単親の割合は女性が男性より圧倒的に多い．その未婚母の全女性単親中の割合は，1957 年の 12.3％から 1982 年の 20.2％に増加した．しかし，この統計数字は誤解を避けるために，未婚母の中身ないしは範疇をまず理解する必要があろう (Cass & O'loughlin, 1984)．すなわち，未婚母の範疇には，結婚していない女性と同様に，既に終った事実上の関係から生まれた子どもをもつ女性も含まれる．事実上の関係というのは，法律上の結婚をしてはいないが，夫や妻として一緒に住む男性と女性の関係 (NSW Law Reform Comission, 1983) と規定されている．つまりは同棲関係および内縁関係である．オーストラリアでは，実はこのいわゆる独身母の範疇に関する区別が，各種公的扶助を政府から受給することと関連してきわめて重要である．というのは，1974 年には"未婚母"とみなされた女性達が，A級寡婦年金とか公的扶助受給者中の 15％を構成していたが 82 年までに 19％に増えた．また同期間に"別れた事実上の妻"達の公的扶助受給率もむしろ"未婚母"の受給率よりも増え方が大きい．この別れた事実上の妻達は，1974 年には独身である全女性年金者や公的扶助受給者の 19％を占めたが，82 年には 28％にまで拡大したという事実がある．したがって，全女性単親の中での未婚母にみられた増加は，部分的には，いわゆる"未婚母"とよばれる女性達の増加であるが，同時に，"その妻"として相手の男性と以前生活をしていた（同棲）ことのある女性達の増加であった．したがって，公的扶助等の福祉給付の状態などから考えると，未婚女性単親の約 4 分の 1，および未婚男性単親の 85％が，実際に別れた事実上の配偶者達であったとみられる．つまり，1982 年に女性単親家族の少なくとも 85％と，ほぼすべての男性単親家族が，結婚ないしは結婚のような事実関係をやめにしたことか

らきているとされる (Cass & O'loughlin, 1984).

かくして,オーストラリアでは,単親家族の全般的増加と共に,いわゆる同棲や事実婚の成立と破綻による単親(とりわけ母親)達が,"未婚親"増加の要因ともなっていること,社会福祉の大きな対象として問題になっていることが注目される.

第3節　事実婚家族

オーストラリアにおける家族形成は,ごく普通には"法律"婚に基づいている.しかし,先述したように,オーストラリアでは結婚を基本とする家族に関してだけではなく,また事実婚あるいは同棲といわれる非正式婚に基づいた家族という点でも,著しい変化が生じている.

戦後の結婚革命の中で,結婚は1971年にピークに達したが,その年には男性の86％,女性の94％が35歳以前に結婚していたし,さらに男性の90％以上と女性の94％以上が45歳になるまでに結婚しており,結婚の普及ぶりがみられた.また,15歳以上の全人口中,1971年には,女性の79.3％と男性の70.7％は結婚式によるものであった(Harrison, 1982).ピークが去って10年位の間も人びとの結婚志向はまだ残っていた.だが近年,人びとの社会行動,価値観生活スタイルが変化し,それらに相応じて法律も多様化し,人びとの私的な秩序領域が増大しており,個人の結婚の目的もおきまりのものではなくなった.かくして,結婚しない同棲いわゆる非正式婚がかなり一般的になり,法的機能もそれに追ずいして適応していく.非正式婚あるいは事実婚は,徐々にさまざまな社会集団間に許容されてきており,しかも法にしばられない結婚を考える人びとが,社会の中枢にある人びとや,ごく最近まで疑いなく結婚の伝統的目的や影響を容認していた人びとの中にも現われてきている (Harrison, 1982).

しかし,この非正式婚の増加は伝えられてもその正確な数字はオーストラリアでもよくは知られていないが,国勢調査の分析から割り出した推計によると

(New South Wales Law Reform Commissions issues paper, 1981)，1971年に世帯主がそんなに以前から結婚していない，またはずっと永く別居していると記録されている配偶者を含む家族は，約1万7千家族であった．1976年にはこうした家族が6万6千に増加し，その増加率は，71年と76年の間に28%であるとみられる．そして，1976年以降その数はさらに増加すると予想されてきた．しかるに，非正式婚に対する法的な対応は，各州あるいは連邦両レベルにおいてまちまちであり，散発的であり，むしろ各州に大きくイニシアティブがあり，それぞれ足並みが揃わず，矛盾してさえいる．

他の西欧諸国の同棲および事実婚の増大傾向と軌を一にしているかにみえるオーストラリアだが，はたしてそういえるのかどうか，人びとは何故非正式婚を選ぶのか，結婚との関連はどうなのか，同棲の相手や子どもとの関係は，そして経済問題，法律上のさまざまな局面との関連はどうか，等々，オーストラリアの非正式婚について今後研究の余地が大きいといえるようだ．

第4節 家族と法制度

家族の形成と解消，つまり結婚と離婚に関しては法制度との関わりがとくに無視できない．オーストラリアで，結婚および離婚に関する法規定に顕著な変化が生じたのは，1950年代の終りから60年代初めにかけてである．その経過を概略してみる．まず，1961年の「婚姻法」The Marriage Aotは，それまでの9つに分散し多様であった州（State）と準州（Territory）の婚姻法を，まとめて一つの連邦婚姻法に置き換えたものである．一方，連邦婚姻理由法 (1955〜66) は，個々の州よりも連邦政府（Commonwealh Goverment）に対して，オーストラリアの別居や離婚の過程を調整するために提供された．1976年にはこの領域にさらに著しい変化が生じた．すなわち，1975年に成立した「家族法」The Family Law Actは，離婚理由を結婚破綻のみとすることによる変化を来たしたのである．つまり，離婚の単一根拠を，もはや修復しがたい結婚の崩壊とみなす12ヶ月の別居に基づくものとなした．これは，根拠が姦通，

遺棄，暴行，習慣的飲酒，扶養支払いの怠慢，5年の別居，という旧法での有責離婚システムにとって換わったものである。かくして，離婚に伴う多くの圧迫感や苦しみを減らし，ある面では離婚を容易にすることに通じる。しかし実際には，新家族法が成立したことによって，子どもや財産をめぐる闘いに変えられてしまったというような声があがった（Harper, 1982）。また，家族法は，家族に関連する領域にいろいろ影響を与えたとみられる。同法は，また多くの専門者や，裁判所で働く人びとを制度化して，結婚崩壊と離婚をとり扱うためのオーストラリア家庭裁判所（Family Court of Australia）を創設した。この裁判所は，多方面的な性質をもつ裁判所であり，カウンセリングが，その提供するサービスの中核的部分となっている。その他家族法はさまざまな家族関連の法律や機関を設定させることになった。その中のひとつ「家族研究の研究所」（Institute of Family Studies）は，オーストラリア家族の結婚や家族の安定性に影響を与えるさまざまな要因を明らかにし，理解し，発展をさせていくことを目ざしている。世界でもまだあまり例をみないユニークで，包括的な家族研究所であり，とくに家族問題を行政政策と関わらせ，政策に提言する貴重な研究を行なっている。

第5節　離婚問題の統計的推移

　欧米先進諸国と同様，オーストラリアでも上昇する離婚率は，さまざまな専門分野の政策関係者，実務家および研究者等の関心をひき，論議をよび起してきた。論議の多くは，主として，近年の離婚に関する法規定の緩和や甘さを良しとみない人びとによるものであり，その含意は離婚法がそれだけ人びとの結婚に直接的かつ強力甚大な影響力をもっているという見方に基づくものである（D. Hambly, 1984）。しかし，一方では，法律は明らかに社会変動と複雑に相関してはいるものの，結婚の正式の解消を律する法律の変化が大きく結婚の安定や家族関係の内容にまで影響するという意見を肯定するような仮定や理由は必ずしも当を得ていない，という見解も多くあるのである。したがって，離婚率

が必ずしも，結婚の安定を推し計るに足る指標とはならないと (D. Hambly, 1984)．

オーストラリアの離婚率は，1960年代の中頃から終りにかけて徐々に上昇しはじめた．1975年以前の旧法である婚姻法 (Matrimonial Causes Act) の下での離婚数の平均増加率は，1975年までの7年間に，ほぼ年間2千件であった．この漸増は，1975年の家族法 Family Lau Act 導入によってさえぎられ，1976年には突如6万3千余件のピークへと急増した．1976年〜78年の間に生じた厖大な離婚数は，あきらかに法律の変化と相関しているが，その背景は，離婚の法的手続き上のあり方の変化との相関とみられる．すなわち，ある面ではそれまで有責主義に基づく旧法の下で蓄積されていた諸件の訴訟上の遅滞が解消されたことによる．つまり，あるものは旧法下での離婚決定をひき伸ばしていたり，あるいは離婚理由明示を要求されることにより決定を遅らせていたりしたものが，破綻条項 (no-fault clause) の導入によって離婚に踏み切るようになったことによる．また長年別居状態にあった夫妻が，新法による離婚に踏み切ったことなどによるものといえる．とりわけ，この別居は離婚数の趨勢を把握する上で無視できない特徴的事実である．すなわち，国勢調査統計によると，1971年と1976年の間に別居していた人口は6万4千人にまで増加したが，1976年と1981年の間では3万人への増加にとどまった．新家族法の下で，一つには別居期間が短縮されたこと，二つには有責立証の必要性が低減されたこと，三つには離婚に対する公的扶助受給の可能性が増大したこと，などが人びとを別居から離婚へと急がせ，あるいは以前は別居状態に満足していたような人びとまでをも離婚に駆りたてたとみられる (Institute of Family Studies, 1983)．この別居から離婚への推移が明らかな証拠に，1979年以降，離婚数の年間増加数は定着し，各年ほぼ2千件の増加に復した．

オーストラリアの離婚率の長期的推移を展望してみると，1891年以降の緩やかな上昇が，第二次世界大戦を契機に一時的ピークをもたらし，以後1950年代から60年代初頭まで徐々に低下している．したがって，1976年のピーク

の意義はかなり明白でもある．この一時的なピークも1979年までには沈静化し，爾来，離婚率は長期的な上昇傾向に復している．ただし，ここで留意すべきことは，離婚統計の解釈にとって重要なのは，離婚の申し立て数と裁判所での離婚許可数との関係であり，あるいは裁判所の処理件数の考慮の必要性である．すなわち，年間の離婚数は必ずしも離婚申し立て数と一致せず，裁判所で処理し許可し得た数がその年の離婚数として計上されるからである．したがって，同一年間に許可される離婚件数と申し立て件数とは，各州の裁判所の処理状態によって多様性があり，州によっては同一年間の申し立て数が許可数をはるかに上回ることもあれば，逆に許可数が申し立て数を上回ることもあり，各州でその傾向は一致していない．

　また，離婚に関してよく問題にされるのは，全婚姻数の何割位が離婚するかということである．この問題は，ある年に結婚したカップルの離婚までの婚姻持続年数の相異と関連させる必要があり，ことはそれほど単純ではない．したがって，たとえば1972年に結婚したカップルが10年以内にどれ位の割合で離婚したか，あるいは離婚しないでいたかというような推計のしかたもあれば，1950年代中葉に結婚したカップルでは婚姻25年以内に離婚した割合がどれくらいかを予想する場合には，前者よりもさらに正確な数が出せるということもある．離婚数とともに，離婚までの婚姻持続年数は，結婚した時代的背景やそれにもとづく人びとの経験上の相異とも相関しており，どの時代に結婚した人びとがどれくらいの婚姻持続年数を経て離婚したかをどのように相関連させていくかは，かなり容易なことではない．たとえば，オーストラリアでは，1954年に結婚したカップルのうち，婚姻持続25年以内に離婚したカップルでは，その16％が婚姻持続10年以内に離婚しているのである（Institute of Family Studies, 1983）．

　さらに，1965〜66年に結婚したカップルの1975年の家族法制定までの10年間をみると，彼等のこの結婚最初の10年間の離婚率は，1950年代中葉に結婚したカップル達の同期間の離婚率のほぼ2倍に相当する．したがって，離婚

率の上昇は家族法発効時点までに既にかなり進んでいたが，家族法の及ぼす一時的なインパクトも明らかにみられたのである．とりわけ，結婚5～7年目と8～9年目の人びとに生じた離婚数の増大とその後の減少という推移からみて家族法制定のインパクトが明白にうかがえるし，さらに，統計上からも家族法は結婚生活でいっそう離婚を推進させるのに影響を及ぼしたとみられる．ちなみに，婚姻5年以内の離婚率は，1957～58年に結婚した層と20年後の1977～78年に結婚した層を比較してみると，後者の層の離婚率は約10倍にも増加している（Institute of Family Studies, 1983）．

離婚増加の背景・理由の如何は別として，昨今の離婚率の趨勢が長期に続くとすれば，一体結婚の何割位が今後離婚に終ると仮定されうるのだろうか．1982年1年間だけの統計をみると，結婚総数11万7千件余（うち約9万件が初婚）で，離婚総数は約4万4千件余であり，離婚には約5万3千人の子ども達が含まれていた（Australian Bureau of Statistics）．これらの統計から予想すると，1982年に結婚したカップルの35％が婚姻後25年以内に，またさらに5％が25年以上たってからと合計40％がいずれは離婚するだろうという（P. McDonald, 1983）．

オーストラリアの結婚のほぼ40％が離婚に終ると推定されるのに対し，他の英語圏の国々と比較してみると，アメリカ合衆国では47％が（1975年），イングランドおよびウェールズで38％（1980～81年），ニュージーランドが27％（1980年）とそれぞれ基準年度は異なるものと推定されている．オーストラリアの離婚率はかなり高く，他の国々同様アメリカ合衆国の後を追っていることがうかがえる（Institute of Family Studies, 1983）．

離婚率を初婚者のそれと比較してみると，ほぼ変わりがない．しかし，婚姻後10年以内の離婚率からみると，再婚者のそれは初婚者のそれよりもやや高いが，婚姻後15年以上たつと逆に初婚者の離婚率の方が再婚者のそれより高くなる傾向がある．アメリカ合衆国の白人に関する1973年の調査データでは，離婚率は再婚の方が初婚よりも高いことを示していた．しかし，1980～81年

のイングランドとウェールズの離婚率データによると,オーストラリア同様に,初婚と再婚の離婚率がほぼ類似していたことからみて,以前のアメリカ合衆国とは状況が変わってきたともいえるようだ (Institute of Family Studies, 1983)。また,最近の離婚の高揚の中で,オーストラリアやニュージーランドでは再婚率が低下している。推察される理由としては,オーストラリア家族問題研究所の家族形成研究の調査によると,離婚者達は結婚に幻滅して再婚を望まなくなっていること,さらに,社会的サンクションが減じたことにより,同棲または新しい相手との訪問関係にとどまる者が増えたことである。あるいはまた,離婚時の財産および扶養費受け取りに関する協議ないしとりきめがあるためであり,再婚すると給付されない公的扶助を得るためであり,さらにまた,離婚者の中には新しい相手と新しい関係に再出発するのが難かしい者達もいる,等々の理由があげられる。一般に,最近では再婚者の離婚率が,初婚者のそれよりも高くないということの説明は以上からうかがえるが,しかし,離婚者の再婚の40％が再び離婚するという可能性が予想され,俗にいうところの,"離婚はより質の高い再婚を産む"という意見に反する傾向がみられる (Institute of Family Studies, 1983)。離婚後の再婚がまた失敗する危険性は,男女ともに変わりが無い。

　離婚に含まれる子ども (18歳未満) は,1975～82年の間に約41万3,700人で,その各年の増減傾向は,離婚率の趨勢と相応するとはいえ,全離婚のほぼ36～39％に子どもがいない。かくして,相対的に若い年齢層の婚姻後,比較的早い時期の,子どものいない離婚者の数が急速に増加するにつれ,若年層の初婚年齢が実質的に遅れて来ており,その結果,結婚における再婚者の数および割合ともに近年は著しく増加している。近年の結婚状況をみると,少なくとも一方の配偶者が以前結婚していたことのある結婚件数は,1975年の2万から1982年の3万8千に,結婚総数における割合では同19％から32％へと増加した。もっともこのうちの大部分は,家族法が施行された1976年の1年間だけの増加であった。したがって,最近の結婚総数に占める再婚割合が高まっ

ているとはいえ，離婚者が今や必ずしも再婚したがっているとはいえない．しかし，昨今では比較的多くの離婚者が再婚しうるようになったことは事実であろう．

離婚の増加につれて，結婚崩壊は今やごく当たり前のこととして社会に受容されてきている．その背景には，人びとの結婚に対する態度，価値観，そして期待の変化があるといえようし，あるいはまた，平均寿命の伸び，子育ての責任期間が短期間に集約されたこと，既婚女性の就労が増大したこと，さらに，社会保障の拡充により多大な数の人びとが以前よりずっと長期にわたる生活期間を，自らの経済的な生存や子供のために結婚に依りかかる必要がほとんどなくなってきた，等々がある．生活の手段や子育ての重責などいわば経済的・生活維持上の意味を減じた今日の結婚は，その主要な目的を，結婚がもたらすと期待される情緒的充足に求めるようになったといえる．もしもこうした期待が充足されなければ，以前の世代におけるよりもさらに多くの人びとが，たとえ経済的負担や情緒的苦悩を味わうにしても，離婚に走り，あるいはもっと新しい関係性を探し求めることになるだろう (D. Hambly, 1984) ということになる．それゆえ離婚増加は家族分解 (family disintegration) の指標ではなく，むしろ急激に変化していく社会への家族適応戦略であるという意見さえある (Family Court of Australia, Research Report No. 7, 1985)．

第6節　法変化との関連

結婚や家族生活に対する人びとの態度や価値観の変化につれ，世界各国で結婚や家族に関する法制度もまた激しい変化をみている．そして激しい変化の過程において，今や新たに家族関係を調整する上での法の役割が問われつつある．しかし，筆者のみるところ，家族関係を調整する法の新しい役割とは，既成の伝統的な結婚観や家族観や単一的・統一的な家族制度ないしは家族という集団優勢主義への回帰，あるいはそれらへの寄与ではあり得ない．また，永続的な結婚にのみ基づく家族および家族関係の支援や補強にとどまるのではない．む

しろ，個々人を主体に家族や結婚におけるその権利と義務の領域をいっそう明確に位置づけ，選択性と多様性の許容が前提とされるように見受けられる．

　結婚や家族は，本質的に人びとの私的生活領域であると同時に，社会生活の基本的単位であり，再生産の場である．現代の結婚や家族は，18〜9世紀までの自由放任的な社会の中での自己完結的な生活領域ではなく機能でもなくなっている．好むと好まざるとにかかわらず，可視的であると不可視的であるにかかわらず，家族および家族生活は，経済，保健，税制，教育等をはじめさまざまな政策的側面と複雑に関連し合い，影響され，統制されている．いわば，公的あるいは行政上の政策的な配慮が家族および家族生活に対して，以前とは比較にならないほど関与し，だんだんと強化されてきている．社会保障・社会福祉政策の拡充は弱まる家族や個人の生活機能や権利への強化・支援への要請でもある．しかし，それはまた家族や結婚への行政・政策の干渉・介入という意味合いに通じる場合もある．かくして，家族や結婚の制度化と私事化の範囲を明らかにし，両者が相矛盾することなく調和する関係が問題となってくる．家族や結婚に関わる法制度は，家族とそれに含まれる個々人をよく保護・保障し，家族諸関係の障害の克服と軽減のために公的な支援と補強がめざされねばならないといえる．それはまた，現代の民主社会・自由社会にあって，人びとの独自の選択自由という前提条件を損わずより良き改良をめざすことでもあろう．

　結婚や家族に対する人びとの態度や価値観の変化できわめて注目されるべき事象がある．すなわち，一昔前まで，結婚は家族に統制され包括されていた．しかし，現代の結婚は家族から分離独立的となり，1組の男女の私的な親密な関係の問題とされ，親族からなる大きな家族という統一態・集団の干渉や介入からほとんど自由なものとなってきた．結婚の個人主義化が進展しているがゆえに，結婚はしばしば家族集団主義と相対立し，家族への脅威となる（R. König, 1978）．とりわけ欧米先進社会は多かれ少なかれ概ねそうした方向性を強めてきている．

　かくして，近年は国際的に，家族法の改正が以下のような三つの大きなテー

マを基調に行なわれてきている (D. Hambly, 1984)。すなわち，(1)婚姻成立と婚姻解消に関する法律上のコントロールの緩和化，(2)家族関係における親の役割および経済上の局面を規制する上で，法律は子供の福祉と，男女平等の地位を強調する傾向が増大している，(3)家族争議解決にあたっては，当事者間による訴訟よりもむしろ調停和解が奨励される．

さらに近年肥大する現象として注目されるのは，ひとつには正式婚に基づく家族関係と，そうでない家族関係との間に法律上のあるいは社会的な区別が減じてきていることである．それらはとりもなおさず，今日の法が，結婚の成立や解消に関しての包括的な規制から脱却しつつあることを意味するし，またこれまで妻に対する夫の経済的支配を仮定し，あるいは夫婦関係での夫の支配を支持していた諸法規が分解され再検討されてきていることを意味している (D. Hambly, 1984)．これまで多くの国々で，結婚の解消に関し，有責主義を廃し，あるいは減じて，非有責主義に基づく破綻主義離婚法を導入してきた．しかし，法的な結婚の定義は他の何物をも排除してしまうほどの強い終生にわたる夫婦のちぎりとして依然留保されたままである．そして，新しい破綻単一主義による離婚法は，結婚の永続性の原理原則を実質上排除する結果になっている．法は，人びとはもはやあえて結婚に踏み止まらせようとはしないから，結婚の持続はただ単に両配属者の合意が続くことだけにかかっているのである．

さらに，法は，結婚の解消に対してのみならず，結婚に基づかない非婚同棲 (non-marital cohabitation) に対して社会的寛容度が増大することにも対応を示してきた．それと関連的に，非嫡出 (illegitimacy) という地位や取扱いは概ね衰退してきている．結婚に基づかない家族関係を法的に認承することでは，もはや結婚という制度が弱体化することはないし，したがって社会の安定が損なわれることもないとみられるからである (D. Hambly, 1984)．

結婚や家族に関する主として法制上のかような変化は，結果的にみて，家族関係に影響する法の中で結婚の主たる位置づけに，さまざまな疑問が生じてくる．たとえば，正式婚の立場を示す要件でもある結婚の永続性が失なわれれば，

その結果はどうなるのか，あるいは正式婚と非正式婚同棲を区別する上での諸権利，諸責任とは一体どのようなものなのか，などである．そして，そうした問題について，法がどの範囲まで，どのようにして関与しうるのかである．

結婚の永続性の問題にかかわるのは，子どもに対する親としての役割であり，かつまた長期にわたる養育責任である．だが，今や両親達には，離婚によって家庭を去り，新しい結婚に入ることが任意選択できるし，法的にも認容されている．人びとは，離婚の結果，子供の養育が不安定になるとか，子ども達からみれば自分の生まれ育った家庭や家族・そして場がなくなってしまうとか，また今の子ども達に後々までずっと長く影を落とすとかいうことも，実際には子ども達が成人に達してからでなくては，わからないとして，離婚の容易な選択を是としている．かつまた，偽善，屈辱，苦痛を伴う有責理由離婚にたとえ再び立ち帰ったとしても，結婚という制度や子どもの福祉にとっても何ら得るものがないことを認めている（D. Hambly, 1984）．

家族諸関係を調整し，あるいは家族内諸葛藤を裁定していく上での，法の限界，そして法手続き上のプロセスおよび制約についてなど，人びとがよく認識していく必要性がある．また，法に携わる実務家および諸機関も，そうした状況を人びとに認識させ，よりよき調整や裁定の方向性を示唆し啓発していくことはなかなか困難なことだが急務とされるだろう．

オーストラリアでも，家族諸関係の調整や離婚をめぐる諸問題，家族内危機，家族内暴力などについて，個人や家族を支援する法的機関として家庭裁判所（Family Court of Australia）が存在し，法的裁定部門とともにカウンセリング部門が設置されている．1975年成立の家族法に基づいて家庭裁判所がこの両部門で，実際の家事紛争に対して，どのように機能し，対処し，効果を挙げているかはきわめて興味深く大いに参考になる．とりわけ，カウンセリング部門での離婚後の子どもの養育とアクセス（訪問・面接）権をめぐる紛争対処は注目に値いする．オーストラリアの現家族法 The Family Law Act は，家庭裁判所での紛争処理事業の基盤であるが，その諸規定は離婚および離婚後の扶養と財

産配分に関している．これら諸規定は，独り離婚当事者のみならず国家・社会の諸法規ないし諸事象にさまざまに波及する．たとえば，離婚者は，別れた妻・子への扶養援助ができなかったり拒否したりすることによって，公的年金や扶助の受給者になることが頻繁にみうけられる．女性側にとっては，離婚後，前夫に現在の居場所を知られたくないとか，あるいは前夫の居場所が不明である，等々の理由から寡婦年金（Widow's Pension）とか児童扶養給付（Supporting Parent's Benefit）に対する申請および許可を妥当とみなす法決定がなされることになっている．あるいはまた，男性自体の側でも，公的給付を受けていたり，稼ぎの少ない場合には，法的救済の申請が増え，不必要な法廷闘争も増えることになる（Institute of Family Studies, 1983）．したがって，オーストラリアにおける家族法の機能，影響については，議会でも大きな関心事としてとりあげられ，各関係行政機関や諮問委員会の設置あるいは関連報告が提出され討議されてきている．

　民間レベルや報道機関においては，往々にして結婚破綻の原因，その子ども達に与える影響，そして離婚後の経済的援助や夫婦財産配分，等々に関する問題が大きな関心事としてとりあげられる．結婚破綻の頻度，影響，それに関連する諸問題について，必ずしも容認されないが良く知られているのは，家族法それ自体が昨今の結婚破綻を増大させ，しかも結婚のあり方を変えてきたという論議である．しかし，たとえばアイルランドにみられるような，公式上・統計上離婚のないことが即結婚安定の指標にはならないような特定社会においては，離婚率は事実上の結婚破綻率を反映するものではないといえる（Institute of Family Studies, 1983）．さらには，たとえ離婚が容易に行なわれる社会であっても，人びとは名ばかりの結婚を終焉させるのに法律的に片を付けようとしたりはしないかも知れないし，あるいは離婚に関する法律にそれほど良く通暁していないかも知れないのである．ちなみに家族法への有識度についての，1977～78年の調査によれば，1975年の家族法成立に伴って，同法は大々的に広範に報道されたにもかかわらず，調査対象者313人のうち約75％は家族法

についてほとんど知識がないかあるいは限られた知識にとどまっていた。一般的な知識は，社会的地位の高い人びとに認められたが，より詳細な知識となると，別居ないし離婚をした人びとや家族問題で法とかかわるようになった人びとの方に多く認められた。したがって，上述の調査を行なったオズドウスキイは，家族法の成立が短期間に離婚率を高めることを容認しつつも，それはむしろ一時的な性質のものであると予想している (Institute of Family Studies, 1983)。

オーストラリアにおける現行の家族法は，1959年成立の旧婚姻法 (Matrimonial Causes Act) を不満足とするところから成立した。旧婚姻法は主に有責原理に立脚するものであり，離婚は14理由のうちのひとつ（11理由は婚姻違反の有責性に基づく）が立証されれば許可された。かつてこの旧婚姻法は，司法長官がはじめて，この領域で連邦政府がその憲法上の権力を行使することを提案したものであった。オーストラリアの家族に関する法律は，旧婚姻法に関する時点からも種々の点で度重なる論議がなされてきている。1975年成立の現家族法によれば，婚姻は最少12ヶ月の別居期間を置いて後，法律上終結する。狭義に解釈すれば，離婚判決が男女の法的地位を変えるから，再婚も可能となるのである。1975年成立の現行家族法に関する評定も広範にわたっているが，とりわけ極端に告発されるのは，子供の養育権決定における偏よりであり，養育権の獲得が男性側にとってきわめて不利であるとするものである。

オーストラリアでは，家族に関する法律上の管轄権が，各州と連邦政府間で分かれている。現家族法の諸規定は，家族諸関係の紛争および離婚をめぐる扶養と財産配分に関するものであるが，それらを実行するための機関として，オーストラリア家庭裁判所が1976年に創設されている。

第7節　家庭裁判所の役割

オーストラリアの現家族法は1975年に成立したが，オーストラリア家庭裁判所成立の最終決定は，1975年12月の選挙によって政府が変わるまでなされなかった。そのため結果的にみて，さまざまな地域裁判所を設定していく過程

が政治的不安定をもろに反映していたし，新しいスタッフが新しい管轄権で新しい制定法のもとで機能を発揮することが困難であったし，離婚の単一理由として非有責主義による12ヶ月間の別居という新しいシステムを待っている離婚申請者達の厖大な数が異常なプレッシャーを与えたし，しかも新しい裁判所開設までにあまり時間がなかったなど，多くの混乱がみうけられた (Institute of Family Studies, 1983)．

　家裁の主要目標は，家族法が強調している諸原則にしたがってその法的処遇への要請に迅速に対応していくことである．法制定者，判事，ソーシャルワーカー，心理学者，弁護士達が，旧制定法の枠組で行なったのよりもっとヒューマンなやり方で家族崩壊に対処しようとする諸意図を，家裁は代表している (Family Court of Australia, Research Report, No. 2)．しかし，設立時の諸事情は別にしても，家裁の家族法実行に関しては当初しばらくの間さまざまな難点と機能上の問題点が指摘されてきた．たとえばそのひとつとして，家裁の記録保管システムは，調査研究ないしは政策検討という目的よりもむしろ法的かつ行政上の目的に答えるよう設定されていたことである．それゆえ，家族法の機能に関する情報蒐集が活発には行なえず，家族問題研究所 (Institute of Family Studies (家族法により1980年に設立された)) のような広範な情報に関するアドヴァイス機関もなかったため，家族に関するユニークな法システムの分析可能な記録がなかったのである．さらに，1983年の時点でも，養育権，面接権，扶養，あるいは財産配分などに対してなされる法令様式の全国的定型がなく，したがって，人びとが裁判所に出頭すべき回数，処理遅滞の理由，あるいはそうした事態の影響結果なども不明であった．たとえば，依頼人の職業記載，最終的離別時における居住地といった基本的な社会・経済的情報記録もまちまちであり，何ら標準化されていなかった．したがって，離婚が地域により，社会階層により，どう変化するかについて分析不可能であった．その結果，家庭裁判所に対し次のような批判が挙げられた．曰く，養育権決定が男性に差別的であること，財産および扶養に関する決定が年輩の家庭主婦に対し不利であること，

あるいは，金とり主義の弁護士の手で不必要な処理遅滞がなされていること，等々である．それゆえ，裁判所も，司法長官もかような申し立てに対し反ばくや支援ができるような資料を何等もっていなかったし，さらに悪いことには，家族法審議会（Family Law Council）が法の審議に使用するための資料や，現家族法とその行政上の規則の改正を検討するための特別な諮問，などに必要な資料が不足していたことである（Institute of Family Studies, 1983）．

かような背景があったためか，オーストラリア家庭裁判所では，1983年以降今日に至るまでに次々と一定の研究プロジェクトによる研究報告書が作製されているようだ．これら研究プロジェクトの編成と研究報告書の作製は，裁判所利用者の特性，および裁判所の実際の処理義務のあり方などについての体系的・経験的な検討が欠除しているというところから出発している．家庭裁判所カウンセリング業務の開設以来，依頼人に関する情報データおよびその管理と計画目的のための使用法などについて，著しい努力検討がなされてきた（Family Court of Australia, Research Report, No.2 1983）．筆者の手許には，家庭裁判所のカウンセラー達によるプロジェクトの研究報告書1〜7（1985年8月）までがある．これら報告書のテーマは，たとえば，裁判所の家事紛争に対する強制命令について，あるいはカウンセリング業務でのカウンセリングの過程・結果・依頼人の特性などについて，あるいは男性に与える離婚や別居の影響について，また，離婚に伴う子どもとの面接権・養育権決定について，等々である．そのデータ内容は，各地域の家裁が実際に処理した事件や依頼人に関する体系的で入念な分析検討がなされ，大いに参考になる．裁判所の諸報告を参考に，以下オーストラリア家庭裁判所の家事紛争処理義務のあり方について概略検討する．とりわけ，そのカウンセリング部門における離婚後の扶養・面接権をめぐるカウンセリングのあり方は注目に価しよう．

1．強制命令（Injunction）

家庭裁判所は，危機にある個人や家族への支援提供という明白な役割を担うが，その役割のひとつが，強制命令による救済提供である．強制命令は，オー

ストラリア家裁により，財産，金銭，家族住居の使用，そして成人とその子弟間の関係についての抑止や禁止を含むことが許容されうる．

強制命令は，しばしば緊急には一方的な（ex-parte）聴聞審理（たとえば，論争に一方の側の者だけが立ち合う場合）を許される．強制命令申請は，実際には，そうした聴聞の妥当性，緊要性，優先性と関連づけて，法の代理人達に助言する法律家である記録官（Registrar）により審査される．ここで問題なのは，家族ストレス，家族危機，家族内暴力など病理的なものに関してであるが，それらに関わる強制命令とは，(1)個人の保護，(2)家族住居の独占使用および占拠，(3)子供の留保の三つである．家裁は当然のこと，強制命令の条項に違反した者に対し裁定を下す権限をもち，その懲罰は，3ヶ月までの拘置および1千ドルの罰金となっている．近年，家裁による強制命令のとり扱い方についてかなりの賛否両論が法律家グループや専門家の間にある．

そうした問題点や争点を，家裁報告書から引見し概略してみよう（Family Court of Australia, Research Report, No. 1, 2）．

すなわち，(1)家裁は，家族崩壊を処理するために専門家としての裁判権をもち，判決や調停の焦点を明確にする立場にある．強制命令による救済はある面では伝統的に夫と妻それぞれの財産権の保護に由来しているから，実際には妻の方を肉体的かつ情緒的に保護したいという判事や弁護士達の要望との間にジレンマが生じる．保護要請を強調するか，財産権を強調するかをめぐる葛藤は，法曹界のみならずしばしば喰い違いをみせる家裁の決定にも表われている．(2)家裁における強制命令の多くは，生活の危険を訴える妻達への一方的な聴聞審査（ex-parte）に基づいて許可されるから，一方的な強制命令救済に対して他方の権利を易々と奪われてしまうよう考慮されることにも通じる．家族法上の強制命令は，往々にして不一致を煽りたて，それに呼応して不公平もでてくるのである．(3)裁判所が，一方的申請に煩わされ続けるような事件は，ほとんどといって良いほどつまらない結果に終っている．等々．しかし，こうした意見のほとんどが，家族内暴力の状況にあった人や，直接それらに携わった人

びとからははっきりと反対が述べられている．そして，強制命令が出される手続きを制限するどころか，強制命令の権限を拡大して結婚の暴力を扱う上でもっと効果的に行なうべきだとする行政委員会の勧告もある．

　たとえば，ニュー・サウス・ウェールズ州の「家庭内暴力に関する特別研究プロジェクト」(The NSW Hask Force on Domestic Violence) による勧告では，"たとえ一方的聴聞審理の後であれ，全部の聴聞審理の後であれ，認められたすべての強制命令には，警察による逮捕の権限が自動的に付託されるべきだ"とする．また，"判事の多くの強制命令がきわめて効果的とみているが，強制命令が妻に暴力を振った男に対する公式警告の役を果すのを認めるにしても，必ずしも自分達が出した強制命令の失敗までは見ようとはしない"とみる．他にも判事のあり方についてさまざまな意見や勧告がなされてきた．すなわち，"判事にとって更に困難なのは，判事達はしばしば家族関係の灰色の領域を扱うが，その場合，夫を罰することよりも別の事を考える必要がある"，つまり"判事は婚姻関係に関する強制命令の効果についてだけでなく，和解や調停への可能性に効果があるかどうかまで配慮する必要がある"，等々である．

　オーストラリア議会の「合同特別委員会」(The Joint Select Committee) の報告書 (1980年) でも，"家庭内暴力に対する強制命令の適用は，その不履行を阻止する権限を裁判所に要請する権利が与えられるべきだ"としている．家庭内暴力の被害に合う女性には，"強制命令は迅速であり，しかも彼女等の目的に応えるけれども，といって必ずしも首尾よくいくわけではなく，警察も家族危機に介入するのに積極的でないばかりか，家裁の強制命令で動こうとはしない"という見解もある．結局，法は緊急事態をよく配慮してはきたが，家族を心理学的に健全にすることまではできないし，厳密に法的な救済策である強制命令は，裁判所がなしうる多くの救済策のうちのひとつにすぎない．したがって，必要なのは，家族危機介入 (crisis intervention) の方法論に通暁したソーシャル・ワーカーや心理学者の積極的な参加を含む多方面の学際的なアプローチであり，結婚への法的・社会的介入は本質的には補足的なものとみなされねば

ならないとされている．

2．カウンセリング部門

オーストラリア家庭裁判所のカウンセリング部門の開設は，1975年の家族法のもとで推進されたいくつかの新機軸のひとつである．その主たる業務は，裁判所の養育権および面接権（custody and access）決定を授け，そこでの家族報告書（Family Report）の契約規定によって，別居や離婚を行なう上で困難に遭遇する依頼人達を支援することである．そして，危機にある家族がカウンセリング部門に委託されるのは，カウンセリング部門による介入の特性やタイミングを決定する要因を示す手続き上の命令規則による．したがって，カウンセリング部門は，その行政上および業務実施上のどちらにおいても裁判所に連接しているが，その連接のあり方はもう数年にもわたる緊張の源になっている．

強制命令とカウンセリング部門との関係についていえることは，以下の如くである．すなわち，カウンセリング部門が，強制命令を適用された家族を，裁判所に委託されてカウンセリングすることはほとんどない．多くの強制命令は家族生活の危機を経たことによってなされうるものである．しかし，家族崩壊を取り扱う裁判所が，実際危機に直面している家族に関わることがないわけではなかろう．むしろ，こうした家族は裁判所に支援を求めるといえるが，これらの家族のうちカウンセリング部門に委託される家族はほとんどない．つまり，こうした家族にとってはカウンセリングによる支援は，問題が常習的に現われるようになった時には，もう手遅れで，カウンセリングが効を奏しないのである．

しかし，家裁は，危機にある家族への統合的・学際的アプローチの提供を要求することはできない．家族危機の初期のきわどい段階で裁判所が介入する場合，欠けていると思われるのは，家族のために実際に役立つカウンセリング部門を関与させようとする試みである．第1回の聴聞審理では，署名例の性格の検討，子供の数，別居の時期などが検討される必要があるのに，裁判所が命じるカウンセリングは目立って行なわれない．そのため，家族危機やストレスを

評定し・整序する上での卓越したカウンセラー達の具える折角の諸資源もほとんど使われず仕舞いに終り，家族が著しく急速に立ち直っていくための機会も失われる．カウンセリング部門が第1回の聴聞審理に関与しないために，妥当な危機介入が必要とされるサービスの慢性的遅滞がここから始まっている．

　通常，カウンセリング部門に回されてくるケース・サンプルが少ないのでうかつに言えないにしても，カウンセリング部門に回されてくる依頼人達は，裁判所の介入を申請した時から平均5～6週間待たされる．時間の遅れに対し依頼人達からはさまざまな苦情や批判が寄せられる．苦境にある依頼人にとって時間はきわめて大切である．家庭裁判所の中での審理遅滞や長期にわたる依頼人の待期は，緊急に手際よく家族危機に対処し救済をめざすという，危機介入の理論と実践を受け入れられず，それらが何の役にも立たなくなってしまうことを意味している．つまり，"鉄は熱いうちに打て"の諺通り，家族危機対処には，カウンセリング部門とともにその介入の時期を考える必要がある．とくに，危機介入についての研究や実践から明らかにされているのは，危機への介入が遅くなれば，危機状態が嵩じてしまい，変化のための情緒的な許容性や動機が失われてしまい，どうにも収束できなくなってしまう場合が多い．

　カウンセラー達自身も，依頼人のパーソナリティ要因とか変えようという動機の欠除といった処理中のケースの特徴を認めて，面接を少なくするということもある．その他，カウンセラー達の依頼人に対する反応のしかた，カウンセリングでの高度の練達と理解力，あるいは関連スタッフとの関わり方等，カウンセリング効果にはさまざまな要因が絡んでくる．

　しかし，カウンセリング部門によってなされるもっとも有意義な貢献は，カウンセリングを受けるほとんどの事件が問題を解決する手段としての法廷使用を思い止まる再訴訟（relitigation）の領域であった．そこでは，家族危機介入方法の使用と，調停カウンセリングの実行が，法廷外で，困難に直面した依頼人達の解決を手助けしたのである．

3. 面接権（access）と養育権（custody）の決定

　増大する離婚率は，離婚のプロセスに関する多くの研究を生み出し，また，離婚の子どもに及ぼす影響について，あるいは離婚後の子どもの取扱いについて欧米で注目され多くの研究がなされてきた．しかし，養育権決定の問題は別として，離婚後養育権をもたない親と子どもとの間に存在する面接（訪問）関係について，あるいは満足すべき面接関係に寄与するないし寄与しない要因が何であるかなどについてはあまり入念な注意が払われて来なかった（Family Court of Australia, Research Report, No. 7）．たとえば，面接権にかかわる子どものどれくらいの割合の子どもが養育権をもたない親と引き続き面接訪問し合っているか，あるいは，面接権決定と行使の影響が子どもの発達に是であるか非であるかなどについての実際的な情報があまりなかったといえる．

　オーストラリア家庭裁判所のカウンセリング部門の主要な役割として，養育権および面接権決定にいたるカウンセリングは，そうした意味でもきわめて意義が大きい．オーストラリア家裁が実際に担当してまとめた結果では，面接は離別後の子どもには重要かつ有意義な経験であると仮定している．離婚に対してのみ適用する家族や，あるいは面接権や養育権について争うことなくすんなりと決定ができた家族では，融通のきく面接権行使が行なわれ得たという．しかし最近の研究では，不定期的な面接・訪問が子どもに及ぼす影響，さらに大きな葛藤がある中で定期的に面接を行なっていかねばならない子どもへの影響，などについてはいっそうの研究が必要とされる段階であるという．

　家庭の葛藤や崩壊が複雑化し，進展し，離婚が増えつつある現状の中で，養育権・面接権の所属決定と行使に伴う問題もまた複雑多様化してくるであろうし，子どもの成長に与える影響も大きいと思われる．これらについてより入念な実証的研究が要請される．オーストラリアの資料はその意味でも大きな参考になるが，ここでは紙幅の関係もあり，その詳細な検討は後日にゆずりたい．

　（注・本稿は，オーストラリア政府機関である豪日交流基金・学術研究調査奨励金の助成（1984～85年）による調査研究「オーストラリアの家族問題と家

第3章　オーストラリアの家族　111

族政策」に基づいての研究成果の一部である。)

〈引用・参考文献〉

Storer, D., 1981, *Migrant families in Australia*, Working Paper, No. 3, Melbourne : Institute of Family Studies.
Stewart, K. & Harrison, M., 1982, *Divorce in Australia*, Working Paper, No. 5, Melbourne : Iustitute of Family Studies.
Harriosn, M., 1982, *Informal Marriages*, Working Paper, No. 1, Melbourne : Institute of Family Studies.
Edgar, D. & Headlam, F., 1982, *One-parent families and educational disadvantage*, Working Paper, No. 4, Melbourne : Institute of Family Studies.
Cass, B. & O'loughlin, A., 1984, *Social Policies for Single Parent Families in Australia—An Analysis and a comparison with Sweden*, N. S. W. : Australia.
Edgar, D. & Harrisn, M., 1982, *Children's Participation in Divorce*, Melbourne : Institute of family Studies.
Harper, P., 1982, *Changing Laws for Changing Families*, Melbourne : Institute of Family Studies.
Staples, R., 1982, *Singles in Australian Society*, Melbourne : Institute of Family Studies.
Australian Institute of Family Studies, 1982-1983, *Annual Report*, Melbourne : Institute of Family Studies.
Hambly, D., 1984, "Legal Regulation of the Family and the Effect of Changes in Family Law" Paper presented at XXth International CFR Seminar on Social change and Family Policies, Melbourne.
Family Court of Australia, *Research Report*, No. 1, 2, 4, 7.
McDonald, P., "What Percentage of Austoralian Marriages End in Divorce ?" in *IFS NEWSLETTER*, No. 8.
König, R., 1978, *Die Familie der Gegenwart*, C. H. Beck.

第4章 イギリスの家族
―― 結婚・未婚母の増大から離婚・単親家族増大へ

第1節 ファイナー・リポート成立とその背景

　配偶者をもたない独り者の親とその子どもから成る家族，つまり単親家族 (Single Parent Family) の発生および増加をめぐる諸問題は，今やおしなべて欧米先進諸国共通の重要な社会問題のひとつであるといわれる．そのため，欧米諸国では，単親家族問題の分析研究がさまざまな角度からなされるとともに，対応策も行政，民間両レベルでさまざまに検討されている．

　かつて，イギリスはスウェーデンよりも早くから福祉が発達した国として有名であった．「揺り籠から墓場まで」をモットーにさまざまな生活面での福祉制度が進展した．そうした背景のもとイギリスでは，1974年に，単親家族問題に関する世界に先駆けてのもっとも包括的なリポートが世に出た．上下2巻，のべ1,100頁におよぶこの膨大なリポートは，通常ファイナー・リポート"Finer Report"とよばれるが，正式には『単親家族に関する委員会リポート"Report of the Committee on One Parent Families"』と称されるものである．

　1969年に当時の社会厚生大臣の指令により，モリス・ファイナー卿を議長とする単親家族のさまざまな実態や諸問題検討のための委員会が発足した．当時は，既にイギリスをはじめ，他の欧米諸国でも，単親家族に関する種々の現象が噴出しはじめ，社会問題化し始めていた．しかし単親関係の情報・資料や，人びとの詳細正確な認識は一部を除いてはきわめて乏しいものであった．単親家族問題に多少の関心や認識をもつ一部識者や僅かの人びとすら，単親といえば，未婚の母 (unmarried mother) のイメージにせいぜいとどまるものであった．だから，多様な単親発生の原因，数，深刻な生活実態などはほとんど認識され

ていない状況にあった．

　したがって，13名（男9名，女4名）のメンバーから成るファイナー委員会が，前出のリポートを完成するまでに，実に4年余の歳月を費したのには，このような状況時点での出発が，膨大な調査や聴取，証拠収集などを必要にしたからである．リポートが1974年7月に議会に提出されてはじめて，人びとは単親家族数の多さ，家庭崩壊などをはじめとする発生原因や背景の多様さ，複雑さ，生活の深刻さなどに，まず驚かされたのである．

　リポート作製には，最終的にほぼ170の官民両レベルの組織と50名の個人が，単親家族関係の資料や証拠を提供し，協力した．委員会は，ロンドン，スコットランドでの各々数日間にわたる単親や単親関係の人びとからの聴聞会を含め，78回の全体会議と，頻繁な小委員会を開催した．委員会の課題は，イギリス社会の中で，単親家族の親達がどのような特別の困難に直面しているのか，彼等に財政的援助がどれほど必要とされ，かつ供与しうるのか，あるいは彼等の救済支援にはどのような便宜や準備を要するのか，等々を発見し，検討することであった．

　リポートによる単親家族の定義は，「16歳以下の，あるいは16〜19歳の就学中の未婚子と生活する配偶者のいない父親または母親から構成される家族」である．リポートは，当時の単親数が，未婚の母親9万，寡婦12万，離婚の母親12万，別居中の母親19万，父親10万余の合計62万であり，それに108万の子どもたちが属していると報じた．リポートは，多様な単親家族問題を5部門に分類し，それぞれに詳細な検討を加えている．すなわち，(1)法律——家族法，家庭裁判所，社会保障，(2)収入——公的扶助 (Guaranteed Maintenace Allowanc GMA)，(3)住宅，(4)雇用，(5)福利厚生援助——子どもの保育，等々．さらに，単親家族発生の原因や背景，その社会的位置づけなどを実に入念に詳細に描出し分析したし，単親家族の抱える諸問題が複雑にからみ合った深刻さを確認し，行政に対する緊要な根本的改善のための230項目にわたる提言がなされたのである．

第2節　リポート以後の趨勢

今日，ファイナー・リポートが世に出て数年，委員会設立時点から約10年が経過した．リポート以後，それをめぐって論議が沸騰し，新たに多くの単親家族関係の自助団体，支援団体が設立されたり活発な活動を再燃させた．提言内容の検討および修正，提言の行政面での実行推進への働きかけが活発になされるようになった．単親家族に対する社会的認識の深まりとともに，偏見や圧迫も以前よりは軽減されてきたという．提言内容が全部実現されれば，全イギリスの単親家族の生活が大きく改善されるといわれるが，政府は1978年上半期までに提言項目の半数以上を拒否し（議会質問への解答で），実現したのは5分の1以下で，他は確認事項か検討中のものもあるという．そのうち，もっとも重要なものは，単親家族の貧困を救済するための特別現金支給と，全単親家族問題を1括して扱える統一家庭裁判所の設置という2項目であるという．いずれにしても，ファイナー以後も，単親家族問題は増勢し山積している．

一方，単親家族支援の，あるいは自助・互助のための団体や組織が多数存在している．とりわけ代表的で，行政面への働きかけや広範な社会的広報活動，キャンペーン，単親家族の救済支援など行なっているのが，『片親家族のための国民会議 (National Council for One Parent Families——以下 NCOPF と省略する)』と『ジンジャーブレッド (Gingerbread)』の二つである．前者は主として単親家族の啓発教育と支援のための民間組織であり，後者は単親家族のみで構成される自助・互助組織である．両者の構成や運営のあり方は異なるが，目的は同じくして緊密な連携により活動している．他にも，自助団体がかなりあるようだが，むしろ社交的あるいはクラブ的要素が強く，情緒的な性格特徴が濃厚だとされる．たとえば，The National Federation of Solo Clubs とか，National Federation for Divorced and Separated などである．

議会でも国家記念碑的出版物だとさえ賞されたファイナー・リポートは，イギリスの家族の著しい変化，崩壊家族の苦境を世間に報告し，精細なあらゆる

面での対応を示唆した点で，まさに先進福祉国イギリスの面目躍如たる優れたリポートである．リポートが公刊されて以後，行政面をはじめ，単親自助団体など各方面で，リポートの提言内容は，単親家族救済や福祉制度充実運動のバイブル的役割を果しているとさえいえるようだ．そこで，このファイナー・リポート以後の趨勢を検討し，紹介する．

　単親家族の趨勢　今日のイギリス単親家族発生の主なる原因は，結婚破綻・家庭崩壊に伴う離婚や別居であり，それは単親家族の半数以上に相当する．単親家族数は，1971年から1976年までに，未成年の扶養子をもつ全家族数の8％から11％へと増加し，実数約57万から75万に増えた（32％増）．75万の単親家族の4分の3は，同一世帯に単親と子どもだけで生活し他の同居人はいない．また，半数以上の世帯が1人，3分の1以下が2人，12％が3人，残り6％が4人以上の子どもをもっている．これらの子ども達は全部で125万人以上に達する．一家族平均子ども数は，一般に低年令である未婚の母のそれが1.2人，離婚および別居のそれが1.9人前後である．

　単親家族の発生と増加の主たる原因は，結婚破綻・家庭崩壊にともなう離婚や別居の増大であり，それは今や全単親家族の半分以上を占める．さらに，社会的偏見の軽減や社会福祉の充実などで非嫡出子を出生して自分の手元で扶養する未婚の母が，以前よりかなり増加したということが，単親家族数増大につながったという状況がある．1971年から76年にかけての増加は，離婚母11万（92％増），未婚母4万（44％増），別居母（9％増），父親（29％増）であるが，夫と死別した死別母は逆に4％減であった．

　離婚についていえば，過去数年間増大しつづけたが，別居は下級裁判所を通じてのそれが，1976年には73年の半分に減少したといわれる．こうした傾向の背景は，ひとつには，婚姻破綻理由としての有責主義とか裁判所の旧い家族法にわずらわされる面倒さにひきかえ，近頃は離婚手続きの方がより簡単になってきたからだとされる．また二つには，公的生活扶助が給付されるまでに，前以って別居する必要がないとする政策上の変化があったからだともいう．か

くて，多数の結婚が離婚に終るようになったが，今日では，離婚はもはや悪ではなく，むしろ個人の幸福を妨げる悪しき結婚関係の終結とし正当化され，社会も，たとえ子どもに悪影響があろうと離婚の容易化を望む傾向がみられるという。

ちなみに，離婚および別居件数を挙げてみよう。1976年には，約12万6,700組が離婚し，うち7万8,000組に16歳以下の依存子15万2,200人，16歳以上が2万4,000人いた。また，1万9,000組だけが16歳以上の子ども（3万2,400人）をもち，他は子どものない離婚夫婦3万3,800組であった。離婚件数の増加も1973年から76年にかけての3年間に，10万6,000組が2万4,000組の増加（24％）である。他方，下級裁判所を経た同期の別居件数は，1万3,660組から6,900組へと半減した。また，同時期にわたる再婚数は増大したが，にもかかわらず，再婚しない全離婚者数が増大している。それゆえ，離婚は今や，毎年ほぼ2万4,000の新しい単親家族を生み出す最大要因である。

次にイギリス全体の中で，統計上に位置づけられる単親家族は，

○ イギリス全家族中10分の1．
○ 貧困家族中10分の2．
○ 課税レベル以下の低収入で働らく親たちの4の1が単親．
○ 貧困線（Poverty line）以下の家族中10分の3．
○ 家無し家族中10分の3.5．
○ 家族収入補助（Family Income Supplement）受給家族中10分の4.5．
○ 施設で保護収容中の子どもの2分の1が単親家族の出身．
○ 家族収入補助に最大限依存している全家族中の2分の1．
○ 公的補助給付金（Supplementary Benefit）受給家族の10分の6――等々

である．

とりわけ，公的補助給付金受給の単親家族は，毎年ほぼ10％ほど増加しつづけている。1976年までは，公的補助給付金で生活している単親家族は，ほぼ60万人の子ども達を含む3万3,000家族であった。しかも，これら単親家

族は，依然として全有子家族の60％近くを占める．さらに，全子どもの50％以上が公的給付金に依存する始末である．その最多受給者層は，別居中の母親（37％）で，離婚母と未婚母（各々26％ずつ）がこれに次ぐ．死別母は5％で，独り父親の4.5％より僅かに多く，長期拘留者の妻は，1.5％と少ない．また，年令16～17歳の未婚母で，公的補助給付金受給者が5,000人いる．

　単親が，公的補助金に依存する期間は平均2年10ヶ月で，他方両親家族の平均依存期間は1年1ヶ月である．しかも，現在公的補助金受給中の単親家族のほぼ2分の1が，すでに2ヶ年以上，4分の1は，すでに5ヶ年以上の長期間にわたり受給し続けている．1975年には，全単親の半数近くが，少なくとも一括払いによる特別手当を支給された．これは他の要求団体などと比較し，ゆうに2倍以上の受給率である．しかも，単親の約4分の1は，1回以上受給しているという．

　ただし，このような事実は，単親達が他より恵まれていることと必ずしも同義ではなく，むしろ単親家族の過度の貧困さの証明であるといえる．つまり，補助金受給の単親家族の中には，別の人間から（別れた配偶者など）扶養費を受けとる権利を保持する者が8％いるにもかかわらず，うち40％は事実上誰からも支払われていない現状にいるのである．支払われた人びとですらその平均額は，1975年12月のそれでは僅かに6ポンドである．これではどうしても公的補助に依存せざるをえない．しかも75年には総額2,500万ポンドが費された公的補助給付金の水準を下回る収入しか得られなかった単親家族が，約5万もいた．かくて，単親家族のほとんどが，極度の貧困と育児・家事等の過重負担による困難な生活を余儀なくされる．彼等の平均収入は，両親の揃った家族のそれの半分ほどである．

　もちろん，働く単親達も多い．1975年には，約26万人がフルタイム，8万人がパートタイム就労，4万人が自営であり，ほぼ全体の半数が就労していることになる．また，28万人の単親が勤労収入を主たる収入源にしているが，28万人の単親のうち8万人は父親達である．ただし，雇用される約7万4千

人の単親は，一般家庭全体の中では最低課税額を下回る低収入層である．そして，1万人のフルタイム，1万人のパートタイム就労単親は，公的補助金水準以下の収入しかないとされる．ちなみに，1976年4月の単親達の平均週給は，父親が70ポンドであるのに，母親はその6割強にすぎない45.30ポンドであった．

かくして，収入が足りないための貧困が単親家族の困難な問題をさらに拡大再生産し，悪循環させ，増幅させる．貧困ゆえの社会的孤立，住宅困窮，子どもに人並みの喜びや楽しみを与えられない等々の問題を生じさせてくる．さらに，今日イギリスでは，社会全般の経済的停滞化と低調が，単親問題対策にも大きな障害をなしているのはきわめて切実な事実であろう．

ファイナー・リポートが上院でやっとはじめて論議されたのは刊行2年半後の1977年1月である．委員会の諸提言を政府はごく中途半端なやり方で拒否したが，当面重要な提言でありながら，実行に移されないことに決定した重要なもののひとつに「同棲規準（cohavitation rule）」の緩和ないし撤廃がある．この規準は，単親家族のための非拠出母親補助金や，公的補助への特別付加金などの受給資格に深くかかわるものである．つまり，単親家庭（特に母子の）で，幼児を抱え，育児のために就労もままならず，ゆえに収入の道を絶たれた母親が，誰か男性と一緒に暮らす形で同棲を始めた場合（相互に経済的に独立し，生計責任を取りあわぬ状態でも），あるいは同棲の相手がいると認定されれば，公的補助受給は不可となる．何故なら，このカップルは結婚して生計を同じくするのに等しい状況にあると判断され，直ちに受給資格者の枠から除外されてしまうのである．同棲規準は，単親とりわけ多数を占める母親単親にとってはきわめて残酷で報復的な役所側の武器だといわれる．しかも同棲の定義がきわめてあいまいで，役所側で明瞭に提示され得ないことも問題をいっそう残酷にしているようだ．既存の公的規定された同棲規準は，「女性が男性と公けにされた子どものある夫婦として，安定した配偶関係にあり，共住同床すること」であり，あるいは，誰か男性から経済的援助があれば同棲とみなされる．でも実際には，

これらの条件に適合するとみなされれば公的補助受給資格が与えられないとだけ簡単に，公式には規定されているにすぎない．しかし実状からみると，女性の家で男性が3晩一緒に過せば即同棲していると認定する秘密規約を，役所は適用しているとさえいわれる．

　近年は毎年約8,000人の子持ち女性単親が，同棲規準に触れ，公的扶助を停止されたり拒否されている．同棲規準の厳格な適用は，多くの単親（特に母親）を愛と生活のジレンマに陥らせる．隣近所の人びとの偏見や誤解がしばしば，役所側に通報されることも多いという．イギリスの単親家族支援・自助団体は，ファイナー・リポートの提言実現を中心課題として，強力なキャンペーンを行なう圧力団体的一面をもつ．運動のもっとも中心的な局面は，単親達の経済的困難・貧困解消である．しかし，より多くの資源配分を要求するのは単親達のみではなく，他の任意団体や組織，さらに，賃金・雇用労働者階級が，賃金や待遇向上要求に圧力をかけている．ことにイギリスでは，今日の労組の巨大な勢力は他を圧している．だから，単親家族の生活条件の改善だけが急務とはみなされないところに苦難がある．さらに，単親家族に対しては，もっと特殊な社会的問題がある．

　それはまず第一に，単親家庭に対する世間の眼，いわゆる偏見や誤解などがつきまといがちであるという公共態度であろう．イギリス社会では，配偶者と死別した未亡人ややもめに対しては好奇心は別として明らかにかなりの同情がある．しかし，離婚者に対しては相当な疑念がもたれ，別居者には非難が投げつけられ，未婚の母には露骨なさげすみや憎しみがもたれるという．その理由は，社会が一般にまだまだ両親家族を理想とし，単親家族をうさんくさく思うからであるとされる．

　こうした傾向に対し，単親家族の自助・支援などの関係団体では，今やイギリス全体で10家族中1家族は単親家族であり，普通の現象として，社会のごく当り前の部分を構成していること，子ども達は両親家族の子どもに優るとも劣らぬ健全円満な生活をしていることを大いにキャンペーンしている．しかし，

社会は依然両親家族だけを正常視し，両親家族のニーズにのみ順応し，対応，経済的・社会的にも彼等を標準として受け容れていく．かくして，単親家族の親も子どもも，役所側のこうした態度が必ずしも意図的ならずといえども結果的には軽視され，無視され，拒否されていかざるを得ない．

しかも，多くの単親達は，社会に"たかる者"という眼でみられ恥ずかしめを受ける．近年はとくに，国家財政に依存せねばならない人達，とくに単親などを含むマイノリティ集団に向けられる世間一般の非寛容や憎悪が増大しているとされる．単親達が，むしろ少しでも働こうとか，自立し独立しようとする傾向を示すときに世間一般の態度はとくに酷しいようだ．

単親家族支援団体──NCOPF　前出の『片親家族のための国民会議』NCOPFは，単親の地位・生活の向上と改善を目的とするサービスと，社会的キャンペーンの専門的機関である．経験主義，慣例を重んじるイギリスらしく，アメリカやカナダの単親組織にあるような，細部にわたり綿密に構成された団体規約・約款などはない．ごく大まかな目標とその実行方法をパンフレットなどに掲げているだけである．Gingerbreadもほぼ同様である．両者とも，単親家族支援救済のための広範な実践活動，カウンセリング，アドバイスを行ない，季刊誌，年間報告，あるいは各種啓蒙出版物の刊行などである．NCOPFの活動目標，方法は概略次のようなものである．

目　標

(1) 単親家族の社会的地位の確立と向上，単親家族特有のニーズの充足と実現の努力．

(2) 単親家族の子どもの成長に，社会的，法律的，教育的かつ情緒的ハンディを生じさせぬことを確実にする．

(3) 単親達特有の苦悩やハンディを除去し，最大限の可能性充足の機会を与える．

(4) 地方行政当局や住宅協会により，単親家族に適正な住宅対策を確保させる．

第 4 章　イギリスの家族　121

方　法（単親家族の地位改善のための）

(1) 必要に応じて法の改善を要求する．
(2) 単親家族の諸利益の保護に関し，議会で議論されている法の監視．
(3) 公的援助機関のサービスや責任のあり方について，変更を要求する．
(4) 地方行政当局に，単親家族に必要なサービス提供を促す．子ども達に，より良い住宅や保育を享受させ，親とともに過ごせることを確保するための実践的サービス．
(5) 行政各省や地方当局に，単親家族関係の覚え書きや証拠資料を提供する．
(6) マス・メディア，国会議員，学生，民間人などに情報を提供し，単親家族のニーズをもっと広範に知らせる．
(7) 他の同種関連機関，とくにジンジャーブレッドとの協働．
(8) 単親家族に関連する人びとの中枢部として行動するために，単親家族関連分野で活動する法公認機関，ヴォランタリー機関，または自助団体間での協働や討議の促進をはかる．
(9) 公報，刊行物，年間報告書等により，ソーシャルワーカー，専門家，自助団体，単親家族などに広く情報を提供する．

　こうした仕事は，専門有資格者のソーシャルワーカーや福祉専門官など同国民会議の福祉部門スタッフが担当している．この組織は，最初1918年にレッティス・フィッシャーによって未婚の母と子の救済を目的として設立されたが，そのきっかけは，当時の婚外出生児の死亡率が異常に高いことであったという．以後長年にわたり，『未婚の母と子の国民会議』(National Council for the Unmarried Mother and the Child) として足跡を残した．1973年以来現在の名称に改められ，活動内容もあらゆる事情で単親になった人達とその子ども達の支援へと拡大した．

　要するに，単親達に「専門的支援」や「情報を提供」し，関係行政機関に「資料や情報・証拠」の提供や「提言」を行なう．単親達へのサービス提供は無料で，組織財源は主として有志からの寄付と政府補助でまかなわれる公認の

慈善団体であり，行政に強くコミットする強力な圧力団体的性格をもっている．

自助団体ジンジャーブレッド　ジンジャーブレッド（Gingerbread）は，単親家族の自助組織である．これは，離婚，別居，死別した単親，あるいは未婚の母，拘留者・長期療養者・廃疾者などの配偶者等々，理由のいかんを問わず，子どもを独り身で育てている単親達自ら構成する団体である．その設立は1970年であったが，設立動機は生活困難に直面する子持ちの2人の単親達が，自分達と同様な経験をしている人々が互いに知り合いたいと思ったことから始まった．ジンジャーブレッド，つまり，「しょうがパン」である．この名称にはかなり含蓄の深い意味が込められて，この組織の目標や性格や活動目標を象徴している．日く，ジンジャー――行政当局を刺激すること．ブレッド――お金（食うための手段）を確保すること．

この主導理念によって，最初8人の中核メンバーの共働ではじまったジンジャーブレッドの目標は大いに拡大された．多くの単親家族が多様な方法での援助を求めていることを，主に電話や手紙というメディアを通じて知るだけでも明らかに成長を示している．初期のメンバー達は主にロンドン地区だけを根拠にし，2〜300通の相談の手紙に回答するためにも，全員の協力と同様な悩みや問題があれば相互にアドバイスし，助け合えるよう努力する必要があった．やがて，ジンジャーブレッドは，組織化され，会合をもち，会合の決定を記録するようにした．単親達からの手紙にもっとも多い相談事――住宅をめぐる問題――の調整を手はじめに，多種多様な情報の収集，カードによる個人索引システムによる整理，あるいは文通や電話というメディアで結ばれた会員達が，一同に会する総会などが次々と企画され，会は進展してきた．

やがて時を置かずに，J. ローントリー社会事業トラストより，基金と本部建物を提供され，ジンジャーブレッドは，爾来あらゆる局面でのめざましい発展を印してきた．1972年には30グループになり，同年カーネギー財団の基金を得た．地方グループも著増し，1973年10月までには，全100グループが形成され，以来毎年新しく60〜100グループが形成されて，1978年初頭には，

400余のグループ，約3万の会員数に達した．

　同団体は，自助・互助的活動とともに，その枠をはずれて今や単親家族に対する既存の処遇を改変するための圧力集団あるいは推進団体として，重要性は増すばかりである．1973年には政策綱領を刊行し，ファイナー・リポートには数多くの単親達自身の体験や生活実態の証拠資料を提供した．現在の圧力集団としての業務の多くは，政府がファイナー・リポートの主要提言を大きく無視していることと，ほんの一握りの提言しか実行されていないということの痛切な認識にもとづくものである．1973年刊行のジンジャーブレッド政策綱領は，単親家族の地位の改善，物質的情緒的に良好な状態の増大などのための社会的，法的改革推進にユニークな立場をしめる同団体が，単親家族の直面する諸問題のよりよき理解認識をすることに基づいている．

　ちなみに，綱領では次のような単親家族にかかわる解消，解決そして創造すべき諸問題を項目別に掲げ提起している．

　(1) 情緒問題＝共通の問題．他の問題が解消し，解決された後にも，情緒問題は残される苦難である．問題をもつ人びとがのっぴきならなくなる前に，互いの苦しみを語り合い，情緒的，実際的な諸問題を論じ合い，またすでに悩みを克服し，確信，友人を得，幸せを得ている人びとと接し合うことによる相互扶助と理解が最重要である．苦悩をたんに和らげるだけでなく，単親の潜在能力をひき出し，充実させることがより大切である．

　(2) 母親のいない家族＝父子家庭．孤軍奮闘する母子家庭の母親達にばかり関心が集中する陰で，その数の五分の一に相当する父子家庭の父親達は見過されがちだ．父親による子育て上の苦労は，伝統的な家族観に固執する世間的偏見にはばまれ，苦難の存在を見落される．母親達同様，父親達も救済される必要がある．

　(3) コミュニティの発展．ジンジャーブレッド発足当初からの単親に関する重大な四つの問題領域がある．すなわち，①孤独，②住居の不足，③単親になったという新しい状況に対する生活全般・精神面での不馴れと不安を伴う違

和感，④社会的サービスや他のアドバイスや支援の機関についての知識の欠除の四つであった．以後これらの事項は，自分達の地域を基盤にグループを作り，自分達の利益と繁栄のための交流と地域活動の中で解決されるように努力されている．

(4) 経済＝単親家族の物質的はく奪．単親達のほとんどが，以下のひとつないしそれ以上の収入で生活している．①公的補助 (supplementary allowance)，②裁判判定による不定期収入＝扶養費，慰謝料 (maintenance of affiliation)，③育児期間解除後の不安定就労による収入，である．これらについての啓蒙，改善，向上など強力に推進する．

(5) 法律＝法の適正な対応への努力．①扶養費や慰謝料とその実施強化，②夫婦間財産の問題，③児童親権・扶養のあり方の整備，④家庭裁判所のあり方．

(6) 住宅＝単親への公共住宅の解放，持家のための補助推進．

(7) 保育の改善充実．①五歳以下児童の保育施設と幼児学校の設置拡大と充実，②地方自治体による幼児保育，③休日と放課後の遊び場確保，④単親家族への家政婦派遣，⑤地方自治体によるホームヘルプ制採用，⑥単親家族への緊急時サービス（病気，事故等による）．

いずれにしても，イギリスの単親家族問題はその対応策が官民両レベルで執拗かつ，丹念すぎると思われる程，組織的に実践活動が行なわれている．もちろん，問題噴出は後を断たないし，単親家族自体も増え続けているのである．

注……ファイナー・リポートの内容自体の概略は，拙稿「イギリスの片親家族問題」として『青少年問題』1979年2月号，青少年問題研究会編に所収．

〈参考資料〉

Report of the Committee on One Parent Families. Her Majesty's Stationary Office 1974, ①-②.

その他 National Council for One Parent Families, Gingerbread の両団体発行の

Annual Report 類や，各種広報紙や小冊誌，機関紙など，実地調査により収集したものを参照した．

第5章　カナダにおける単親家族

第1節　変化の中の家族

　近年あらゆる先進工業社会が，とりわけ欧米の先進諸国が共通して，家族形態および家族生活の急速かつ著しい変化に直面しており，カナダも例外ではない．変化の諸相は，一方では伝統的パターンからの離脱を，また他方では家族という存在の危機あるいは家族という制度自体への脅威を意味してもいる．

　カナダの人びとにとって，伝統的な家族形態や家族形成がまだ依然として好まれ，一夫一婦単位の結婚や，夫婦と子供の核家族単位を大方は選択志向している．だが，それとともに，人びとの意識，行動や態度にも明らかに変化が生じており，別居，離婚，再婚は増加し，人びとの恣意的な家族解消や家族形成の可能性，頻度が強く，速度が増している[1]．さらに，別居や離婚の結果独りで子どもを育てる単親家族（single-parent family）がますます増大している．あるいは，非摘出児を養育する未婚母家族の増加がみられるという[2]．つまり，カナダの人びとは，既成のかつ伝統的な家族形態を基本的には受容し継承しながらも，ライフ・サイクルの過程では，一度形成された家族形態が生涯持続する神聖なもので，主に子どもの育成をめざすものだとは，もはや考えなくなりつつあるといえる．

　厳然たる結婚制度の留保と強い結婚志向，それがかえって離婚を助長し，新しい相手との性急な関係や再婚に駆りたてていると皮肉にもいえるのではなかろうか．個人や家族のライフ・サイクル（life-Cycle）は伝統的な基本線に沿いつつも，多様な変化をみせ，その移行の速度も増してきたといえよう[3]．

　カナダの週刊ニュース誌『マクリーンズ』（Macleans, 1983. 3. 21）は，「離婚」と銘打つリポートを掲げ，今や結婚の半数が崩壊するという離婚に揺れるカナダ社会の様態をさまざまな角度から分析している．その要旨は大略次のような

ものである[4].

　すなわち，ごく最近カナダ統計局（Statistics Canada）から出された研究報告で，カナダ人の社会的態度に根本的変化が生じていることが強調され，とりわけ，現在のカナダ人の全結婚のほぼ40％が離婚に終り，離婚者の4分の3以上が再婚を選び，2～3回結婚と離婚を繰り返すことも珍らしくないという．

　もっとも，基本的制度としての結婚への志向が強いだけに，離婚と再婚の繰り返しがみられるのである．ある社会学者がいうように，人びとにとって次の段階は，連続結婚（series of marriages）――一般に連続してなされる単婚制（serial monogamy）として知られているシステム――が，さらに大きな自由と多様性を呈して，ごく普通になっていくだろうと予測している．

　最近の離婚率の上昇ぶりはすさまじく，1968年に離婚法が改正されて以来今日まで実に500％の増加をみた．結婚は，もはや一生に一度のものとはみなされない．したがって，離婚は社会の病理現象というよりも健全さの兆候であると考えられもする．離婚にはもちろん苦痛や喪失感がつきまとう．離婚がどんなに手軽で容易になろうと，かつて愛で結ばれあった結婚を解消するのは容易なことではない．子どもや財産をめぐる争いがある場合には苦悩や屈辱や心身共の疲弊が殊に大きい．離婚前後の生活上の変化に戸惑い，苦悩せねばならない上に，離婚のための"法的口論と費用"も重くのしかかる．

　にもかかわらず人びとはまずくなったと思う結婚・夫婦関係にさっさと見切りをつけて離婚への道を急ぐ．離婚はいまやカナダ人の生活様式に常習的に浸透した，巨大産業だともいえる．過去の10年間，カナダ人達が離婚成立のため弁護士に支払った総費用は，何と5億ドルにも達した．基本的な争いのない離婚は600～1,000ドルの法定費用で簡単に成立する．しかし，法律家を頼まないで自分で処理できる離婚は8.5～14.5ドルで済む．だから離婚の前後の処理に精通し，安い費用で確実に離婚できるための独習書＝離婚の手引き書が氾濫する．オンタリオ，ブリティッシュ・コロンビア，サスカチワン，マニトバの各州など，離婚率が圧倒的に高い地域では，自分で処理する離婚（do-ityourself divorce) が，今や大流行だといわれる．もっとも，隣国アメリカ合衆国では将来ありうるかも知れない離婚時のための保険が，結婚のプレゼントのようになっているともいわれる．

　離婚は，まだまだ若年層に頻度が高いとはいうものの，今やカナダ社会のあらゆる世代，あらゆる社会階層に広まりつつある．こうした1980年代の現実に照らしてそれに追随するかのように，時の司法大臣マックギーガン（Mac-Guigan）は，もっと自由で，制約が少なく，より簡単な離婚成立のための立法化を企てている．こうした現状は，国家行政に携わるトップレベルの政治家間にまで波及しており，カナダ三政党党首のうち，まだ1回も離婚や別居の経験がないのは，トーリー党のジョー・クラークだけである．他は，離婚，別居，再婚などの経験者が10指に上るという．

　かような統計上の新しい現象は，離婚に対する社会的態度への浸透を反映するものであり，むしろ積極的な光明をさえもみる兆しがあるとされる．かつては，伝統的に社会的非統合とみなされていた離婚を，今では多数の識者や法律家や聖職者達ですら，実際上健康な適応可能性の表われとすらみる．離婚による新しい家族の出現は，人びとの真ニーズにより良く適合する新しい集団化という観点である．離婚は，減少するスティグマ（stigma）の中でもはやマイノリティであり得なくなった．

　トロント大学のソーシャル・ワークの教授であるB・スレシンジャー（B. Schlensinger）の見解は興味深い．すなわち，「これらの統計は驚くにあたらない．カナダ人達はより正直になっているという事実の表われであると思う．以前人びとは感情的な離婚を経験するにすぎなかったが，今やより多くの人びとが離婚を合法的なものにすべく選択しようとしている[5]」と同情的である．もちろん，肯定的かつ同情的なみかたばかりではなく，現代社会の悪循環，あるいは，伝統的な道徳的価値が全般的に減じている証拠だとして嘆く人びとも多くいるのである．

　カナダでは，過去の10年間に約50万人の子ども達が両親の離婚に遭遇し，

苦しんだ．しかし今日では多くの子ども達にとって，家族というのは，単親や継親，さらに継兄弟や継姉妹のことであり，また週末や休日には別の親との間を交互に行き来するためのこみ入ったとり決めを意味するものでもある．父か母の一方と子供だけから成る単親家族は，1970年代にほぼ42万5千世帯から63万7千世帯へと50％も増加したが，この種の家族構造は，今後の20年間には他の家族構造をゆうにしのぐほどに増加が予想されるという．子どもをもとうとしない夫婦が増え，出生率が低下し，家族構成規模がますます縮小するにつれて，社会の基本的単位として今だ健在とされる核家族すら，1950年代のミュージックのように，今や既にノスタルジーの時代にさしかかりつつあるという説もある．カナダ統計局が結論づけた如く，変化は必ずしも悪くはなく，むしろ観点の相違ともいうべき相対主義的な家族（relativistic family）の時代を現出しているともいえると．

　さらに，多数の離婚を扱ってきた法律家のR・トンプソン（R. Thompson）の見解のように[6]，カナダの人びとは，拡大家族→核家族→単親家族→再構成家族（reshuffled family）へと，長期にわたる家族構造変換を経験するという観点も成り立つ．当然それには矛盾，悪循環や問題も生じて来よう．通常，離婚という社会的ダンスの犠牲者とみなされる子ども達すら，両親の離婚で一時的に緊張に包まれても，離婚が普通になり，同じ背景の仲間が増えれば，よりよく適応していくだろうときわめて親中心的で，楽観的な見方であるともいえなくはない．

　とはいえ，家庭崩壊の結果である単親家族の存在と問題は，今日のカナダ家族変容の集約だと考えられる．それは離婚や別居や非嫡出出生の所産でもあると同時に，再構成家族の芽生えでもある．激しい社会変動にさらされ動揺しつつも，人びとが個人の自由と尊厳の名のもとにニーズを追求し，それに呼応して推進される法制や施策，しかし皮肉にもその反映としていわゆる伝統的な結婚や家族の変容が推進されることもありうる．その一方で，人々の幸福と安全のための基盤とされる家族生活強化の方途もまた種々の検討が加えられてもい

る．

　単親家族は，カナダのみならず，既に先進社会に普及し一定の位置を占めてきており，大きな社会問題として人びとの関心を集め，社会政策の重要な対象でもある．

　良くも悪くも世界に先駆けるようにみえる欧米社会の人びとの生活スタイル，意識，そして家族生活の変化とそれらへの社会的対応は注目に値する．それらの集約が単親家族問題とその対応の中に見出せるといえるだろう．1970年中葉，カナダでは単親家族（家族の複雑な変容や崩壊を背景とするような）に関して未だ一般の認識は乏しく，統計，資料，文献なども少なく，遅れもみられて思うように得られなかった．そうした中で単親自助団体の活動の実態や資料とか，B・スレシンジャーがそれまでの諸々の調査や研究を集大成した先駆的な書物が，稀少だが，貴重にして大きな示唆を与えてくれた．これまで僅か3回のカナダ訪問調査だが，その見聞をふまえつつ本稿では，カナダの単親家族問題に主眼を置き，その背景としてより広範な家族や家族生活のあり方を検討してみようと思う．

第2節　単親家族の形成と特性

　一般に単親家族は母子家庭（fatherless family）や父子家庭（motherless family）などと称されるが，ごく近年まで両親揃った完全家族に対する「不完全家族（incomplete family）」とか「崩壊家族または欠損家族（broken family）」などと相互互換的に定義づけられてきた．そこには，両親家族が理念あるいは機能遂行面でも正常で標準的であるということから，単親家族は形態が普通の夫婦家族（核家族）の変形だというだけですでに逸脱であり，欠陥がある問題家族とみなしがちな社会的偏見があった．それだけに単親家族は両親家族に比べ，社会生活上より多くの困難を経験してきた．ことに今日の著しい産業化や都市化の進展による核家族の顕在化とその変容は，夫婦の死別や離別によって単親家族を容易に出現させるから，さまざまな物質的・精神的困難に遭遇する可能

性も大きくなる．とはいえ，すべての単親家族が重大な生活障害や問題を現出させ，不幸であり，奇態で逸脱した家庭生活がみられるとして特別視され，軽蔑視され，ステレオタイプ化されるいわれも必然性もない．ただ，家族は夫と妻，子供にとって父と母の両方が存在し，役割分担により子どもの養育保護と家計の維持管理を行なっていくとされるが，単親家族では独りで二重の役割負担を余儀なくされ，主として母子家庭では生計維持のための経済に，父子家庭では外の仕事に重点が置かれる父親に家事育児面での困難がある．しかしこれは，伝統的な性役割観と両親家族を主流とする一般的な場合であり，拡大家族のように他の親族が同居する場合，あるいは広範で強固な親族ネットワークが単親家庭を包摂援助する場合には，異った状況も生じてこよう．拡大家族であれば，多くの支援や援助がとくに死別の場合など，同情とともに与えられ，親族援助による補充機能が得られやすい．

単親家族の存在は家族の歴史同様に旧いが，その内外の多様な問題性の顕在化は，ごく近年といえる．拡大家族の衰退と減少が，単親家族に両親家族が被るより以上の損失を与えた．今日の夫婦中心の核家族は，個人の主体的意図に基づき創り形成されるもの，子どもは生み育てるものとみなされ，単親家族もまた形成されるものとうけとられるようになった．離婚，別居，遺棄などの家族解体や崩壊の増加，あるいは結婚や家族制度から外れた未婚母の増加は，単親家族形成と増加の大きな要因となり，その責任もまた家族成員個々に重く担われねばならなくなった．

単親家族という規定は，父か母かの一方だけが子どもと構成している家族という客観的事実に基づく共通的な意味合いをもっている．単親家族の形成される原因が主として，配偶者との１）死別（widowed），２）離婚（divorced），３）別居（separated）により，そして配偶関係のない４）未婚（unmarried）出生などであり，その形成原因に応じて形成後の生活内容も実際は異なってくる．しかし単親家族という形態は，その形成理由や本来的性格がどうであろうと関係なく（以前結婚していた，未婚出生したとかに）現在の家族生活のプロセスに生起す

る普遍的特徴を多少とももっている．つまり共通形態として，一方の親が欠けた時点で形成され，残ったもう一方の親と子どもとで構成されるが，その親の再婚とか同棲の開始の時点，あるいは子どもの成長・独立の時点で事実上終結する．その継続期間は長い場合も短い場合もあり，形成理由や形成後の生活関連の多様さによって固定的でも画一的でもなく，流動性が大きい．

B・スレシンジャーのいうように[7]，結婚後とそれ以後の生活の中で形成されるか，あるいは非合法的出生（illegitimacy）後に形成される未婚母家族かであり，北米での多数家族が，結婚→家庭生活→単親家族→再婚→家庭生活というプロセスを経るとみられる．だが実際にはどの時点や段階から単親家族とみなすべきか困難であるし，単親達自身の認識のしかたや公表の有無によっても異なるから，その明確な認定や単一的定義づけはかなり難しい．また最近の傾向が示すように，たとえ単親が再婚したり同棲して新家庭が構成されても，別れたもう一方の親との間で子どもの共同親権（joint-custody）や訪問権（visiting right）が引続き行使される場合が多い．そういう場合，新家庭の中に元の単親家族単位としての意識や機能が持ち込まれたり影を落すことは可能で，継父母子，継兄弟姉妹関係が円滑さを欠きやすく，親族関係も複雑になるので，元の単親家族単位へと核分裂を起こし易い．子連れ同志の再婚や同棲により形成される混合家族（blended family, reschuffied family）は典型的な例であろう[8]．

したがって，単親家族は，統計上の操作のあり方，国や地域による制度および政策的対応の諸目的に応じて認定方法が異なってくる．実態把握も困難な面が多い．こうした事情も現実に多くの苦難を経験している単親家族に対する社会的関心や理解を少なくし，誤解や偏見や差別も生じやすい．カナダの国勢調査（1971年）による単親家族の規定は[9]，

「年齢に関係なく未婚の子を持つ単親，あるいは21歳以下の扶養子および後見子を持つ男性か女性が構成する家族」である．

これはかなり大まかであるが，さらにこの規定には，夫と妻の両方が揃った家族を「標準家族（normal family）」，単親だけがいる家族員達の構成する家族

を「欠損家族（broken families）」とそれぞれ称すること，およびこれらの家族はその世帯主（head）が何らかの理由で配偶者と離別や別居または死別したり，あるいは未婚のままでいる男性か女性である家族が含まれるとされていた．

　実際には複雑多様な形成理由やプロセスや生活内容がみられるが，単親家族構造がその形成以後の家庭生活に影響を及ぼす共通のいくつかの条件特徴を考察しているカナダのJ・スプレイ（J. Sprey）[10]によると，(1)片方の親がいないという事実は，残されたもう一方の親に手段的および情緒的役割上の義務を果さねばならないという点で重圧となる，(2)単親家族構造は社会のまだマイノリティ構造であって，一般的規準からの逸脱とみなされ→単親構造家族のニーズに対する社会的不備により→「配偶者のない親」による家族形成は社会病理的なものとみなされる，(3)単親家族は，親が再婚すれば消滅する一時的状況でもあり，再婚による制度的解決が可能である，(4)奇妙で中途半端な立場は社会的汚辱（stigma）の対象とされやすく，ことに未婚母や離婚者には道徳的逸脱者というレッテルをはられやすくことに両親揃った無傷の家族が，子どもの育成や円滑な家庭生活のために正常で望ましいとみられるかぎり，社会的不備やスティグマ状態は変わらない，(5)単親家族に対するスティグマは単親の負担をいっそう重くし，単親状況は社会的に特殊な批判的状況の結果として，家族生活に質的変化をもたらす場合が多い，(6)単親家族に対するスティグマは二つの観点から与えられる．すなわち(a)片方の親の欠如……構造的・機能的弱体と問題性を潜在させている，(b)単親という地位に対する偏見……単親になるプロセス，原因，パーソナリティなどが影響する場合も多い．しかし，これら二つの特徴は，人種，階層，宗教，家族規模などの他要因との関連によって異なり，スティグマもそれによって変化する，(7)単親家族は，家族機能に必ずしも否定的影響を及ぼすわけではない．それは社会的，個人的な代替機能（社会保障，育児保護施設，コミュニティサービスなどとの関わり合い）によって減少・中和され，円滑化される状況にあるといえる．

第3節　単親家族増加とその背景

(1) 単親家族の推移

　カナダ全土の今や10家族に1家族は単親家族であり約63万7千の単親家族に85万人の子ども達が属し，そのうち母子家族が圧倒的に多く83％で父子家族は17％である．統計上の推移をみると，1966年までは両親家族の全家族中に占める割合の増加率の方が高く，子どもの多くは両親家族に生活していた．しかも，単親家族は主として戦争や病気により配偶者と死別した平均年齢50代半ばの母子家庭であった．1966〜71年にかけて急速に大半が女性である単親達の若年化（younging）が進み，増加率も両親家族10.5％に対し単親家族はその約3倍の28.8％であった．さらに目をひくのは1970年代だけに実際50％も増加したことにより60年代初期と比べ実に2倍にと膨張したわけだ．その直接的原因は若年世代の幼児のいる離婚や別居，そして自分で子どもを育てる未婚親が増加したからである．ちなみに，1971年の国勢調査結果をみてみると，当時単親家族は，カナダ全家族数507万の約9.4％に相当する47万8千余であった．その配偶関係からみた形成原因別割合では，死別が約半数弱でもっとも多く，次いで別居3分の1，離婚12％，未婚親8％弱であるが，いわゆる全生別合計が死別をしのいで半数以上を占めること，とりわけ別居が生別の中でもっとも多いのは注目に値する．[11]

　また，オンタリオ州の1976年の統計によると，[12]同州には当時約20万2千余の単親家族（全家族の9.6％に相当）に36万7千人余（全子ども数の11.8％に相当）の子どもが属しており，その子ども達の3分の2の約25万人余が18歳未満の子ども達であった．6〜14歳の子ども達は38.3％でもっとも多く，6歳未満の幼児は14.2％であるが，いずれにしても，単親家族の子ども達の半数以上は親の養育に全面的に依存せざるを得ない幼児や就学児童である．このオンタリオ州の単親家族は83.2％が母子家庭である．形成原因別割合をみると，別居30.9％，離婚20.1％，遺棄等5.1％，未婚親6.9％で死別は37％である．

ここでも家庭崩壊による生別が半数以上であり，未婚親を含めると単親家族の実に6割以上になる．

ところで，別居による単親家族はとくに法規あるいは宗教上の制約などとの関連もあって，ヨーロッパのいくつかの国々とはいささか趣が異なり，カナダや合衆国に特徴的といえようが，統計上その実態は把握しがたく，また実際にも曖昧な家族形態であろう．カナダでは概して離婚に先立つ条件または理由として，あるいは冷却，和解のための期間として，別居が法的に制度化されていることにもよる．したがって別居は法的には依然として結婚しているが実際には準離婚ないしは潜在的離婚ともみなしうるものであり，別居期間は長い場合も短い場合もあるが，いずれにしても，和解か離婚に至るプロセスである．別居単親家族の数は流動的で統計上把握し難いが，一応ヨーロッパのイギリスや西独と異なって離婚のそれより別居のそれの方が割合が高い．カナダでは別居単親家族が71年にはほぼ16万余であり，70年代後半には約12万5千ほどに減じた．改正離婚法の浸透などとの関係から別居から離婚へのプロセスが簡易化しテンポが速まって別居単親が徐々に減り，離婚単親が徐々に増えてきたといえるだろう．

次に，母子家庭と父子家庭の比率では，母子家庭が圧倒的に多く8割を超す(1971年)．以前から母子家庭に主たる照準が当てられ，父子家庭については概して関心や認識が薄く実態もはっきりしなかった．カナダでは合衆国と同様，60年代後半から妻の家出や蒸発により遺棄（desertion）された父子家庭が増加したが，1971年には1966年以降40％も増えてほぼ10万家族であった．オンタリオ州の場合はどうかというと，母子・父子家庭ともに実数は増えとくに母子家庭の増加は著しい[13]．1971年の母子8割，父子2割で1976年になると母子83.2％へと増，父子16.8％へと減である．

アメリカ合衆国でもカナダをむしろ上回る父子家庭の増加傾向が70年代初期にみられたという．1970〜1973年の間に死別以外の父子家庭はほぼ80万7千から97万1千世帯へと約20％も急増したが，その背景には妻による夫や子

どもの遺棄の増加がある．以前には遺棄といえばアメリカでは"貧乏人の離婚"と称され，主として父親が妻や子供を家に残して自分が家出・蒸発というのが当たり前だったが，今やその逆の現象なのである．

　また，1971年には全カナダに3万3千弱の非嫡出出生があり全出生児数の9％を占めた．この約半数が母親の手許におり，いわゆる未婚母家族を構成していた．[14] カナダ全体に関する統計が手許にないためオンタリオ州の未婚母の統計的推移をあげてみる．1968年～1977年の10年間にオンタリオ州では約9万1千人弱の婚外出生児数があり，うちピークは1970年であった．この非嫡出が全出生児数に占める率は，1964年に4.7％，73年に6.7％に，77年には1970年ピーク時の7.6をしのぎ7.8に増加した．この婚外出生は，20歳未満の10代の女性に比率が高いといわれる．たとえば，19歳以下の未婚女性による出生率が全非嫡出出生中1964年の48.1％から1973年には55.7％へと上昇した反面，20～24歳層のそれは34.7％から29.5％へと低下した．25～29歳層ではあまり変化はなく10.3％から10.2％であった．全般的趨勢として，非嫡出出生は1970年をピークに74年頃まで減少し，以後漸増しているわけだが，一方未婚母になる女性の年齢も若年化，とくに10代に増えている．一方，未婚母が子どもを養子や里子に出さず，自ら手許で育てる傾向が増したことはきわめて大きな変化だ．1960年代末には，未婚母で子どもを手許に置くのは僅か3分の1であり，出生数のピークである1970年代初頭で約半数に増え，1977年ではすでに88％に増加した．かつては偏見，スティグマ，差別などの対象であり，そのため婚外出生児を人知れず養子や里子に出さざるを得なかった未婚母は，今日では非嫡出児の法的保護の推進，未婚母や非嫡出子に対する社会の人びとの意識変革とスティグマの減少，各種の社会福祉援助やサービスの向上などにより圧倒的多数が自分の手許に置くことが可能になり，期間の長短にかかわらず単親家庭形成と増加の因をなしている．

(2) 離婚の増加

次に離婚についてであるが，B・スレシンジャーの分析によると[15]，カナダで1972年に約3万2千組の離婚があり，3万7千人の子ども達が"Children of divorce"となったという．1970～72年の3年間に10万6千人の子どもが（統計上では普通16歳未満）9万1千組の離婚に含まれていた．1972年に成立した離婚のうち56.6％に当る約1万8千組に子どもがおり，約7千組に1子，1万1千組に2人以上の子どもがいた．子ども達の半数は1950年以前の結婚による，5分の1が1953年以前の結婚による出生である．子どもの親権者は72％が母親，13％が父親で，分担親権が6％であった．1973年には3万6千余組の離婚があり，その57％に4万2千余人の子どもが含まれていた．1969年の離婚の55％に子どもがいなかったのに比べ子持ち夫婦の離婚は徐々に増加して今や子どものいない離婚よりずっと多くなった．

オンタリオ州のみの統計では[16]，離婚率は1921年の人口10万人中3.3人から1976年の224.9人へと増加した．同年の結婚6万9千余で離婚は1万8千余であり，結婚4に対し離婚は1に当る．離婚は通常結婚持続年数5～9年が約3割弱でもっとも多く，次いで多いのが10～14年の18％である．しかし，1～9年が全離婚の45％を占めており，結婚持続20年以上では離婚のチャンスは著しく減り，結婚持続期間が長くなるほどそうである．また，結婚と再婚との関係をみてみると，平均結婚年齢は僅かずつながら50年前より若年化し，1921年の女性25.9歳から1976年の25.1歳になった．ただし，平均初婚年齢は1941年の女性24.2歳から1976年には22.8歳と低下しているから，平均結婚年齢が僅かながら上昇傾向にあるのは，離婚者や死別者による再婚が増えているためと思われる．

ちなみに，オンタリオ州では1941年に[17]，初婚者は女性が99％，男性が98.7％であった．これが1976年には女性82.8％，男性81.9％へと減少している分再婚者が増加している．再婚者の類別傾向では，1951～1976年までの間に死別者の再婚率は男女ともに減少してきた反面，離婚者の再婚率は男女共に

増加し，とくに1970年代に入って60年代初期より倍増しており，1976年には，全結婚者中再婚者の比率は男性14.5％，女性13.1％であった．

　離婚増加には種々の背景や要因が考えられようが，カナダでとくに直接的な重大な影響を与えたのは，1968年の改正離婚法（Divorce Act）であろう．もともと60年代中頃より逐増しつつあった離婚は，改正離婚法により離婚許可理由と拡大と結婚破綻主義の新導入がなされたことにより，翌1969年には飛躍的な急増ぶりを示した．オンタリオ州の離婚率は1968年の（人口10万人中）69.3が69年には一挙に160.4に，実数でも2倍以上に急増したがカナダ全土でもほぼ共通した現象であった．

　ただし，離婚率は豊かさや繁栄度や地域性との相関がみられ，全般的に増加はしているものの地方は大都市に比べほぼ半分と低く，地域では経済的成長の遅れがみられる大西洋側のニューファウンドランドやプリンス・エドワード・アイランドが他州との比較ではもっとも低い．それに反し，経済的に好況なブリティッシュ・コロンビアやアルバータは，群を抜く高い離婚率がトップを占める．両州は1976年に既に離婚率はそれぞれ333.7と309.9で他を圧していたが，1980年にはそれぞれ355と365にまで増加した．オンタリオは1976年の224.9が1980年にはほぼ255に上昇したが，全国平均離婚率とほぼ一致し，ノバスコシアの265に次いでカナダで4番目に高い．

　こうした離婚増加傾向は，独りカナダだけの現象ではもちろんない．合衆国はなおさらのこと，西欧諸国も大同小異の現象に直面している．これは直接的には離婚に関する法的規制が各国でより緩和されてきたという事実，とりわけ60年代から70年代に覇を競うように相次いだ各国での法改正と相関する（これについては更に後述する）．1977年離婚率がカナダでの結婚1,000のうち2.4であったが，デンマーク2.5，英国2.6，ソ連3.4，合衆国は5ととびはなれて多かった．

　元来カナダの離婚率は他国に比べ伝統的に低かった．第二次世界大戦後は戦中の多くの速成婚が破綻するなどにより離婚率が上昇した．戦後は人びとが自

分の家族の安定や繁栄に躍起であったが，その後やがて生活が安定し経済的繁栄が進むにつれ，人びとの異なった"生活の質"（qualily of life）志向がはじまった．カナダの社会的，文化的，個人的側面の要因変化の相互影響が離婚促進の基底にある．それらを概略的にあげてみよう．

　社会的要因………産業化の進展，経済的繁栄，大都市とくに西部の繁栄地域への人口集中，高度消費と使い捨て傾向，社会保障による生活や保育に対する制度および政策の対応促進がはかられ，種々の社会的キャンペーンや権利主張の高揚，女性解放運動と浸透，若い母親の就労による家庭生活の浸蝕，女性の職業志向が結婚を妨げる，など．

　文化的要因………宗教的制度とその影響力の傾斜，伝統的規範からの安易な離脱，結婚観・家庭観・離婚観の変化と自由で多様な選択的生活観，大衆のニーズに対応する離婚法，家族法の改正，など．

　個人的要因………女性の自立・権利・アイデンティティの確立要求の増大，性の自由化の進展，社会哲学の変化（＝人は不満足な関係につながれるべきでなく，より大きい充足生活のために自ら自由を得る権利があるという考え方の増大），より充実した生活の質への新しい夢と大きな期待や願望，など．

　いささか羅列的だが，これらの要因は，さまざまに相関し合いながら増幅することによって，結婚への期待→失望・挫折→破綻・別居・離婚→敗北感・孤独→新しい生活への夢・期待→再婚といったプロセスを経させるといえるだろう．そしてまた，これらの要因は単親家族発生のための間接，直接的なものともなる．

第4節　単親家族と法——離婚法と家族法

　カナダの単親家族，そして離婚の近来の激増の一因が，離婚法や家族法の改正にあるだろうことは先に少し触れた．それについてここでさらに検討することにする．

　離婚法の改正——離婚数は1968年までは各年女性側からの申し立てが多く，

各年微増しつづけたが，翌1969年になって前年迄のほぼ3倍近くに急増した．とくに妻側からの離婚申し立て数の増加は各年顕著で，夫側申し立て数をはるかにしのぐ．そのもっとも直接的な要因は1968年の離婚法改正による，離婚上の制約の緩和や社会的風潮であろう．つまり「きわめてがっちりとした社会制度であったものを解体させるには幾多の理由がある．すなわち，女性の独立と自己充足，離婚法上の緩和，性的解放の増大，そしておそらくきわめて意義深いのは，変化しつづける社会哲学である[20]」と．

元来，離婚は婚姻との相関から成立し，事実上での結婚生活の崩壊，制度上では結婚解消を法律的に確定宣告することだとされる．カナダの離婚法の確立は，既に1世紀以上昔に遡る．当時の結婚や離婚の理念，あるいは社会のあり方は，今日とはまったく異なったものでもあった．結婚は通常の契約関係ではなく，社会と強度に関わりをもつ契約であるばかりか，深遠な宗教的理念と関わるものであった．カナダ社会が伝統的な西欧文明を分け持っており，宗教がほぼ同質単一の信仰に統一されていた時代には，婚姻の諸事項も深くその宗教的権威に従属し，結婚はかくて終生にわたる一夫一婦制であった．

しかし，今日ではモザイク文化に象徴される多人種，多文化の混在と宗教の多元化がみられ，信教の自由の確立と共に，結婚制度や離婚の位置づけに関する人びとの見解も多様化した．かくて結婚は契約的な意義を強めることになる．さらに個人主義原理の発達や男女平等理念の進展と実現や，個人の主体的な生き方の尊重とともに，個人の不幸や苦しみの結婚生活に終止符を打つ離婚は，必ずしも罪悪とか病理的現象とみなされなくなる．

カナダの「上下両院特別合同委員会」(Special Joint Committee of the Senate and House of Commons) は，1967年に離婚法を検討して，大要以下のような諸前提を含む勧告をなし，1968年に現行離婚法（Divorce Act）が制定された．合同委員会の勧告趣旨をまとめてみると[21]，1）結婚は家族および社会構造の基礎である，2）結婚は本質的に一夫一婦制でかつ終生のものであるべきであり，いかなる離婚法も，その一次的目標として結婚安定の強化をはかるべきで，破

壊をはかるべきではない，3）ただし，破れて回復できない結婚は認め，最大の公正さと最小の苦痛や屈辱で解消されるべきである，4）離婚は，一時的なトラブルの克服や結婚を蘇生させる誘因がなくなるほどに，容易なものであってはならない，5）離婚裁判所は，まず和解の試みをめざす手続きや形式をふむべきである．

　離婚法の改正には，また世界史的な背景として，他の欧米諸国が離婚や結婚に関する法律を性急に軒並み改正したこともあげられる[22]．つまり，「結婚や離婚に関する因襲的道徳が，第二次大戦後あまりにも急速に変化したので，どこの国の立法府もその変化に遅れないことを余儀なくされてきた」[23]のである．

　かくして，1968年の改正離婚法は最高裁判所を通じて統一的にカナダ全州に適用された．改正の主特徴は，(1)有責原理（fault）の拡大——離婚理由の巾を拡げ4理由→7理由へ，(2)破綻原理（failure）の採択——婚姻の破綻（marriage breakdown）と不適合性（incompatibility）を認める，の大要二つである．次にその内容を参考までに挙げてみる[24]．

　1．離婚の根拠（理由）
① 離婚の法的原理
　　a．有責原理（fault）……（guilt, matrimonial offence）
　　b．破綻原理（failure）……（marriage breakdowm, incompatibility, incurable insanity）
　　c．合意離婚（divorcc by consent）
　　d．申し立て離婚（divorce on demand）
② 裁判所で承認される離婚理由
　　改正以前（4理由のみ）……1．姦通（adultery），2．獣姦（sodomy），3．強姦（rape），4．暴行虐待（cruelty）
　　改正以後（新たに3理由を加えた7理由）……5．獣的行為（bestiality），6．同性愛（homosexual），7．重婚（subsequent form of marriage）
③ 破綻原理の採用（裁判官による破綻認定理由……現行法にはじめて適用）

配偶者のいずれかの側の

1．通算3年以上の刑務所留置（imprisonment）……a 離婚申請の計画をもつ5年の期間中，通算3年以上の留置があった場合，b 離婚申請に先立ち，10年以上の刑，または死刑の宣告を受けた場合に，継続2年以上の留置があった場合

2．アルコール・薬物中毒（gross addiction to alcohol narcotic）

3．最低4年間の消息不明（whereabout unknown）

4．一性的不一致（nonconsummation）

5．3年間の別居（separation for three years）……今日，もっとも一般的に用いられる離婚理由である．結婚崩壊ないし結婚破綻を，両配偶者合意により，あるいは一方の側で認めた場合に用いられる．結婚破綻という"非有責"原理を離婚手続きに導入したという理由により，現離婚法のとくに評価さるべき部分とされている．

6．最低5年間の遺棄（desertion）……正当の理由なく，自分が配偶者を遺棄し別居している場合には，別居理由による離婚は不可能なため，自ら配偶者を遺棄した（最低5年間）と認めることによって離婚理由として成立．

1968年の改正以前に，離婚カップルにとり頭痛のたねは，離婚理由が事実上姦通だけという具合であったため，改正離婚法では，離婚理由が相当広範に適用されたことが注目される．しかし，改正後も，統計をみると，姦通と暴行虐待という有責理由の適用がごく普通の離婚への近道である．しかし，3年間の別居の理由は，種々の点でもっとも穏当であり，他の理由より圧倒的に多く適用されている．3年の別居期間の是非は別として．

この現行離婚法は，その内容と適用に対する現状認識と検討が，「カナダ法律改正委員会（L'aw Reform Commission of Canada）」の委託で既になされ，批判的評価と改正への提言から成る研究報告書が刊行されている．その内容は二つのセクションから成る．第一は，1968年制定の現行離婚法の分析と批判的評価，改正のための提言．第二は，離婚と離婚に伴う扶養，子供の養育や処遇を

めぐる問題などに関する試論である．

　同報告書は，現行離婚法を検討して「離婚は必要悪である」と結論した．つまり一般に，離婚法を厳しくすることが家庭生活の解体を防ぐ最大の方法と信じられるが，それは一つには，離婚をしにくくすることにより離婚の発生を減ずることができる，二つには，離婚の発生が家庭生活の安定ないし不安定をはかる確実な指標，等々とみなされるからである．しかし，そうした仮定は「いずれも極度に疑問であり……容易な離婚が結婚破綻を培養するという主張はまったく証明されない」のは，多くの専門家から得た証明すべてが，離婚法と結婚破綻の間の単純な関係を何ら示していないことによる．と同様に，「離婚率が，家族生活の安定や不安定の指標にならないことは，離婚を許さない国々の経験が示している」とみる．[25] たとえば，最近まで離婚が許されなかった（極く少数の例外を除き）カトリックの国イタリアでは，事実上多くの結婚が破綻し，遺棄される妻子があり，他人の妻や夫と婚外同棲する夫や妻が多数いた．また，イングランドのヴィクトリア朝時代は，安定した家族生活で賞讃されたが，その見せかけの背後では，潜在的不幸や争いが絶えなかったのである．表面の安泰と形式の厳格さが，かえって，家族の内実に不安定を潜在させることを例証する．

　そこで上述のような見解から，現行離婚法のさらなる手直しの必要性について，以下のような提言と試論がなされている．18項目の提言をとりまとめてみる．[26] (1)結婚破綻が離婚の唯一の根拠になされるべきこと，(2)一年間の別居が離婚の確証とされること，(3)不治の精神異常は離婚理由か，あるいは別居理由となるべきかの検討，(4)裏切られた配偶者は，別居をして離婚訴訟をするに及ばない，(5)裁判所は例外的事情では，1年間の別居を短縮し，廃止する権限を与えられること，(6)夫婦双方からの離婚申し立て，または合意があれば，6ヶ月の別居が前提となること，(7)和解目的のための短期間の同居再開が，別居期間の中断や終りを意味しないという原理は保留されること，等々である．

しかし，親達に離婚の自由が大巾に許容されても，子どもは離婚や別居の申し立て人ではなく，両親の間に立つ第三者である．両親の離別に際し，親にまったく依存せざるを得ない子どもの処遇は，親達の最大の責務であり関心事でもあり，子どもへの社会的処遇もまた重要な課題である．離別に際し往々にして不幸にみられるのに，「多くの両親達は，互にあまりにも傷つけ合うことに熱中しているので，自分達の子どもを，クラブか人質のように使う．そして子どもは闘争の場になってしまう」[27]のである．子どもの扶養や訪問権等に関して，カナダ連邦と各州との間にギャップや制約があり，一致し難い面もあるようである．しかし，ほとんどの州では，裁判所が特に命じなければ，父母ともに平等に子どもの扶養・親権の資格と責任を与えられる．ただ慣例上，子どもの親権査定（custody awards）に影響するいくつかの原理がある[28]．たとえば，オンタリオ州では，(1)子どもの福祉が最優先する，(2) 7歳以下の幼児の親権は，母親に与えられるのがより普通である．それに反して，何か別の諸要因が欠けた場合には（きわめて稀にある），息子は父親に，娘は母親にいくことが多いようである，(3)裁判所は，10歳以上の子どもの意見を考慮に入れる．10代の子どもの扶養をめぐる争いは，親が子どもの望まない一方の親との同居を強要することができないだけに難しい，(4)兄弟姉妹はたいてい一緒に住むのが普通である．激しい親権争いは，したがって，無駄や不利，そして子どもへの悪影響も大きい，などである．

家族法の改正——オンタリオ州では，1978年5月に「改正家族法"Family Law Reform Act of Ontario"」が成立した．これは，夫婦間や他の家族員間の財産権や扶養義務を規制する法律に対して人びとの関心が増大してきたことに対応するものであった．この法の趣旨は，結婚が夫婦ともに分け持ち，分け合う（財産・責任を）という平等のパートナーシップであること，そして家族員すべての利益を強め助長する社会での家族の役割を固めることにある．その内容を要約して以下に挙げる．

(1) 夫婦財産 (Matrimonial Property)

家族財産 (family assets) の採択——夫婦両方に属する物はすべて平等に分ける．裁判所の立ち合いにより物品に応じて適正配分する．ただしこのシステムは結婚契約 (marrige contract) が存在しない場合のみ有効である．

(2) 扶養義務 (Support Obligation)

a．判事は，両配偶者の年令，経済力等を考慮し，いずれか他方の扶養を命ずること——以前のように夫が一方的に妻を扶養するのではなく必要性に応じて，しかも離別の有責がいずれの側にあるかに拘わらずであり，働く妻は請求できない．

b．未婚の母（父）にも，同棲 (Common law marriage) 後5年以降には，扶養義務を請求できる．

c．扶養支払いを怠れば，給料より雇主は裁判所の命により天引きして支払う．

(3) 住居 (Matrimonial Home)

夫婦両者の合意があってのみ売買・居住が成立する．不当に一方が同意しない場合のみ裁判所が強制する．

(4) 家族契約 (Domestic Contracts)

財産権，扶養義務，育児義務（婚姻中，死別，および離別後の）について，夫婦は少なくともひとりの証人の前で契約書をとりかわすことができる．同棲者は同棲合意 (cohabi tation agreement) に，結婚合意に準じる署名をすれば，制約はあるものの，婚姻関係に準ずる権利義務を保持できる．

単親家族の生活問題

カナダで，単親家族問題に関心がもたれ実態調査や研究が始められたのは，離婚や未婚母の増加が顕著になったことと関連があるが，イギリスよりもむしろ早い時期で，1970年以来であるという．たとえば，D・ガヤット[30]（D. Guyatt）や，カナダ社会開発審議会[31] (Canadian Council on Social Development) などによる調査研究報告（共に1971年）が，単親家族の窮状を明らかにしたことによる．これらは，家族調査，広報，教育，社会活動などに主眼を置く専門研

究機関の支援を受けたり，あるいは連邦政府機関たる行政サイドからの委託研究である。それまでも離婚や未婚母などに関しては個別事項としては，かなり研究されていたようだが，単親家族問題としてトータルにとらえられることになった。

単親家族の直面する生活問題およびそれへの対応として指摘されたのは，たとえばD・ガヤットによれば，(1)経済的ニードが最大の問題——公的援助，母子家族手当，単親家族への税制改正が必要，(2)単親家族問題についての社会的啓蒙と教育，単親家族生活を社会の主流に加え，その孤立と不正な分離を防ぐ，(3)公的助成による保育サービス——単親の自助サービス提供の必要，(4)正常家族と同一機関による公的サービス提供と拡大，(5)行政レベルによる単親家族に関する情報，データ収集——公的援助促進のため，(6)家族崩壊防衛の諸方策の必要性（地域，学校，家庭での性教育，婚前カウンセリング），(7)未婚母に対する育児・養育等のカウンセリング・リハビリテーション），(8)行政政策・地域サービス更改に反映させるための全国的啓蒙組織の結成，(9)情報センターの創成（家族データ収集のため）などである。

次に，カナダ社会開発審議会の研究は，単親の面接による事例研究と数多の単親家族サービス関連機関や団体の検討から得られている。問題対応の主眼点は，(1)雇用——男女の就労上の機会や条件を平等に，(2)訓練と教育——教育への門戸開放，職業や家庭の選択の自由，(3)保育の充実（地域サービス），(4)法的手続き——子どもの扶養・保護についての意義の認識強化，その具体策の検討，(5)家族の生涯教育の充実，(6)地域サービス網の拡充（単親家族サービスのキャンペーン），(7)新しく別居した単親への精神的支援，(8)単親家族の中枢的組織の設立（全国組織），などである。

こうした諸研究と問題提起をもとに，B・スレシンジャーは単親家族問題をさまざま観点から包括的にとりあげ，広く世に問うたフロンティアのひとりである。彼は，"社会五番目の車輪である単親家族"の経済的・情緒的困窮を的確にとらえ，社会的差別や偏見スティグマ，地域社会サービスの不備，子ども

養育上の問題などを指摘し，多くの示唆を人びとに与えた．単親家族を生み出す要因を，民間と行政ともに認識し，対応し，理解し，改善していく必要がある．70年代は，離婚や単親家族形成の現象の激化もさることながら，対応への動きも活発化した．行政サイドの遅れや不備は，自助・互助団体の形成によるヴォランタリー活動やサービスが積極的に補おうとしている．離婚も含めて，教会，ボランタリー組織，行政による数多のカウンセリングサービスが著しく発達し，激しい権利主張を根底とする自助・互助活動がみうけられる．単親自助団体，PWP(Parent Without Partners, 配偶者無き親)とか，OPFA(One Parent-famlly Association of Canada, カナダ単親家族協会)は70年代に会員が著増してもきた．

　しかし，B・スレシンジャーによると，単親家族の生活問題は未だ深刻であるという．[32] すなわち，カナダの全国福祉協議会(National Council of Welfare)の1976年母子家庭問題報告によれば，単親家族の状況は71年の報告内容が今だに妥当するものとみる．要点をあげると，(1)1973年に貧困層は両親家族の12.7％であるに対し，単親家族ではその4倍の53.5％であり，とくに母子家庭は貧困率が高くその59.6％に相当するが，父子家庭ではその14.1％である，(2)1974年，父子家庭の89％が常勤だが，母子家庭では45％であり，41.5％はその主たる収入源を行政からの福祉給付に依存していた．母子家庭の母親のほぼ半数が福祉給付に依存し，福祉給付に依存する人びとの4人に1人が母子家庭の母親である．1971年報告では，福祉給付に依存する全母親の45％が既に5年以上も公的扶助を受けていた，(3)1972年調査では，家賃支払いに，単親家族は収入の27.4％を，両親家族は15.6％を当てる．1974年の持家率は，母子家庭31.7％，父子家庭50％，両親家庭74.5％と差が大きい．部屋借りまたは他家族との同居は，全カナダ家族のわずか1.3％だが，母子家庭では8.1％，貧困家庭では9.2％に達する，(4)1972年の自家用車保有率は，主要諸都市全家族の75.6％だが，母子家庭では19.3％である，(5)単親家族で何らかの形で保育が必要な子どもたちは36万2千人，うち14万3千人は6歳未

満児で，21万9千人が就学児である．

単親家族，とくに母子家庭のとりわけ未婚母子，離婚母子家庭の苦境は大きい．

第5節　単親家族と自助団体[33)]

単親家族の自助団体（self-help pgroup）の存在と活動は，カナダにおいても，他の多様な自助団体同様興味深い．産業化や都市化の進展の中で，諸制度やコミュニティは複雑化し巨大化し，個人主義と核家族化が極度に進展し，人びとのパーソナルな接触・ふれ合い・絆などが著しく稀少になるにつれ，人びとは地域から，諸制度から，友人や家族から，そして自らも疎外されていく．こうした中で，自助団体は，既成の制度が扱いきれない諸問題を扱い，自らのニーズを充たし解決する努力を自ら成すことによって，社会に貢献するものと考えられる．つまり，

自助団体は……，任意自発的な，相互扶助と社会目的達成のための小集団構造である．共通のニーズを充たし，共通の障害や生命損傷の問題を克服して，望ましい社会的・個人的変革をもたらそうとする．自助団体が強調するのは，緊密な（face-to-face）社会的相互作用と成員個々の責任である．情緒的支援同様，物質的援助も場合に応じて行ない，成員の人格的アイデンティティを確立強化する啓発教育を目ざすものである．

かつて大家族や親族共同体，同業組合，労働団体や友愛クラブ，教会，緊密な地域共同体などが果してきた互助機能の衰微や形骸化に伴う代替補充機能を果すべく形成されるのが各種の自発的な自助・互助団体である．

単親家族団体の構造や機能は，地域により僅少な変異はあるものの，こうした自助集団の典型である．地域を基盤に，成員数は15～30人とまちまちな各支部会員が，会合による相互交流と情報交換を通じて相互扶助と啓発をめざす．単親家族に対する社会的偏見や差別やスティグマを取り除くための，あるいは福祉施策の不備や遅れなどを取り除き改善するための社会的啓蒙活動を行なう．

非中央集権制，地域主体制が強調され，成員間の強力な連帯をめざし，さまざまな催しの中で相互に語り合い励まし合い，単親達同志の社会的地位の向上や問題解決をはかろうとする．思想，信条，人種に関わりなく，すべて平等に任意自発的に運営され，専門家や行政の参加はあくまでも助言と支援に限られる．

　カナダには，数種の単親家族団体があるがその代表的なものとしては，「カナダ単親家族協会（One-Parent Families Association of Canada, 以下OPFAと略称する)」と，アメリカ合衆国に本部をもち，そのカナダ支部として活動する「配偶者なき親達の団体（Parents Without Partners, Inc., 以下PWPと略称する）」の二つがある．PWPのカナダ人会員数は過去10年間徐々に増大して今や400支部に6,800人会員を擁している．紙幅の余裕がないため，カナダ独自のOPFAについてのみ簡単に触れる．

　OPFA——カナダ連邦の主に東部地方（オンタリオ・ケベック両州）の6地域，48支部．会員数約5千からなる．構成は，全国的（national），地域（district），支部（chapter）レベルからなり，全般的方針は全国レベルで扱われ，地域レベルは，一定地域内の方策を扱かう．種々の催しや日常のサービス提供活動は地域内の各支部レベルで行なわれる．

　OPFAは，1973年11月に形成され，1975年2月に連邦政府の認可を得て1974年に逆のぼりOPFAの名の下に正式公認団体として出発した．団体は，連邦憲章の下，41項目の協会規約によって活動する単親と子どもの相互利益のために集い来たったカナダ人の単親家族の非営利団体である．具体的活動は，協会内規，政策，活動方針に沿って，各支部単位に多彩に展開されている．それらは，例会の開催，各支部招待講師による講演（法律専門家，ソーシャルワーカー，教師，議員，など），家族活動としてのリクレーション，成人活動として（夕食会，懇親会，ダンスパーティ，など）であるが，各支部の独自性によって趣向が異なる．各支部では毎月会報が発行され，他支部や地方議会などへ送付されている．

　家庭崩壊を原因とする単親家族増加の趨勢の中で，単親達は，生計維持の問

題の他に，仕事と家事の両立，父と母の二重役割負担，精神的苦痛，孤独，性的問題に直面する．また，子どもとの関係の調整，別れた配偶者と子どものあり方に対しての配慮，子どもの養教育上の気遣いなど，問題はさまざまで大きい．再婚が当たり前とされていても，継親との，あるいは継子との関係や対処には種々困難がつきまとう．子連れの単親同士の結婚から形成される混成家族（blended family）などが増えていても，元の単親家族単位に核分裂して再び家庭崩壊する可能性は大きい．

OPFAにみる単親家族の自助活動は，単親家族を社会の中に公正に位置づけ，自立自存の確立から社会に対応させようとする点，ことに身近なレベルで連帯の輪を広げようとする点で，家族変容と危機の今日にきわめて注目されうるものである．筆者は，70年代末からカナダのOPFAには再三訪問してその活動の理念や実践を研究した．アメリカのワシントンDCに本部のあるPWPの本部，カナダ支部も単身訪問し，活動のしくみや実際を離婚や子育ての実態や問題点等も含めて研究した．

注）
1) Wargon, S. T., 1979, *Canadian Housholds and Families : Recent Demographie Trends,* Canada, pp. 23-24.
2) 他に，One-parent Family, Lone-parent Familyなどとも称される．日本では以前の片親家族は偏見的であるとして，現在は単親家族が公的呼称としても一般的である．本稿でも単親家族とする．
3) Wargon, S. T., ibid.
4) "Divorce," in *Macleans,* 1983. 3. 21, pp. 38-44.
5) Ibid., p. 39.
6) Ibid.
7) Schlesinger, B., 1975, *The One-parent Family,* Toronto: University of Toronto Press, p. 3.
8) 子連れの男女の再婚や同棲により構成される家族で，再構成家族（reconstructcd family）とか新拡大家族（new-extended family）などとも称され，単親家族の次の段階として，単親家族問題そして新しい家族のあり方の問題とし

て注目されている.
9) Schlesinger, B., 1975, *The One-parent Family,* University of Toronto Press, p. 155.
10) Sprey, J., The Study of Single Parenthood : Some Methodological Consideration, in *The One-parent Family*, by B. Schlesinger, pp. 48-58.
11) Schlesinger, B., op. cit., p. 156.
12) Provincial Secretary for Social Development of Ontario, 1979, *The Family as a Focus for Social Policy,* pp. 36-37.
13) Todres, R., 1979, Motherless Families and Deserting Wives, in *One in Ten* by B. Schlensinger, University of Toronto, pp. 8-15.
14) Schlesinger, B., 1979, *One in Ten,* University of Toronto, p. 77, pp. 87-91.
15) Schlesinger, B., op. cit., pp. 21-22.
16) op. cit. 12), pp. 31-33.
17) Ibid., p. 39.
18) Macleans, op. cit. 4), p. 42.
19) Vital Statistic for 1974, Ontario, Canada.
20) *Studies on Divorce,* 1975. Law Reform Commission of Canada,
21) Ibid, pp. 97-98.
22) 欧米各国の法改正の例では,スカンディナヴィアでは既に1880年代に人道的な離婚法が導入された.イギリスは1969年にno-fault離婚が認められ,アメリカ合衆国でも過去10年間にno-fault systemが2州を除いて導入された.スウェーデンは1973年に,西ドイツは1977年に,すべてno-faultだけの離婚法が成立している.
23) *Studies on Divorce,* op. cit., p. 14.
24) Ibid., p. 47.
25) Ibid., p. 94.
26) Ibid., pp. 97-98.
27) Lipson, N., 1975, *Guide to Marriage : Divorce and Family Law in Canada,* Toronto, p. 82.
28) David, R., 1979, *Marriage & Family Law in Ontario,* pp. 131-132.
29) Schlesinger, B., 14), pp. 118-122.
30) Guyatt, D., 1971, *The One-Parent Family in Canada,* Ottawa : Vanier Institute of the Family.
31) Canadian Council on Social Development, 1971, *The One-Parent Family,*

Ottawa.
32) Schlesinger, B., 14), p.7.
33) 自助団体に関しては，OPFA および PWP の団体契約，ニュースレター，パンフレット，行事プログラム等を参照にした．また，西村洋子「カナダにおける片親家族協会」『青少年問題』1978 年 6 月号掲載を参照．

第6章　ドイツにおける結婚と家族の生活形態
―― 多様化と個人主義化と脱制度化の傾向

第1節　背　景

　西欧先進産業社会あるいは先進福祉社会では，先の20～30年間に，結婚や家族および家族生活パターンの著しい変化，オールタナティブスの現出や多様化が問題になっている．

　ドイツ（主に旧西独）でも，戦後以降，とりわけ過去の10～20年間に，人びとの，とくに女性達の結婚，家族，配偶関係，出産行動などについての意識や態度は，明らかに変化した．すなわち，戦後および後の奇跡的な経済復興期には，ほとんどの女性のみならず男性達にとっても，結婚や家族は社会・文化的な自明性であり，完成した成人の証として，第一義的であった．とくに60年代には"結婚のゴールデン・エイジ"（Tyrell, 1988）とか，"大きな結婚歓喜"überwältigende Ehefreudigkeit"（Pross, 1971）が統計上にはっきりと読み取れたのである．国民の95％が生涯に1度は結婚し，全出生児の94％が結婚により出生した（Kaufmann, 1975）．家族は大多数の国民の生活基盤であり，60年代を通してまだ家族は唯一妥当な，社会的に適正で法的に合法的な，私的生活形態であった（Tyrell, 1979）．しかし，こうした状況はやがてそれほど明確ではなくなる．明らかに人びとの態度や行動は変わっていった．

　すなわち，伝統的家族（結婚に基づく夫婦と子供の核家族）を大方の人びとは優先させたが，結婚しない同棲，非婚の子供を産み，独りで育てる女性達が増大する．他方では，共住する独り暮らし（Wohngemeinschaft ―― いわゆる同棲関係），独身者としてつき合う相手はいても独立した単独世帯を欲するものも増えている．生活および関係形態の多様化とも見なされるかのような傾向は，婚姻数の減少，離婚数の増加，結婚や子供の出生の延期，増大する子なし家庭および家

族構造の変異形態，世界的最低水準にまで落ちこむ低出生率，離婚や非婚出生を主原因とする単親家族の増加，進む小家族化，高齢化の進展，そして膨大な単独生活世帯の増加などの人口学的趨勢を相伴うものであった．

こうした家族生活形態の根本的な変化，多様化に影響を及ぼしてきた原因は直接的・間接的であれ，地域的・時間的ずれはあったにしても複雑多様である．羅列的にその根拠を挙げてみると，たとえば，経済・消費生活水準の上昇，労働市場の変化，教育様式の拡大や学校システムの改善による教育水準の上昇，メディアの発達があり，それらを背景として身分，階級ないし階層帰属性が肩書きや社会性を残しつつも今日では明らかに役割を減じてきたことがあげられる．

経済的発展はしかし同時にまた慢性的な失業をもたらす．1千数百万の膨大な数に昇る旧東方ドイツ圏の故郷から追放されたドイツ系難民や引揚者 (Flüchtlinge, Vertriebene) をはじめ，諸国からの外国人労働者，政治的避難民，難民が次々大量にドイツ国内に移入した．環境汚染や破壊，ストレス，時間不足，競争行為や業績追求への圧力といった成人の日常生活での特性が増大した．社会文化的環境は非人間的な経験として増大する．すなわち，労働世界での人間らしさへの要請，学校，地域，医療等々の改善要求が声高に語られるようになったことがある．

また家族発展に影響した他の諸要因としては，第二次大戦後の増大する社会の民主化や解放運動，男女両性間の関係における平等性とパートナーシャフト (Partnerschaft)（伴侶性）の進展がある．さらに時代を画する特性として，価値多様性の一層の進展，競合する世界観，伝統的な共同体による社会的コントロールの弱まり，あるいは世俗化・脱教会化 (Säkularisierung) といわれる宗教・教会離れの傾向が進んだことがある．過去の時代（戦前の）の集団主義と対照的に，今日では個人主義いや個人主義志向が広範に浸透し，また人びとの幸福獲得への努力と自己実現欲求がしばしば，自由放任的で責任の回避ともいえる選択の自由・自立性の強調にもなっている (Textor, 1991)．

こうした要因とともに，結婚・家族・パートナーシャフトの変化にもっとも着目されるべき影響をもたらした根源は，女性の生活における変化であろう．先述したような社会・文化的変化のプロセスは，以前は家族だけを人生の課題目標としていた若い女性達に，それにかわり"自分自身を生きる個"(Beck-Gernsheim, 1983) を目ざす人たちが増えたことである．特筆すべき徴候は，有職女性の増加，とりわけ若年女性達の有職志向の高揚であった．政治・経済的あるいは法制的にも過去20〜30年来の家族変化の発動源は主に女性達であり，女性達の意識や態度や行動の変化であったといえる．伝統的に法制的・社会的な規制のもとに，家族や家事だけに負った責任にもはや拘束されることなく，結婚の内外でのこうした固定役割図式の変換を目指したのである．かくして主として女性達による変化への圧力は，ドイツ国家社会特有の複雑多様な政治的，経済的，法律的あるいは文化的な変化プロセスと関係してもいる．それについて概略的に拾い挙げてみる．

まず戦後の急速な経済成長，それと関連する労働市場での地域移動が女性とりわけ既婚女性や母親の就労増加をもたらしたが，その就労率は1960〜91年までに旧西独全体でわずか10％（49％−58％）の増加にとどまる．この間に女性就労者率は20歳以下と60歳以上の減少（就学延長と早期年金生活入り）と，既婚中年層の増大とがほぼ均衡し合う構造転換が生じた．既婚女性や母親の就労は大半がパートタイムとして再び拡大し，今では旧西独の就労女性の3分の1以上がパートタイムで，1972年以来倍増した．

家族と職業に対する女性の態度変化でより重要なことは，60年代初頭以来の教育システムの拡大であり，専門職業教育を受ける女子の増加は，教育による女性の新しい生活世界を可能にした．過去30年間に高等教育修了者は女子の場合3倍増に対し，男子は倍増にとどまる．教育改革の効用はとくに女性に顕著で，教育の女性化 Feminisierung といわれるのもあながち不当ではない (Meyer/Schulze, 1991)．

育児で一時期中断されるとしても，終生の就労を目標とする若年女性達が増

え，自分達の母親達が，職業を結婚や出産前の限られた期間としたような態度をもはや志向しない．意識の問題だけではなく，結婚や家族にだけ経済保障を委ねるならば，老後の社会保障が危うくなることも認識されてきた．増大する配偶関係の不安定さ（離婚件数は60〜90年の30年間に4倍増した）はまた，女性達にとって独立した社会保障を不可欠にする．それを確保する効果的手段は，今までのところ，個人単位の老齢社会保障を基礎づけている，専門有資格の職業をもつことにある（Meyer/Schulze, 1991）．

結婚や家族に対する女性の態度の変化は，何といっても70年代以降の性道徳の自由化，および食料はじめ消費水準の改善などが関連している．女性の性と母性（Mutterschaft）の分離（ピル等を含む避妊手段の発達浸透，避妊知識の普及）によって，あるいは確実な家族計画の可能性が，女性の生活計画の選択性を拡げ，関係形態に選択の幅を広げた（たとえば，結婚や配偶関係をどうするか，子どもを産むか産まないか，子どもの数は……など）ことである．

こうした女性の生産と再生産における著しい自主性，選択性，積極的な自己決定性の拡大に比べ，男性の態度や行動は今日まであまり変わってはいない．大多数の男性達は，円滑な日常生活のためには女性が家事や家族だけに責任をもつことを期待する．それはそのまま，職業をもつ女性達にも，ただの主婦を要求することに通じる．それに対し，伝統的な家事と家族主体の労働スタイル，経済的不利や従属感，あるいは不平等感は，今日の若い女性達にはもはや受容し難いものである．男性に対して平等な関係を期待し，個人の職業キャリアと家族生活を調和させようとする人びとも増加している．がしかし，こうした女性達の生活や視角における明らかな変化にもかかわらず，女性達自身の中にも，かつて50年代を支配していたイデオロギー的な理念像の核——女性が子どもをもつなら，その居場所は家のかまどの所 am häuslichen Herd である——がまだ依然頑固に保持されている（Meyer/Schulze, 1991）のも事実である．

つまり若い女性達にとって，子どものない間働くことはもうすでに自明のことだ．でも母親は子どもが産まれて最初の年は，子どものために，家庭にいて

子どもを自分で育てるべきだという伝統的に保持されてきた旧西独社会特有の理念像（Leitbild）にまだかなり拘泥しているのも事実である．旧西独女性達の家族形成に際しての"母性かはたまた職業か"という二者択一での決定コンフリクトやジレンマ．これは，職業も母性も共に国家政策によって推奨・推進されその両立が当然視された旧東独の女性達にはあり得なかったことであろう．したがって，ますます多くの旧西独女性達が，家族形成の時期（婚姻）を遅らせ，第1子出生を延期するいわば晩婚化晩産化が進んでいる．子なし，就学，就業を選ぶ女性が増え，さまざまな生活スタイルや関係形態を試みうる長い"自分自身の時期"をもとうとする女性達が増えている．

　こうした女性，母親達の結婚や家族に対する態度や価値観や行動の変化は，過去20〜30年間の旧西独社会を特徴づける生活様式の多様化のプロセスと間接的にも関わるものである．結婚，家族，家族生活での多様化のプロセスは，多方面にわたる経済・社会的あるいは文化的な政策や家族政策のあり方の変化のプロセスでもあった．家族を制度として国家の基本的単位として，基本法（憲法）の中に定義づけている旧西独の状況は，ヨーロッパの中でもかなり特異といえる．すなわち，旧西独の家族の概念は，単に社会学的な定義や論議にとどまらない．それはすぐれて国家政策を反映し，法的に強く規制されている．つまり，国家と家族の関係は，基本法・家族法・家族政策を通して定義づけられ，実践されるのである．その背景を簡単にみてみよう．

　家族に関する法律は，本来1900年に制定された民事法典BGB（Bürgerliche Gesetzbuch）の第4編に新しく設定された家族法（Familienrecht）に代表される．この家族法は，当時，他国の民法などと比べて何よりも個人を超越する家族を配慮したという点で，きわめて新しい独自性を有したとされる．この家族法は設定以後今日まで，修正に次ぐ修正を重ねほぼ完全といえる変貌を来たしたものの，家族法のもつ重み，家族が国民の生活に深く関わる基本的理念の表象としての重要性は，今日でも変わっていない．

　今日の家族法は，1949年制定のボン基本法（Grundgesetz）——1990年東西

ドイツ統合により，統一ドイツの基本法となった——に，家族立法上の理念や基盤を与えられている．基本法は，婚姻や家族に関する基本条項を1919年のワイマール憲法から受け継ぎさらに強化した．つまり，ワイマール憲法にもられた結婚と家族の補強，男女同権，母性保護の強調などの諸理念を，基本法はいっそう強力なものにした．いわば「結婚と家族」を国家の特別な保障下に置き，助成を積極化するということである．

基本法は，家族法にその尺度基準を提示し，それに一定の制限を付している．もっとも重要なのは第6条で次の65項目から成る（注：筆者訳），

(1)婚姻と家族は国家秩序の特別の保護の下に置かれる．

(2)子どもの世話と教育は親の自然的権利であり，かつまた，まず第1に親に課された義務である．親の［権利・義務］実行について国家共同体（die staatliche Gemeinschaft）は監視する．

(3)［子どもの］教育権限資格者が［権限を］発揮しないならば，あるいは子供を他の理由から放置するおそれがあるならば，子供は法に基づいてのみ教育権限資格者の意思に逆らっても家族からひき離されうる．

(4)各々の母親が，共同体の保護および看護上の要求権をもつ．

(5)非婚の子どもは，その身体的・精神的発達およびその社会における位置のために，立法によって婚姻の子どもと同等の条件を創出するものとする．

ドイツ連邦憲法裁判所は，基本法6条1項を"価値決定の原則上の規範（Wertentscheidende Grundsatznorm）"と特徴づけて，それにより多くの機能をもたせた．すなわち，まず第一に，古典的な基本法の意義での自由権である．この自由権は，結婚や家族の私的領域性を，国家やその制度の前に保護しようとするもの．さらに，結婚の配偶者の自主独立および自己責任を保証する．第2に，6条1項は，制度保証を扱っている．すなわち，結婚と家族を，生活装置として，また制度として保証する．それには今日の結婚や家族の見解を構成する諸特徴（単婚，婚姻成立の自由，婚姻の法律上の解消など）の保護もまた属している．この制度保証は，結婚および家族が現行の法規（たとえば，婚姻の形態に関し

て）に適合するものであることを前提にしている．したがって，非婚同棲の形はそれゆえに，優勢な法規上の見解によればこの規定のもとには入らない．しかし，部分家族——いわゆる単親家族（Teilfamilien），継親家族（Stieffamilien），養親家族（Adoptivfamilien）は，十分に家族の規定に入りうるのである（Textor, 1991を参照）．基本法6条の規定の意味はいろいろ多くあるが，ここでは紙幅の制約上，省く．

第2節　結婚と家族——変化の趨勢

1　結婚数の減少，晩婚化，脱婚姻化と脱制度化の傾向（独り者の増大）

　生涯持続を想定する生活形態としての結婚や家族の意義は，50年代以降顕著に減退した．全女性の4分の3は今なお少なくとも1回は結婚（Eheschliessung）するといわれる．だが，総世帯数に占める結婚カップルの世帯割合は縮小している．これは結婚傾向の減退，上昇する離婚率，あるいは正式結婚を望まないいわゆる独り者の人びとの増加などに帰因するものである．

　戦後しばらく比較的多かった初婚数は，60年代以降減少し続け，50年代以降90年までにほぼ半減した．60年代初頭の結婚率は離婚率をしのいだが，70年代初頭以降87年までは結婚の絶対数も減少し続け，その後はわずかに増加してきている．

　結婚年齢に関しては，1975年に男性の20～25歳（25～30歳）で22％（60％）が，女性の51％（80％）が結婚した．10年後の1985年には，男性が10％（41％），女性が26％（62％）と男女ともに結婚率が減少した（Vaskovics, 1989）．

　平均初婚年齢をみると，男女ともに上昇し続けている．1960～90年までに，男性は25.9歳～28.1歳へ，女性は23.7歳から25.9歳へと上昇，晩婚化が進んでいる．さらに多様な原因・背景で著増する離婚だが，離別および死別者の再婚志向は総じて減退している．60年代は離婚者の4分の3が再婚したが，1983年には3分の2以下に減った（Cornelius, 1988）．

　また旧西独では，高学歴者ほど低学歴者より，非婚率が高く，また独身にと

どまる率が高い．ただし，最高学歴者はもっとも結婚する割合が小さいと巷間でいわれるのも妥当でないが，最高学歴者の離婚率はもっとも高いし，同様にまた非婚の割合ももっとも高い．高学歴者の非婚傾向は，高中年齢層にもすでに顕著であるが，若年層にも相当顕著である（Bertram, 1991）．

若者達は結婚を急がなくなった．若い女性にとって"できるだけ早く結婚する"ことはもはや重要ではなく，自己の"方向性を見定める"ことがより重要なのだ．女性は，高学歴・高収入の者ほど結婚傾向が減じる．若い女性達にとって，就学・就業の動機と結婚動機はたえず競合するから，経済的独立は結婚による扶養という動機を必然的に減じさせている．

家族関係の変化とともに，結婚の根拠も明らかに変化した．60年代初頭には，女性の92％，男性の86％が結婚を断念することなく実行したが，70年代末にはそれぞれ6割に減じた．同時に結婚の意味についての人びとの意識も変わった．1950年に結婚したカップルは，結婚に意義とか規範の履行などの価値や，型通りの目的を結びつけ，あるいは家族の共同体性や一体性と結びつけ，結婚を目的や連帯の結合体と定義づけていた．結婚して配偶者と"一緒に何かを創造する"という意識や安全性が非常に大切だとみていた（Nave-Herz, 1985）．これに反して，1980年の結婚カップルは，結婚に情緒的な要素と子どもをもつことを優先的に定義づけていた．

結局，今日の結婚の自明性の衰退と結婚の根拠の変化は，愛情，結婚，親性（Elternschaft）の分離分解として特徴づけられるのではないか（Meyer/Schulze, 1991）とみるのが妥当である．愛情，結婚，親性がそれぞればらばらに独立して一体のものではなくなったのだ．60年代初期には，結婚動機の3分の1は，妊娠や子供の出生により，やむなくあるいは急いでしなければならない結婚（Mussehen）であった．たとえば61年には，前年に結婚したカップルの4割にすでに子どもがいたが，75年には2割余に減った．人びとにとって，結婚は子どもの出生や有無と直接的に同一視されるものではなく，子どもはもはや結婚にこぎつける，あるいは固執する根拠や，夫婦間のかすがいとしての意義を

少なくしている．子どもがいても結婚しない同棲を続ける親達がいる一方，長い間子どもを作ろうとしない夫婦，非婚のまま独りで子どもを育てる女性達が増えている．

こうしたいわゆる結婚ばなれ，制度ばなれともいえる現象の根拠は，一つには結婚外の性行動に対する自由化や社会の寛容化が確実に進んだことがあるだろうし，二つには結婚に対する構造的（社会，文化，法的，経済的あるいは宗教的な）強制や圧力が，カップルに対する住宅供給政策や家族政策などによって軽減されたことにもよる．70年代頃までは，非婚カップルが住居を得るのは社会的偏見のためにきわめて困難であった．今日では，家主達は非婚カップルと既婚または婚約中のカップルの別を問わず，住居を提供している（Meyer/Schulze, 1991）からである．

2 低出生率・子ども窮乏化の背景

旧西独では，すでに長年にわたり，ドラマティックな出生率の低下による少子化と小家族化が進行し，高齢化の進展や国力低下への展望からも重大な社会問題・家族政策課題のひとつとなっている．50年代から60年代初めにかけての"家族奨励"時代には，平均的出生数も増加し3人以上の子どものいる家族も多かった．しかし，60年代のベビィ・ブームの後はドラマティックな出生率低下となる．ちなみに1965年には西独女性100人に対し250人の子どもが出生したが85年には120人に落ちこんだ．1972年以来西独の出生率は，死亡者数が出生児数をかなり上回り"人口の存続維持（Bestandserhaltung）の基準をはるかに下まわるまでに落ちこみ，――以前の出生率低下は，戦争の影響などによる危機の時代にのみ生じた――70年代には，産業社会の中でかような現象を現出した唯一の国となる．70年代中葉には世界一の低出生率国，いわば"子ども抑制の世界チャンピオン"（Geißler, Meyer, 1992）へと躍進した．ドイツが人口の再生産を確保するには，独りの女性が2.2人の子どもを産む必要があるという．1989年までに出生率はやや回復，87年の時点で世界チャンピ

オンの座をイタリアにゆずったものの，1989年には未だ，必要な子ども数の64％（旧西独）と74％（旧東独）しか出生していない，と報告されている(Sozialreport'90)．

　出生率の低下は，多子家族（3人以上の子供のいる）の顕著な減少傾向と子なし家族増加傾向の表れであり，とりたてて一人っ子家族増加傾向は見うけられない．その背景は，いわゆる母親の"高年出産"の増大である．母親達の第一子出産平均年齢は，1975年の22.7歳が今日では約26歳に上昇．また，30歳以上で第一子を産む母親が増え，その割合は，1970年の15.8％〜88年の23.4％に増加．出生率低下は結婚年齢上昇の必然的結果であろうが（Meyer/Schulze, 1991），同時に，子なし結婚の増加も関連する．意図的に子どもをもとうとしない結婚は，西独における新しい，増大する意義深い現象である（Nave-Herz 1998 ; Schwarz 1988）との証拠は，現存の少ない統計にも明白である．将来西独の女性の30％は子なしで終るだろうと予想する人口学者もいる．

　若いカップルに対する質問調査（Erler, 1988）によると，3分の1のカップルが，子どもをもつ意志がないかまたはもつことを決めかねていた．子どもをもつのは後でと望んでも，生物学的根拠からしばしば実現が難しくなることを考えると，実際にかなりの数の子なし結婚があるといえる（Nave-Herz, 1988）．結婚すれば子どもができるとのこれまで疑いの余地をはさまなかった行動基準は，もはや家族の"正常なライフサイクル"の確実な構成要素ではなくなっている．いわば，結婚，そして子どもの誕生は，ますますもって個人的自由裁量に委ねられるようになったといえる．とはいえ，青少年に対する意識調査で，約9割の者が親になりたいとして親性の位置価値を肯定している，と同時に子どもは幸福な生活のための不可欠な前提条件ではない，とみている（Shell-Studie, 1982）．また，約8割弱の男女が"子なしの人びと"の方が今日では"子どものある人びと"より幸せなのでは……という意見を示している（Erler, 1987）のは，子育ての負担の大きさを想像させる．

　出生率低下，子ども窮乏化，少子化の原因は，社会・経済的環境の変化・悪

化，法的政策的なあり方，子どもの価値・役割の変化などが直接的にあるいは間接的に，多かれ少なかれ複雑にからまり作用し合う多数の要因があろう．根底には共通する要因があろうが，現に子どものいる家族で多数の子どもが欲しくても断念せざるを得ない家族の場合と，意図して子どもを産まない結婚や子どもの出生を後まわしにする結婚の場合とでは，直接的原因にかなり相違があるといえるのではないか．ドイツでも経験的・理論的にまだ十分に解明されずいろいろに喧伝されている段階だという．しかし，出生数を増加させることは，今日のドイツの多年にわたる暗黙の人口政策，家族政策の重要な課題とみられる．低出生率をめぐってさまざまな政策的対応が試行錯誤的になされてきたといえるが，にもかかわらずあまり効果は挙がらないできたのが実情のようだ．

　出生率低下の社会的背景・原因はマクロな視点では(1)社会的，国家的な制度や設備の充実（社会保障，社会福祉の発達整備）によって，親や老親にとっての子どもの"経済的"意義が弱まったこと……子どもはむしろ消費の対象になる，(2)高い消費水準・消費生活志向や個人的欲求充足に価値を置く生活スタイル志向は，子どもにかかる高い経済的コストによって妨げられる．親のとりわけ母親の活動の自由は，空間的に時間的に制約される．(3)女性の解放と"脱家庭化"による．子どもは……現今の家庭における性別役割分業からみれば……母親を家庭に縛りつける．母親達の就労欲求，自己充足欲求は家庭の範囲に拘束されることで縮限されてしまう．高学歴の女性は往々にして子どもをもつことを断念する，(4)合理化と家族計画の発達．子どもの出生は，啓発教育や避妊方法（ピルなど）の改良や発達で計画が可能になってきた．しかし，中絶をめぐる熱い論議が示すように，家族計画にはさまざまな要因での制約がある．出生行動は全般的に合理化過程にある，とはいえ無知・幼稚な性行動（子供が子供を産む，期待せざる妊娠・出産など）での"非合理化"の局面も未だ存在する，(5)子無し婚に対する社会的寛容性の増加．子どもをもたぬ私的生活（カップルあるいはシングルに対しても）形態に対する社会的寛容性が増してきたことによる (Meyer, 1992)．しかしながらこれに関し，年金政策や老齢福祉面での

問題も生じている．つまり，子なしは，老齢保障における世代間契約（親が子を養い，子は長じて老親の面倒を看る）を侵害するという見解も生じさせる．すなわち"子どもをもたないでいるものは，高齢期に他人の子どもによって養われる（"年金政策の便乗利用者だ"という社会的不公平さも少なからず生じさせる（GeiBler/ Meyer, 1992）というわけであろう．

しかし，多くの女性達が，子どもが欲しくても断念せざるを得ないとか，もっと子どもが欲しくてもあきらめざるを得なくさせる社会環境や経済状況も大きく関係しているようだ．最近とみに明らかになってきたのは，子どものいる家庭の経済状況が，子なし夫婦に比べますます悪化していることである．これはとくに若年の子持ち夫婦に顕著で，悪化する住宅事情，経済不況，就職難・失業などさまざまな悪化要因が，子どものいる家庭を苦しめる．

もともとドイツ人の快適な住居や住環境に対する情熱はことの他強いといえる．アパートであれ，一戸建てであれ，所有非所有にかかわりなく，快適な私的世界を住居に確保現出しようとの努力は並大抵ではない．それを他人に侵されたくないし侵しもしないという社会的態度がある．都市部では一戸建てより集合住宅，しかも賃貸アパートが圧倒的に多い．

若い子どものいる家庭にとくに必要な広い住居は，人口密集地ほど得がたく，結局高い家賃に狭い住居となる．ましてや，通常の家主は，子どものいる家庭には部屋を貸したがらない．うるさい，汚される，周囲に迷惑がかかるといった具合で，多子世帯ほど不利になる．一般に子どもに優しくない住宅環境であり社会環境なのだ．

さらに，今日の子どもは，教育期間が長引き，親元に留まる期間も延び，養教育コストが増大している．公共住宅はことのほか少ない．託児所や保育所の設備環境は少なく，3歳以下の幼児に対する保育施設など非常に欠けている．遊び場も少ない．障害児のいる家庭などはもっと困難な状況におかれるし，多子家族はとりわけ，生きるにやっとの経済状況に置かれている場合が多い．

今日，旧西独では，生活保護受給者が増加し，国民の5％が受給する．また

約200万人の失業家庭に，その約130万人の子ども達がいる．貧困や失業は，大人の自己形成や行動ばかりか子どもに対する教育スタイルに悪く作用し，それが子どもの非行や学業不振，退学などにも導く．崩壊した家族関係にある家族は周囲から嫌われ，警戒され，差別される．経済的悪化は，多額の負債や劣悪な居住状況に導く．家賃が延滞したり，払えなくなれば，より劣悪な住居に移るか，ホームレスにならねばならない (Textor, 1991)．家族の世帯分離への傾向，単独居住世帯の増大傾向の中で，子どもがいる家族，ましてや多数の子どもがいる家族は，居住環境の面でまず疎外されてしまうといえよう．子どもの存在が，自分達の"今"を妨げる，あるいは可能なる離別にまつわるわずらわしさを考えれば，子どもをしかも多くの子どもをもつことをためらい，あきらめる若い世代や女性達が多くなるのも想像に難くないのである．

3 増加する離婚

離婚は，60年代以降ほぼ逐年着実に増加し続け（旧西独）ている．新離婚法制定直後の1978年にはわずか3万2千余件と大巾に減少したが，80年以降急速に増加，81年には戦後最高の約11万件弱に達し，91年には約12万7千件に達した．この傾向を別の視点でみると，1955年に成立した婚姻の12％が，60年のそれの15％が，75年のそれの4分の1が，離婚したとされる．増々上昇する離婚率から推して，おそらく旧西独の全婚姻の40％が早かれ遅かれ離婚するだろうと予想されている．婚姻成立件数の減少に対し，離婚件数は増加しているから，実際には婚姻持続中の人びとの率も減少しているといえる．こうした傾向は，他のヨーロッパ諸国にも共通している (Meyer/Schulze, 1993)．

全離婚の22％が結婚3～5年後に成立し，大都市では年間結婚成立2に対し離婚1の比率になり，若年者の結婚の4分の1以上が早晩離婚に終るという．つまり伝統的な行動様式，結婚や家族生活を規制していた教会法や教会のお説教も，そしてまた西独基本法上の所与性も，もはや結婚の永続には効を奏さなくなり，かつ何ら保障しえなくなってきている．

結局，1977年施行の新離婚法のもたらした容易ならざる効用——破綻主義への変換とともに，配偶者か子どもへの扶養を強化した養育法の規定——が，重大な結果を生むとして，人びとに結婚の喜びをますます減退させる．しかも貧しい結婚から生まれる離婚は，多くの経済的・物理的損失と，心理的・情緒的苦悩やわずらわしさをもたらすから，不幸な結婚を買うようなものとみなされる．だが離婚は減少するどころか増え続ける．

今日旧西独での離婚の可能性は，法律上のみならず，文化的，社会的にも寛容化され受容化されて，成人の人生途上におけるパートナーチェンジを，社会はますます"あたり前"として定義づけるようになって来ている (Meyer, 1992)．今日の離婚の7割は妻側からの申し立てによる．

結婚の満足度についてのアレンズバッハ研究所の調査 (1981年) によれば，今の結婚の満足度は妻の方が夫より少ない (36％：45％)．また西独人口研究所の質問調査で，回答した妻の30％，夫の26％が，1度は離婚を考えたことがあるとし，さらに，再び結婚するとしたら夫の80％は同じ配偶者と結婚するだろうと回答したのに対し，妻は50％にすぎなかった (Meyer/Schulze, 1993)．

ここで，1977年7月より施行された新家族法 (BGB) での離婚に関わる改正内容を参考のため以下に挙げてみよう．

(1) 離婚に際しては，かつての有責主義は廃止され，すべて破綻主義が原則とされる (BGB 1564条)．破綻の推定は双方の離婚申し立て前1年間の別居または3年間または3年間の別居による (BGB 1566-1567条)．たとえ結婚は事実上破綻しているとしても，離婚の結果が夫婦共通の未成年子に不利益または苦難を与えると認定されれば，離婚は法的に許可されない (BGB 1568条)．離婚はすべて裁判所判決による (BGB 1564条)．

(2) 離婚後の前夫婦および子どもの扶養に関しては，共同責任が著しく強化された (BGB 1569-1579条)．その要点は，(イ)扶養規制の新基準は，離婚後の夫または妻の経済的困窮であり，自ら生活費獲得不可能な場合には，他の配偶者

に対し扶養を請求する資格がある．その資格は，㈹育児のために就業できない場合，㈴老齢および疾病により就業できない場合，㈻経済的自立が不可能な期間（一方の配偶者の収入が不十分，あるいはよりよい仕事・職当につくために再教育，あるいは教育継続が必要な場合），等々である．

総じて，離婚理由での離婚は容易になったが，離別後の扶養義務に関する規制は強化され複雑化している．とくに，納税に関し，離別後の扶養義務者に過重な負担がかかる仕組みにもなっている．扶養費支払義務のある一方の配偶者は，高額扶養費を他方の被扶養資格者に支払わねばならない上，その老齢扶助保険料を充当するための高額費用まで追加支払する必要がある．また，事実上別居開始した時点に遡り，独身者並に課税される．結果として，重ね重ねの経済苦に陥り「離婚による経済的不能者」になりうるおそれがある．離婚は結局高い買い物なのだが，離婚は減らない．

離別後，扶養義務者は，往々経済苦や無責任・怠慢などで扶養費支払をしない者（とくに離婚した父親）が多い．その最大の被害者は，幼児を抱えて働くこともままならぬ離婚の母子家庭である．したがって，扶養義務のある父（主に）が扶養費支払を怠る場合には，公的な立替前払い手段により取り立てていくための扶養貸付金（Unterhaltsvorschuss-kassen）制度が，1980年から施行された．適用対象となる子どもの年齢は最初6歳までとされたが，1993年頭初から12歳までと年齢制限が引き上げられ，貸付金持続期間も以前の3年から6年間に延長された．この改善により年間約12万5千人の子どもたちが利することになった（Journal für Deutschland, No1 1993）．

女性の経済力や意識の向上が離婚を容易にしたということもできよう．しかし，反面離婚した母親達，とりわけ母子家庭の母親達は，職業，家事，子育てを独りで調和させていくために大きな負担を課されざるを得ないし，貧困化や心身阻害化のリスクが大きい．また，離婚の結果生じる2番目―3番目の家族も増加するにつれ，ドイツにおける自明の家族像に対する"社会的親性(sozialen Elternschaft)"の問題もクローズアップされてくる（Meyer, 1992）．

第3節　単親家族・子なし家庭・増大する単独世帯

　今日の旧西独の家族および配偶関係形態は明らかに多様化している．とくに，非婚同棲（有子と無子ともに），単親家族，単独世帯またはコミューン的な共同居住，などが，通常の結婚と家族の他にますます顕著になっている．連邦統計局の統計によると，1991年の旧西独には，2,800万世帯があった．そのうち，伝統的な家族世帯（核家族と単親家族）が36.2％で3分の1強．子無し夫婦世帯22.4％，単独世帯34.9％で全世帯の3分の1強を占め，多世代同居世帯はわずかに3.1％．他に非婚同棲世帯が推定で6％を占める（Meyer/Schulze, 1993）．

1　子どものいる家族――低い生活水準

　子どものいる夫婦家族のうち，ほぼ10％がいわゆる2番目家族（Zweitfamilie）――継親家族のこと――である．子ども数は近年減少が続いている．18歳以下の子どものいる夫婦の約半数が一人っ子（51.5％），子ども2人が約3分の1（35.8％），そして8カップル中の1カップルが3人以上の子持ちである．

　母親の就労何如は，子どもの年齢や数にも左右される．若い既婚の母親（35歳以下）の54.4％，中年既婚の母親（35歳～55歳まで）の50.2％は，就労していない．若い母親の4分の1がパートタイム，12.8％がフルタイムで就労している．父親でパートタイムの者はなきに等しい，旧西独の若い母親達の多くは，就労せずに今なお家事や家族に対する責務をほとんど1人で担っているといえる（Meyer/Schulze, 1993）．

　先にも少し触れたことであるが，旧東独は別として，旧西独の既婚女性，とりわけ乳幼児のいる若い母親達の就労率は，他のヨーロッパ諸国に比してもけっして高くないことが注目される．その背景には，1977年に家族法が改正されるまで深く社会にも浸透していた家族法上の主婦権あるいは主婦婚の規定が今なお社会通念に生き続けている，あるいはそれに基づいた家族政策の影響が

あると想像される．

　その法的背景について概略に触れてみる．すなわち，旧法では，夫婦はともに，婚姻による共同生活をし，労働と財産による家族扶養義務をもたされた．かつ妻は，家事労働で家族を扶養し，妻自身の責任（および権利）で家事を行なうこと．妻が職業活動をしうる権利は，婚姻上および家族生活上の義務に支障がない限りにおいて認められた．1949年発布のボン基本法において男女平等が規定され，かつまた1957年に男女同権法（Gleichberechtigungsesetz）が公布されたにも拘わらず，依然として主婦婚（Hausfrauenehe）が，法の主要理念像であった．ゆえに，夫は職業に就き，妻は家事・育児に専念し，夫はそうあるための義務を負っていた．これは戦前から戦後を通じて社会に浸透し，通念化していた．

　しかし，たとえ主婦としての権利ではあっても，伝統的な性別役割分業観を基に，妻が特定の「役割」に固定されることは，男女同権の具体化を妨げることである．妻が職業をもつことは，法律上"消極的例外"として評価されていた．

　そこで，1977年7月1日施行の改正法では，主婦婚の主要理念像を廃止し，夫婦のいずれが家事を担当するか，両者ないし一方のみ職業をもつかどうかは夫婦当事者間の意志のみにまかされて，共働き婚への道が開かれたという経緯がある．しかしこうした女性＝家庭の主婦というイメージは，まだ社会通念としての意味を色濃く残しているし，加えて，子育ての社会環境悪化が多くの母親を家庭に留めてもいる．

　最近とみに論議されてきたのが，子どものいる家庭の収入をはじめとする経済状況が，子なし夫婦や独り者に比べ，著しく劣悪だとの実態である．その原因はまず第一に，若い母親は，子なし女性に比し，子育てのために就労がままならず稼動収入が得られないことにある．児童手当て，税金控除・免除等の利点はあるにしても，実質収入は，子なし夫婦世帯より低いのである．たとえば，1987年の時点での有子若年夫婦の平均世帯月収は2,800マルク，子なし夫婦

世帯のそれは3,200マルク強であった (Meyer/Schulze, 1993).

　住宅事情の悪化の中で，収入が少ない若い有子家族の生活困難は増している．

　今日子どものいる家族での，子どもに関わる問題は多い．頻繁な家族問題は，子どもの行動とか親子関係などに関わるものである．多くの調査研究が示すところによれば，旧西独の子どもの5人に1人が奇矯な行動を示し，うち少なくとも5％の子どもが治療の必要があるという．その原因は往々にして家庭にある．つまり子ども達は，親達の精神心理的な障害の下で，夫婦間コンフリクトの下で，役割の混乱，阻害されるコミュニケーション過程，誤った養育行為などに苦しんでいる．つまり，ほぼ300万人の子ども達がアルコール中毒禍の大人達と一緒に生活している．毎年40万人の子ども達が家庭内暴力による暴行を受け，15〜30万人が性的暴行の対象となる（たいていは父親とか近親者によって）．

　また多くの家族に，親子間のコンフリクトがあり，それが子どもの発達や家族生活に否定的な機能障害をもたらしている．そうしたコンフリクトはしばしば，子どもの学業成績や行動に悪い影響を与えたり，あるいは服装，外出，異性関係，テレビの視聴とか素行振舞いなどの行動をゆがめてしまうのである (Textor, 1991).

　その他見過ごしにできないのがドラッグ禍である．今日では多くの子ども達がドラッグ使用を経験するといわれる．たとえば，バイエルン州では，青少年全体のほぼ10％が，ドラッグを用いており，これは性別にはほとんど差がない．子どもばかりではない．今のドイツでは，さまざまな病的嗜好者が膨大な数に昇ると伝えられる．たとえば，危険な病的状況にある(1)喫煙（190万人），(2)病的過食症者（350万人），(3)アルコール依存者（250万人），(4)薬物依存者（80万人），(5)遊び好き（25万人）であり，10万人がヘロイン等の硬度ドラッグを使用している．またアルコール乱用に費やされる金額は，年間総額300〜800億マルクに達するという．そして総計2,600万のドイツ人が，何らかの病的な薬禍・嗜癖に陥っているのである（出所 DHS）．

その他，60万人の重度障害者，9万人の軽度障害者がおり，その5人中4人が看護を必要とする人びとだという．

2　単親家族――増加する離別・非婚母子家族

単親家族（Ein-Eltern-Familie）は，社会的に"正常な事態（双親揃った核家族）"との対照において，長い間，欠陥ありと特徴づけられるような「不完全家族（unvollständige）」とのラベルを貼られてきたが，すでに長年にわたって増加し続け，今や人口統計学的にあるいは社会学的には，もはや辺境集団（Randgruppe）ではない．旧西独地域で1991年には，18歳以下の子どものいる98万5千の単親家族（全有子家族の13.8％）がいた．その割合は，大都市では25％を超すが，1971年以来，倍増した，その推移をみると，全有子家族中の割合は，1976年（9％），78年（10％），82年（11.4％），88年（13.8％）と年を追うて増加してきた．単親家族の約13％が父子家族である．

この増加の趨勢で，最近特徴的なのは，単親家族になった理由の約3分の2が離婚や別居による生別の結果である，その他，非婚母の母子家族の著増と，離婚を主とする父子家族の増加がある．たとえば，1989年のミクロセンサスによれば（Statistisches Bundesamt, 1989），非婚母子家族は，単親家族中の14.8％を占める．今日女性にとって，非婚のまま子どもを生み育てることは，以前と比べれば，否定的に裁定されることが減ってきたことの表われであろう．非婚出生（uneheliche Geburten）は，1960年以来80年代末までに3分の1増加した．その統計的推移を簡単にたどってみると（Statistische Jahrbücher），1960年には全出生児（96万8千）に対し非婚出生児（6万1千=6.3％）は，15人中1人に当る．1970年には，5.5％で18人中1人と減少する．1980年には全出生児数は大巾に減少して62万人となるが，非婚出生児は逆に増加して約5万人（7.6％=13人中1人に相当）．1989年には，全出生児68万1千人中約7万人弱（10.2％=10人中1人）と実数，割合ともに増加した．さらに最近では9人中の1人が未婚出生児とされる．そして，今や旧西独の全出生児数の減少，結婚の

子が減少する傾向に反し，非婚の子の出生は増加傾向にあり，非婚の母子家族が増加する一要因をなしているといえよう．

　非婚母家族の増大のもっと重要な背景は，婚外子（Nichteheliche Kinder）に対する法的処遇改善との関係である．日本では長年にわたり，婚外子の不当で差別的な地位や処遇をめぐって論議されつつも，未だ婚外子は社会的，法的に受容されていない．ドイツではすでに多年にわたり，法的には何ら婚姻子と差別される根拠をもたなくなっている．

　すなわち，旧西独の婚外子は，すでに1949年に成立していたボン基本法（憲法）の中で（第6条5項）婚姻子との平等とその保証が規定されている．さらに，1969年には「非嫡出子の法的地位に関する法律」が成立し，婚外子を差別する法的，社会的根拠はすべて除去されている．子どもの権利，父親の権利・義務も定められたが，子どもの看護権や養育権は，幼児の場合にはとくに，母親に属するのが通例となされていることも，子どもを自分で育てる単親家庭，非婚母家庭の増加に関係していよう．ただ後になって，この平等性の保証が，家族政策上も平等な処遇となって，結果的に双親家族との不平等性に連なったといえなくもない．

　もちろんすべての単親家族が，こうした生活形態を自由意志で選択したわけではなかろう．しかし，結婚の減少や離婚の増大，あるいは非婚同棲の増加の現象をみても察しうるように，結果的に自分の子どもを独りで育てようと意識的に決心する人びと（特に女性）の数は明らかに増えているといえる．こうしたカテゴリーの単親は，すでに妊娠を知った時点で，自分の相手が父親として子育てに参加しないことを知っている女性とか，あるいは，結婚していようと結婚していまいと相手を失って，とにかく自分の手許に子どもを置こうと決心する女性達である．

　自由意志でパートナーなしに子どもを育てるという生活形態について，単親達の意見を問うたメイヤー等の調査は，明らかにそのことの有益性を示している．つまり，パートナーの意向を顧慮することなく，子どもを立派に育てねば

ならないことは，人間的に自立していることだと，積極的に評価している．また，日常生活での雑事は，すべてパートナーの協力なしにこなさねばならないのは大変だが，同時にほっとした気持ちにもなれる，というわけだ（Meyer/Schulze, 1993)．

かつて単親と子どもから成る家族というだけで，周囲から，そして教会，政治家あるいは施政者側からは，偏見，蔑視，差別視されてきた．それゆえ，単親家族あるいは単親の定義や呼称も，逸脱的要素の強いものであった．ちなみに列挙してみよう．不完全家族（Unvollständige Familie），部分家族（Teilfamilie），残余家族（Restfamilie），半分家族（Halbfamilie），崩壊家族（broken home），非常態家族（irreguläre Familie），構造的解体核家族（Strukturell desorganisierte Kernfamilie）人員不完全核家族（personelle Unvollstandigkeit der kernfamilie），機能的解体家族（funktional desorganisierte Familie），等々．今日一般的に使われているのは，ひとりで養育している親の家族（Alleinerziehende Familie），単親家族（Ein-Eltern-Familie），ひとり親家族（Alleinstehende Familie）などである（Swientek, 1984)．

単親家族は，その形成原因によってさまざまであり，その原因によって生活内容もかなり異なってくる面もいなめない．非婚母子家族は，他の単親家族に比し，たとえ自立のあるいは意図的な結果であるにしても，生活上もっとも困難が大きいカテゴリーであろう．非婚母のほとんどに子どもの養育権（Sorgerecht）が属している．別れた後もなお，相手と子どもの養育権を分担し合っている場合はごくわずかである．

一般に，単親の圧倒的多数が，自らの就業と前父からの仕送りや，一部国家からの助成金（住宅費など）などで生活している．無職の親は，前の相手からの仕送り，失業保険金，失業助成金や生活保護費などによる生計費や児童手当てなどのいずれかで生活している．ごくわずかだが，両親からの金銭援助で生活している若い単親もいる．

単親家族の一般的構造特徴をみると，子どもの数は，いわゆる双親のいる

"標準家族"より少なく，前者の71％，後者の44％が，一人っ子家族 (Ein-Kind-Familie) である (Napp-Peters, 1985)．単親の就業状況では，1989年の時点で，単親全体の58％，非婚母の73％，離婚母の78％が，職業生活をしていた．しかし，全般に単親家族の経済状況は悪く，国民の平均収入をはるかに下まわる．とくに若い単親の場合は，年長の単親と比較しても低く，世帯の実質月収は，前者で1,250マルクに対し，後者は1,800マルクという具合である．

単親家族の母親達の就労率は，結婚している母親のそれより高い．が同時に公的な生活保護 (Sozialhilfe) を受ける単親（主として母親）家族の率は高く，かつまた近年増大している．1986年には母子家族の21％が生活保護を受けていた．かつて生活保護を受けるような貧困な，経済的危機集団 (Risikogruppen) は，伝統的には老齢女性達であり，60年代〜70年代には彼らがその大半を占めていた．しかしこの"貧困の女性化"現象は，もはや老齢女性では縮小し，それに代わって母子家族が貧困の最大の危機集団になっている．

社会の離婚への理解や寛容性が増大の方向にあるとしても，今なお女性の地位や威信や本分は，結婚への近接 (Nähe zur Ehe) いかんでおし計られるのである (Meyer/Schulze, 1993)．したがって，母子家庭の母親達の意図する独り身での自立自尊の子産み，子育てそして生活形態は，現実には，女性であること，独身であること，あるいは母親であることでの種々の阻害要因や差別構造のもとでい縮し，後退せざるを得ない．つまり，労働市場での女性や母性に対する差別，また種々の家族政策面での既婚親をより優遇する政策内容，等々，ドイツにおける単親，とりわけ母子家族は未だ実際には，社会の辺境集団の域を超えてはいない社会変化の過程にあるといえる．

3 非婚同棲（＝非婚生活共同体）

ごく近年，旧西独では，婚姻証明書なき結婚 (Ehe ohne Trauschein) などと称される，いわば，パートナーとの非婚同棲 (Nichteheiche Lebensgemeinschaften) 形態の顕著な増大がある．この非婚生活共同体の増大は，伝統的な婚姻モデル

の社会的妥当性が失われてきたことの証しともみられる（Meyer, 1992）。

　旧西独における非婚同棲者数を査定するのは，統計上困難なことではあるが連邦統計局統計によれば，1972年〜88年までに，13万6,700人から82万人に増大した。また同ミクロセンサスでは，72年〜90年までにほぼ7倍増を示した。1985年の調査で，バーデン・ビュッテンベルク市には当時，14〜65歳の住民のうち約8％が非婚同棲者であり，旧西独地域全体では約300万人に上ったという（Köcher, 1985）。さらに，近年の顕著な傾向は，非婚同棲者の年齢階層別の構成割合に変化がみられることである。

　すなわち，1972年の時点では，56歳以上の中高年齢層が11万8千人（88年には17万4千人に増加）で，非婚同棲の主流をなしていた（注＝いわゆる"Onkelehen"——小父婚あるいはよその小父結婚と訳せようか——で，中高年の寡夫，寡婦や独り者同士が同棲して相互に援助し合うものでかなり以前から慣習化していたとみられる。とりわけ戦争などによる未亡人の家に男性が寄生し共に生活することを"オンケル婚"と称したようである。農業地帯での作男，使用人などの場合もあり，こうした風習が広く浸透して，今日でも高齢者同士の同棲・半同棲あるいは通い婚的な形態はしばしば見うけられ，社会の許容度も大きい）。しかし，こうしたオンケル婚は，高齢化の進展もあって増加してはいるが，もはや非婚同棲の主流年齢層ではない。代わって18〜36歳層の増加が著しい。この若年18〜36歳層は，1972年の8万2千人が88年には106万9千人に増加した。

　この増加する非婚同棲が，正式な婚姻にいたる"通過期（Durchgangspassage）"の現象なのか，あるいは"ためし婚（Experiment Ehe）"なのか，さもなくば伝統的な婚約期が同棲に置換されたものなのか，定義づけは難しい。しかし，1980年に結婚したカップルでは85％が婚前同棲していたが，1970年ではまだ10％，1950年ではわずかに4％が婚前同棲していたという説もある（Nava-Herz, 1984）。これは1980年ごろまでに増加した非婚同棲が，未だ婚前同棲であり，疑似婚約期間的な意味をもっていたこと，あるいは，いったん同棲したら結婚しなければならないMuss-Eheの時代的変化の趨勢を表わしてもい

るといえようか．

　アラベック等の調査（Allerbeck/Hoag, 1985）によると，非婚同棲者のうち，最初から相手との結婚を意図していたのは女性の15％，男性の10％だけであるに対し，全体の80％は，いわゆる結婚前の同棲を望んでいた．シェンク（Schenk, 1987）によれば，「人々は結婚前のある時期に同棲を経験しないで1人の人間と結婚することは，おそらく結婚後間もなく"軽率だった（leichtsinnig）"と思うようになるのだろう」ということは至言かもしれない．

　また非婚同棲の構造的特徴としては，子どもがない場合が圧倒的に多い（非婚カップルのわずか4％だけに共通の子どもがおり，25％が以前の関係で生まれた子どもと同居していた）（Meyer/Schulze, 1994）ことである．また，非婚同棲者の教育水準は平均的に高く，とりわけ女性の場合は，既婚女性より高学歴者が多く，職業をもつ者が圧倒的に多い．

　この非婚同棲という生活形態は，相対的に驚くほどの社会的許容性と寛容性によって，都市から地方への波及という形で，急速に拡散普及している．ここほんの数年前までは，非婚同棲は，"Wilde Ehe ビルデ・エーエ（野蛮婚とか野合婚とでも訳せようか）"として逸脱的に定義されたし，あるいは"不品行者の安息所（Hort der Sittenlosigkeit）"と軽蔑的にみられていた（Meyer, 1992）．しかしもはやそういう汚名は消えて，非婚同棲は増大する自明的で，しかも日常化している実践とみなされるのであり，結婚前のパートナーシャフトは，"もうほとんど規範になった"とも言われる（Hopfinger, 1989）．

　EMNID研究所の報告（1981）によれば，西独市民の70％が"試し婚（Ehe auf Probe）"を支持しているという．非婚同棲の急速な普及と，結婚と非婚が区別がつかないような形の非婚生活共同体は，とくに若い成人達に特徴的である．

　客観的な統計上のデータから推察されるだけではなく，家族に対する主観的な価値評価の変化も同様に多くの調査研究から明らかにされている．それはすなわち，過去2，30年間に，制度・結婚の妥当性や諒解性の消失が明らかに

認められうるということである（Köcher, 1979 ; Schmidtchen, 1984 ; Pohl, 1985）. とりわけ女性達には，伝統的な，家族や結婚に結び付けられた役割に対する懐疑心や不快感の肥大がみうけられる．そして彼女達は，オールタナティブな生活形態の中に，拡大された自由な行動を羽ばたける空間をますます希求し，非婚同棲をより好むようになっているという（Meyer/Schulze, 1992）. 結婚や家族についての60年代と80年代の学生に対する比較調査の結果をみても，結婚や家族の魅力が薄れているのはたしかである．すなわち，未婚学生のうち結婚しようと思う者はほぼ半数にすぎず，既婚学生の半数弱が子どものいる伝統的家族をもちたいとし，4分の1の学生は，結婚は考えないが子どもは欲しいというものだった（Clement, 1986）.

4 独り暮らし

独り暮らし（Alleinlebende），いわゆる単独世帯（Ein-Personen-Haushalte）は，旧西独の全世帯中1950年18.5％が，90年35.1％へ増加した．この割合の高さは他国と比べれば，スウェーデン，ノルウェーに次ぎ3番目に多い．ちなみに，サウディアラビアは0.1％である．独り暮らしは，戦前のドイツにも100万人くらいいたというが，今日では980万人にのぼる．とくに第二次大戦後，単独世帯の全世帯比は急速に増加した．その急速な増大の推移をみると，(1923― 7 ％, 1937―19 ％, 1957―18 ％, 1975―28 ％, 1985―34 ％, 1988―35 ％, 1990―35.1 ％) の具合である．単独世帯の増加は，平均寿命の上昇と国民の年齢構造の変化という二つの要因と密接に関係している．またこれらの人口学的要因の他に，就学期間の延長，結婚数の低下や離婚数の増加なども影響している．

西独全世帯の3分の1を占める単独世帯の7割が女性でうち6割が65歳以上の高齢者である．しかし若い女性や男性の独り暮らしは，結婚や家族のオールタナティブとして好んでいる人びともまた増加しているのである．単独生活者のほぼ3分の1は，本来は特定のパートナーとの非婚同棲のカテゴリーに入るかも知れないのに，表面は独り住まい・単独世帯を構成し"離れて住む同

棲"の形態を取っているという．

かくして今日のドイツは，東西の統一という歴史的大事業を経験したこととも合わせ，あらためて国家と家族，家族と個人の責任分担の調和を家族政策を通じてどう達成していくかが大きな問題であろう．ここでは紙幅の制約から触れないが，ドイツには，国家の広大な社会政策の一端としての家族政策網の中に，教会・福祉団体，自助・互助グループが含められ，さまざまに多彩で強力な家族，青少年，子ども，高齢者などへの支援活動を行っていることは無視できない．

参考文献

König, R., 1974, *Die Familie der Gegenwart,* München: C.H.Beck-Verlag.

Emge, R.M., 1882, *Soziologie des Familienhaushalts,* Ferdinand Schöningh Verlag.

Scheele, M., 1982, 《*Wilde Ehe*》 *oder Trauschein ?*, Wilhelm Goldmann Verlag.

Ihara, T. & Warrer, R., 1982, *Ehe ohne Trauschein,* Rowohlt Taschenbuch Verlag, Reinbek.

Pust, C. & Reichert, P. u.a., 1983, *Frauen in der BRD,* VSA-Verlag, Hamburg.

Marie, E.v. M., 1982, *Zusammenleben ohne Trausehein,* C.h. Beck-Verlag/Deutscher Taschen buch Verlag.

Beitzke, G., 1983, *Familienrecht,* C.H. Beck-Verlag, München.

Swientek, C., 1984, *Alleinerziehende-Familien wie andere auch?,* B. Kleine Verlag, Bielefeld, S. 9-28.

Napp-Peters, A., 1985, *Ein-Elternteil-Familien,* Juventa Verlag Weinheim.

Nave-Herz, R., 1988, *Kontinuität und Wandel in der Bedeutung,* in der Struktur und Stabilität von Ehe und Familie in der Bundesrepublik Deutschland. In: *Wandel und Kontinuitat der Familie in der Bundesrepublik Deutschland,* Nave-Herz, R (Hrsg)., Enke Verlag Stuttgart, S. 61-91.

Limback, J., 1988, Die Entwicklung des Familienrecths seit 1949, in *Wandel und Kontinuität der Familie in der Bundesrepublik Deutschland,* Nave-Herz, R. (Hrsg), Enke Verlag Stuttgart, S. 11-32.

Verband Alleinstehender Mütter und Väter, 1993, *So schaffe ich es allein.*

Meyer, T., 1992, Struktur und Wandel der Familie, in *Die Sozialstruktur Deutschlands,* R. GeiBler (Hrsg), Bundeszentrale für politisehe Bildung, Opladen, S. 283-284.

GeiBler, R. & Meyer, T., 1992, Struktur und Entwicklung der Berölkerung, in *Die Sozialstruktur Deutschlands,* B. GeiBler (Hrsg), Bundeszentrale für politische Bildung, Opladen, S. 284-310.

Textor, M., 1991, *Familienpolitik,* Bundeszentrale für politische Bildung.

Meyer, S. & Schulze, E., 1993, Frauen in der Modernisierungsfalle Wandel von Ehe, Familie und Partnerschaft in der Bundesrepublik Deutschland, in *Frauen in Deutschland 1945-1992,* Helwig, G. & Nickel, H. M. (Hrsg), Bundeszentrale für politische Bildung, S. 166-189.

西村洋子「西ドイツにおける片親家族問題——片親自助団体 VAMV の活動資料から」『ソシオロジカ』3巻2号, 1975年, 67-93 ページ

西村洋子「家族と結婚…西ドイツの変化の様態」『創価大学創立 55 周年記念論文集』1986 年, 489-497 ページ

西村洋子「単親家族問題の国際比較」大橋薫編『福祉国家にみる都市化問題』垣内出版, 1984 年

第7章　スウェーデンの家族と家族政策

第1節　福祉国家と家族

　北欧の国スウェーデンは，人口830万人，世界有数の，豊かさと最高の福祉水準をもつ最先進国として名声が高い．1932年に社会民主党が政権を担当して以来40余年間，ほとんど中断もなく一貫して貧困を減じ，階級較差を無くし，不平等を予防する経済政策と社会政策がとられてきた．第二次世界大戦中は一応中立の立場をとって大戦に参加せず，着々と富を蓄積し，福祉国家体制への礎を営々と固めていった．第二次世界大戦後はとりわけ，大々的な福祉施策計画を発展させたことが，スウェーデンを福祉国家の範型として周く知れわたらせ，やがて，現代の神話化した高福祉国スウェーデン像が，各方面から注目されるまでになった．今後も，スウェーデンは社会保障制度を根幹に，もはや政権の帰趨と関係なく，福祉国家の道を歩みつづけると思われる．

　しかし，しばらく前から，この神話化した高福祉国家，そして世界の福祉制度の最先端に位置してきたこの国にも，経済のかなりのかげり，あるいは福祉政策の矛盾やゆがみがみられはじめたという風評が，あちこちで聞かれるようになった．

　しかし，この国は，周囲の国々や人びとから，神話化され，それぞれ勝手な尺度で，理想化され，期待されすぎたために，次々と模索と試行錯誤が大胆に繰り展げられる福祉政策や制度と，実践との乖離，文化遅滞ともいうべきずれやひずみの現象，経済政策と社会政策のバランスがいささか保たれなかったりすることなどが，それぞれ勝手にスウェーデンを神話化させた人びとの失望をことさら大きくしたともいえる．

　また，社会保障制度の充実がもたらしたさまざまな社会構造や生活様式の変化が，既成の枠や観念を踏み超えてしまったために，われわれの範疇からの逸

脱であり，社会病理現象であると指摘する傾向もあるのではなかろうか．

　それらの批評は概ね，「社会保障があまりにも充実したために，かえって人びとは人間的には不幸で疎外されている」というような見方が多いように思われる．それは，具体的に数え挙げれば，高福祉が生む高負担へのあえぎ[1]，不満，労働意欲の減退，生き甲斐の喪失，若者の怠惰・無気力・失業，非行，アル中の増大，麻薬渦，老人の孤独，等々である．

　さらに，それらを生むもっとも大きな背景として指摘されるのが，男女の平等を根底に据えた家族制度あるいは家族生活の変化であり，結婚や夫婦関係の意味や形の変化であり，成人子と老親間の親子関係の稀薄化，弱体化であろうか．

　自由と平等，自由と社会的コントロール，資本主義と社会主義などの対立関係的なものとせずに，相互保完的にとり入れる，いわば，中道をめざすスウェーデン的あり方は，最適社会のシステム設計と緩急自在ともいうべき長期的アプローチ策とその対応のすぐれたモデルとして大いに注目されることも事実である．しかし，スウェーデンとてけっして，理想的な福祉国家といい難いことも事実であろう．実際，筆者の70年代末3回の訪問での表面的印象でも，何かうるおいや情感が欠けたかなり疲弊した乾いた感じの社会という印象をぬぐい切れなかった．しかし，反面，さまざまな側面で，とくに70年代に次々とすさまじいと形容できるほどに大胆にとり入れられる政策面での対応策，新しい内容をどんどんとり入れていく緩急自在性には，まさに驚嘆させられる．

　このような，まさに高い福祉をめざして，次々と改善され，補強されていく社会政策は，明らかに社会構造を変え，家族や人間生活のあり方を変えて行くことは事実だ．今日のスウェーデンの家族はたしかにわれわれの通念での家族とはかなりかけ離れている．夫婦関係，親子関係，世代間関係にしてもそうであるし，結婚，離婚，同棲，非嫡出，片親家族といった現象や概念は，既成の枠にあてはまらない．離婚，同棲は性の自由を根底にして容易に行なわれ，いわゆるわれわれの範疇での家庭崩壊の現象が障害も少ないままに，社会保障制

度の中に吸収され解消されていく．常に前進向上を続ける福祉実験国といえよう．

　一般的に家族は，私的な領域として，人びとの生活保障を自助的に担う第一次的な福祉集団だと考えられる．とくにわが国の家族は，親族的紐帯をたよりに，貧弱・未熟な社会保障の手がおよばないままに，福祉追求の責任の大部分を担っている．「福祉の含み資産」として，子どもや老人や病人や障害者に対する献身的かつ十全な保護や世話を要求される．そこにこそ，家族や親族の存在と証しがあり，美徳であるとすら考えられる．家族は私的領域であるから，極く僅かな例外以外は自助・自立でなければならないと．それにひきくらべ，スウェーデンの家族は，社会福祉政策の中に組み込まれ，包括的な家族政策で援助，補強される家族である．[2] 極端にいえば，政策如何に左右され変化する．

　スウェーデンの家族が，外部からみて，「核分裂している」とか，「家族崩壊や解体が著しい」，「フリーセックスの悪弊——同棲や離婚」，「親子の情愛の欠如」，等々と評されるのは，他の多くの要因もさることながら，直接的，間接的を問わず家族政策の何らかの影響を示すものであろう．生活水準の高揚を求めつづける人びとのニーズと，それを実現しようとする政策とのかなり性急な応酬の循環，それがもたらす成果と，反面でのずれや遅滞が，混然と今日のスウェーデンの家族に具現されているのではなかろうか．肯定するにしろ，批判するにしろ，いずれにしても，今日のスウェーデンの家族のあり方は，我々に家族という制度そのものの究極の意味や存在を問わせるし，人間の生き方の模さくの最先端を行くといえるのではないか．ともあれ，筆者の研究はまだ緒についたばかりであり，その上，家族に関する具体的制度面での資料は膨大にあっても社会学的な分野での研究資料はきわめて少ない．満たされないままに次の発展を期して，とりあえず資料提供的なものとしてまとめた．

第2節　家族の変化と家族政策[3]

　福祉国家が，家族に対する特殊な援助を推進するには，さまざまな動機があ

る．すなわち，(1)出生率低下による人口縮小へのおそれ，(2)健康の増進をはかる，(3)優秀な労働力を確保する，(4)社会の基本的な制度で，かつ社会的単位として家族を維持する，(5)両親の生活水準および福祉の保護，(6)子どもの保護，などである．もちろん，スウェーデンは，経済，財政，労働市場，教育，家族等の各諸政策に加え，包括的な社会政策自体が，資本主義体系を改善し，不平等を是正していくためのきわめて重要な手段にされている．

家族政策は，1930年代に，子供の出生率を高めるために，異なった子ども数をもつ親達の間の収入格差をなくすために，もとは導入されたものであるという[4]．したがって，家族政策の焦点は，本来子どもに置かれるが，子どもの福祉や繁栄は同様に，その親達を豊かにすることである．つまり，人びとに子どもを何とかして生み育てさせるための方策だともいえる．

そこで，子どもが政策の対象としてまっ先に考えられる場合，子どもをもつ家族の税制政策はもちろんのこと，家族政策の進歩のためには，以前子どもを中心の欠落し，不備であった問題が改めて検討され，分析される必要があった．それらは，(1)保護されないままに放置されていたこと，すなわち，児童労働，婚外出生児，未婚の母であり，(2)人口政策および収入の平等化の手段としての家族政策，(3)男女平等の推進，すなわち，母親と1人の稼ぎ手からなる家族から，同等の地位にある両親および2人の稼ぎ手からなる家族への移行という三つの課題であるとみられる[5]．

ところで，家族が，子どもの扶養の責任を担う生計主体だと定義されるとすれば，その家族は，両親のいる家族，片親だけの家族，養親の家族とさまざまである．また，家族構成も異なっている．しかしいずれにしても，家族政策の核をなす対象は子どもである．両親の条件は，子どもを生むことがどこまで社会的・倫理的秩序に合致するか，あるいは社会に統合されるかによって決まるのである．だから，先述の第一の問題は，いわば，社会的な再生産に関する通念，ないしは一夫一婦制による嫡出の理念の拮抗する，親と子どもにかかわるものである．

第二の問題は，俗にいわれる子沢山の貧乏人と，子なしか子どもの少ない金持との間の拮抗である．両者は，生活水準，金銭，自由，レジャーなどにおいてほとんど相反的である．

　第三の問題は，両親としての責任と，就労活動とを結びつける上での困難さに関するものである．親たることと子どもの出生との間の，あるいは，親たることと就業との間の葛藤や矛盾にさらされやすいのは，男性よりも女性だからである．

　かくして，主として三つの問題を中心とした家族政策は，他の政策と呼応しながら，近年スウェーデンの家族を根底から変容させる直接的，間接的条件ともなったのである．ちなみに，それらを列挙してみると次のようにいえるのではないか．

(1) 家庭単位よりも個人単位の平等をめざす税法や社会保障（職種・賃金・保険・年金などに及ぶ）．

(2) 男女平等を目指す政策．

(3) 女性，ことに既婚，有子婦人の就業による経済的自立と社会的地位の向上（働ける女性は全て働らく→老後の年金は自らの就労に基づいて決まる）．

(4) 1971年，既婚夫婦に対する合算課税の廃止――個別課税の適用．一家庭に2人の稼ぎ手．家庭における夫婦の同一役割分担へ．

(5) 1973年改正の，世界でも画期的な新婚姻法の制定．

(6) 性教育の推進と，1975年の新中絶法制定．

(7) 1977年，改正親子法により，両親の共同親権行使の実現（未婚の親も含む）．

　こうして，さまざまな局面での改革，施策がことに70年代に相次いで推進された．それは，結果的に家族や家庭生活のあり方に大きな変化を与えずにはおかなかった．

　そこで，家族政策のうちの各種保障制度について政策と実践の関係なども交えて検討してみよう．

(1) 児童手当・住宅手当

　スウェーデンの社会保障には，病気，失業，老齢，稼ぎ手の死亡などに対して与えられる公的年金や保険給付が含まれる．他に，子どものいる家庭や低所得家庭に対する現金給付もある．とりわけ伝統的に最も重要な社会保障は，児童手当（child allowance）と住宅手当（housing allowance）である．前者は1948年に導入されて以後，幾度か増額されてきたもので，すべての子どもは，その出生状況のいかんにかかわりなく，満1歳まで一律に年間2,500クローネ（この現行額は1979年1月より＝約14万円弱）の給付を受け，免税の対象とされている．近年ますます出生率が低下し，各家庭の平均子ども数の減少もあって，3人目の子どもからは，増額をという声も大きくなっている．

　現在では多くの子ども達に一定の生活水準を保持させるのは相当困難である．それゆえ，増額要求はもちろんのこと，片方の親が育児のために家庭にとどまる必要が増している．また，両親ともに就労すれば，2人の手取り額とこの増額分との合計が，住宅手当支給を省かせるか少なくさせる糸口になり，子沢山の真の保護になりえない矛盾が生じる．かくして長年論議の枠外にあった児童手当のあり方が，このところさまざまな論議をよんでいる．

　次に住宅手当は，すべての家族が良い住居を確保するために創設され，有子家族，低収入や低生活水準にある家庭に所得額に応じて支給される．勤労収入，子ども数，住宅費の多寡を考慮し，家計収入に即して，政府および地方自治体双方の財政から支給される．今日では，9万人の子ども達のいる45万家族が，家賃や持ち家修復上の支払いのために住宅手当を受けている．離婚や未婚の片親（多くは母）と住む子どもには，年間5,240クローネの前貸し手当金（advance allowance）が保障される．

(2) 両親保険（parents's insurance）

　両親保険は，1974年7月から，まず出産保険図式として充当されたものである．両親保険は次の二つから構成されて出発した．(1) 子どもの出生と関連

した両親扶助給付，(2)病気になった子どもの看病のための扶助給付である．

両親扶助給付は，出産時に，母親が未婚であれ，離婚者であれ平等に一定期間，一定額が支給される．産後の育児休暇に関して1974年に導入された法律はまさに画期的であった．出産後7ヶ月（210日）の育児休暇が，父または母の何れか一方に認められる．その間は，何れか一方の親が家庭にとどまり，育児に専念するが，平常給与の90％（15％は国家財源から，85％は各企業が負担する社会保障税から）が支給される．

また，10歳以下の病気の子ども1人の看護のために，何れかの親が1人で，あるいは交替しながら，年間12日間の有給休暇が取れる．子ども2人なら，15日，3人なら18日取れる．

この両親保険のおかげで，毎年約6千人余の新生児の父親達が，1ヶ月またはそれ以上の育児休暇を取っている．この新しいシステムは，父親達に家庭で1ヶ月ないしそれ以上の期間，子どもを世話する機会を実際に与えようという目的をもっており，一つには母親の就労に支障を来たさないためにも，二つには父親の平等な役割分担助長のためにも有効かつ一挙両得だというわけである．大抵は，母親が2〜3ヶ月間，母体の回復と授乳のための休暇をはじめに取った後に，父親たちにバトンタッチすることが多い．しかし，この育児休暇が多くの父親達の間に抵抗なく普及するには，まだ周囲の人びとの理解の足りなさや偏見の存在もあって，今後もかなり時間がかかるだろうと思われる．しかし，ゆっくりだが，確実にその数は増えつつあるといわれるもののその父親の割合はまだ10〜12％にすぎない．本人が知的専門職であるとか，母親も同じく条件の良い仕事に就いている家族の父親達の方が，一般の労働者家族の父親などより，あるいは年齢の比較的若い父親などが，この出産育児休暇の機会を選択・利用する場合が多いという．

(3) 公的保育制度

公的保育制度の拡充は，家族政策のためには非常に重要な補助策である．

1979年初頭には，保育所（働く親達の7歳までの子供を日中世話をする）は13万4千ヶ所あり，他に7万7千の家庭保育所（地方行政機関が，自宅や公共アパートの一画などで，数名の幼児を預かって世話をする"保母"に給与を支給）が開設されていた．低学年児童のためには，放課後のレクリエーション活動のために，自由時間センターと称される場所が，4万9千ヶ所あり，同様に家族自由時間センターは2万6千ヶ所開設されていた．

これら保育児たちの総計は，スウェーデンの全就学児童数（77万人）とのかかわりから眺める必要がある．これらの中で45万人の母親が就労している．就学前児童の子どもをもつ母親のうち，37％がパートタイム，28％がフルタイムで働いていた（1977年）．保育施設はまだ相当数不足している．議会では，1976年春，向こう5ヶ年間に10万余の保育所の新設と5万ヶ所の放課後センター開発計画を採択した．ちなみに，1975年には全6歳児を対象とする就学前教育が導入された．

男女平等の前提条件は，女性にさらに広範な労働市場が与えられることと，男性が家庭での責任と影響力を分有するためのいっそうの機会を享受することだとの意見が一般的にも，あるいは行政面でも強く大勢を占めてきた．

その実証のために，新たに1979年1月1日からすべての希望する親に対して，等しく合法化された1日6時間のパートタイム就労制がある．これは子どもが8歳の誕生日を迎えるまで持続できるが，金銭的保障はない．その他，新生児の父親に対して，有給の育児訓練の機会も与えられる．家庭と子どもの保育に父母共に平等に参加させ，親としての責任と義務，権利と喜びを与えようとしている．

(4) 家族の姓

1979年に，姓採択委員会（Surnames Adoption Committee）は，姓または家族名を譲受するための新法規を提出した．結婚した夫婦は，今までの自分の姓にとどまることもできるし，2人のうちの何れかの姓を共通の家族姓として選ぶ

こともできる．ただし，2人の元の姓をくっつけて一つの姓にすることはできないが，2人が共通の姓を名乗る場合には，もう一方の姓を，中間の姓（middle name）として用いることができる．夫婦が各々元の姓にとどまるならば，相手の許可を得る必要がある．両親が各々元の姓を名乗っていれば，子どもはそのうちの一方の姓を名乗ることとして，子どもの出生時点で，地域の教区事務所に届ける．そのような告知をしないと，子どもは自動的に母親の姓を名乗るものとされる．子どもは後に18歳になるともう一方の親の姓に変える権利をもつし，異なった姓を名乗る両親の子どもは，自分の家族姓ではないもう一方の親の姓を，ミドルネームにすることが可能だ．こうした委員会提案は，人びとに，父親の姓を名乗るという伝統的なものへの執着とともに，母親にも元の姓を選択させ，子どもに父母いずれかの姓を選ばせるという自由を保持させるものとしてきわめて注目すべきものである．もしすべて実現されれば家族のあり方に大きな影響を与えずにはおかないだろう．

(5) 税制

1970年代の家族政策の根底は，配偶者の経済的独立の原則を確立したことにあるという．まず税制が，1971年には改正され，各配偶者の稼働収入は個別に課税されることになった．これにより，各配偶者は子どもが成長する間でも高い税金を支払う必要も減じ（夫婦合算は高い税率となる），安心して就労することができる．

(6) 扶養

扶養手当と扶養費は，共同親権をもつ親で，長く子どもと住まない一方の親が支払うものである．これは，1978年の秋に，子どもを扶養する義務をもつ人をある程度救済しようというところから議会で採択された．旧法規では，扶養費支払い義務は無条件であった．新しいものでは，子どもを扶養する両親の義務は彼等の経済能力によるとなった．また，各配偶者は，結婚解消後は各々

別々に自分自身で生計をたてるようにしなければならない．ただ長年連れ添った配偶者に対して，相手に自活能力が無ければ一時的に，扶養する必要がある．この法規は，1979年7月から実施された．

こうした，明確かつ包括的な家族政策が，社会政策とのバランスを崩さないよう推進されているが，その影響は是非の評価は別として家族生活の上に大きい．その家族変化の顕著な趨勢は，近年結婚件数が減り，離婚が容易化し，結婚しない同棲が増え，片親家庭が増してきたことであろう．

第3節　結婚をめぐる変化とその趨勢――制度にとらわれない男女の結び付き

(1) 結婚と同棲婚

スウェーデンの人口構成比をみると，1977年には，女性が420万人で，男性の410万人より少し多い．女性は男性より老齢者層に多く，若年層には少ない．また全人口の約4分の1の200万人が18歳以下層である．成人人口の配偶関係別構成比からみると（表7-1），未婚者は男性がほぼ3分の1，女性が4分の1で男性の方が女性より多い．1970年代に未婚者の比率が増し，既婚者は減少している．1970年代にスウェーデンの家族生活と結婚に関するパターンは著しく変わったといわれる．元来スウェーデンでは，産業化が急激に進行した1870～1930年頃は，女性の数は男性をしのぎ，しかも経済的な苦境にあったために，男性の多数は家庭をもつのを遅らせたり，断念した．それにより，未婚女性が多数労働市場に進出することになった．当時は，全成人男女の5分の1が結婚していなかったといわれる．しかし，第二次世界大戦後人口統計学上のパターンに大きな変化がみられた．人びとは若年でどっと結婚しはじめた．結婚者数は1966年（人口1,000人中7.8人）をピークに，以後逐年72年（人口1,000人中4.8人）まで減少しつづけた．しかし，結婚件数は73年には3万8千件，74～76年にかけ4万4千件と再び増加に転じ，77～78年には再度減り始めた．しかし，30歳以上の年齢層では近年増加しつづけている．これ

表7-1 配偶関係別人口割合 (15歳以上)　　　　(%)

	1970年		1977年	
	男	女	男	女
有配偶	61.7	60.7	56.4	54.7
未婚	31.1	23.9	34.3	26.3
離別	3.3	4.2	5.6	12.3
死別	3.8	11.2	3.7	6.7

資料出所　IPF1977：1 Folkmängd 31 Dec. 1977, part 3 SOS.

表7-2 年齢階層別の既婚・未婚の別による同棲者数　　　(%)

年齢	女性		男性	
	既婚	結婚していない同棲	既婚	結婚していない同棲
20 - 24	43	57	29	71
25 - 29	77	23	65	35
30 - 34	90	10	86	14
35 - 39	94	6	92	8
40 - 44	96	4	95	5
45 - 49	96	4	96	4
50 - 54	97	3	96	4
55 - 59	97	3	97	3
60 - 64	98	2	97	3
65 - 69	97	3	98	2
70 - 74	96	4	97	3
75 -	97	3	97	3
Total	89	11	89	11

Source: Swedish census 1975 (SCB 1978:56).
Jan Trost "Unmarried Cohabitation" より転載

に対し，30歳以下の年齢層では低下しつづけている．

　一方，離婚は，1974年には70年の2倍に増加したが，74年から新しい離婚法が婚姻解消に際して発効するようになった．新離婚法については後述するが，74年以来，法改正にもかかわらず離婚は僅かに減じてきている．それと同時に，男女の同棲——すなわち，正式に結婚することなしに，夫と妻として共住すること——が増えてきた．

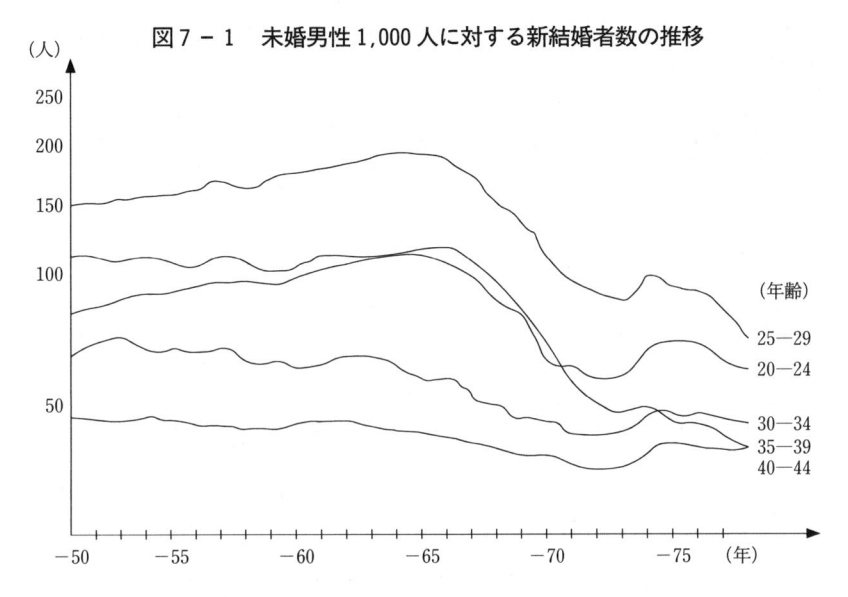

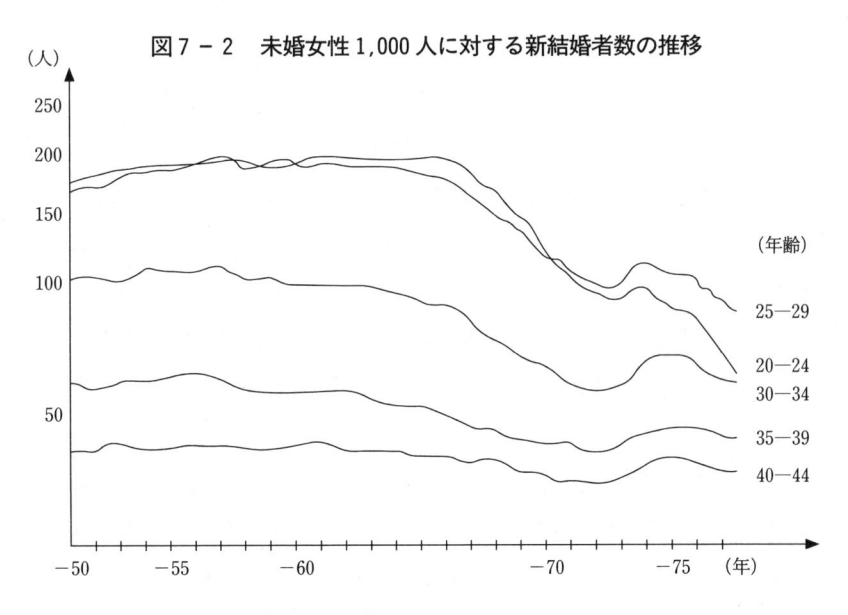

第7章 スウェーデンの家族と家族政策　191

図7-1　未婚男性1,000人に対する新結婚者数の推移

(人)

(年齢)
25—29
20—24
30—34
35—39
40—44

図7-2　未婚女性1,000人に対する新結婚者数の推移

(人)

(年齢)
25—29
20—24
30—34
35—39
40—44

資料出所：Befolkningsrörelsen. Folkmangdens forandringar
　　　　　Befolkningsforandringar. SCB.

表7-3　スウェーデンにおける結婚者・同棲者数（男・女）1965・1975

Age	男			女		
	1965 結婚	1975 結婚	同棲	1965 結婚	1975 結婚	同棲
20—24	17.8	7.7	19.2	39.8	21.7	28.6
25—29	58.6	39.9	21.8	75.3	58.0	16.8
30—34	74.7	64.1	10.8	83.6	73.2	8.0
35—39	78.0	72.9	5.9	84.5	77.9	4.8
40—44	78.9	75.6	4.0	82.9	79.3	3.4
45—49	79.8	75.8	3.3	80.9	78.5	3.2
50—54	78.9	75.9	3.2	76.7	76.4	2.7
55—59	78.0	76.8	2.7	70.2	72.8	2.2
60—64	76.2	75.8	2.1	61.0	65.6	1.8
65—69	73.2	73.7	1.7	50.1	55.0	1.6
70—74	67.7	69.2	1.8	38.4	41.1	1.6
75—	48.6	53.4	1.4	19.7	20.1	0.7
計 20歳以上	68.2	61.6	7.6	66.3	59.5	6.9

資料出所：SCB 1978：56.

　1975年の国勢調査（表7-2）によると，スウェーデンの年齢階級別結婚および同棲の割合については，全成人人口600万人中450万人が男女共住しており（正式婚の有無を問わず），残り190万人中約100万人が単独世帯の住人である．共住者達のうち，正式に結婚している者が89％で，11％もの人達が結婚していない（いわゆる独身の）同棲者達である．スウェーデンの同棲について調査したウプサラ大学のJ・トロスト（Jan Trost）によると，国勢調査に表われる統計は，同棲者達がその事実をまだ秘密にしたがるから，実際の同棲者数より少なく表われているにちがいないことが別の調査の結果と比較していえるようだという．つまり同棲を結婚とみなしたい，あるいはすでに自分達は結婚に等しい状態にいると考える人達が多くいるため，統計に表われる同棲者数は，実際よりかなり少なくなるのだろうと指摘している[6]．

　また，同棲は年齢階級によってかなり変化し，特徴がある．たとえば，統計にも載せる必要がないほど，20歳以前の若年層では，データがきわめて信ぴ

ょう性に乏しく，実際にも同棲や結婚の規定がきわめてあいまいで不安定だといえる．また，20〜24歳層の同棲者の半数以上が，また男性は4人中3人が正式結婚していない．次の25〜29歳層になると結婚していない同棲者の数はほぼ半減し，以後年齢が上がるにつれ，結婚している者が多くなる．それにはもちろん1975年に30歳以上の年齢層にいた人達は，時代的にみて，結婚しない同棲がごく一般的な風潮となった時期以前に結婚していたという事情もある．もともと，スウェーデンでは，伝統的に初婚年齢は他国に比し（たとえばアメリカより）高いといわれる．が，国勢調査の1965年と75年を比較すれば，18〜19歳層の既婚者は10％から1％へと減じている．それだけ近年は若年世代が結婚以前にかなり早くから同棲に入ることがごく当り前になったということのようだ．しかし10代ではまだ同棲自体の数が相対的に少ないし，結婚も以前と比べ非常に少なくなった．反対に，30代以上になると同棲者も減じ，結婚者が増えていくという理由の背景がわかる．

ただし，結婚率は，1976〜78年とそれ以前とを比較してそれほど変化していない．つまり，夫婦に関する状況は以前とほぼ同じであって，換言すれば，各年齢層の同棲者比率はそれほど時代的較差がないという．もちろん，25歳以上の年齢層の同棲者比率はかなり増加したし，この年齢層での同棲者比率が高まると離婚数も激増したのである．また，離婚の増大は，同棲する未婚者カップルの増大を意味することもあり得た．

さらに，同棲は，若年層ほどではないにしても，高年齢層にも多くみられるが，かなりの高年齢層に属する人びとの多くは，同棲も結婚もしていないことが多いという．ところで，何故若年層に結婚が少なく，同棲が多くなるかの理由について，J・トロストが行なった調査は興味深い．同棲を経て新たに結婚した者，現在同棲中の者の双方に対するさまざまな角度からの調査をしている．次にその結果から，めぼしい事項について抜き出し要約してみよう．

まず，同棲を経て新たに結婚した者達に関しては，

(1)同棲を始めた時に，結婚を心に決めた者は男女ともにほぼ3分の1で，

結婚について別に話し合わなかった者がもっとも多く，男性は2分の1，女性は4割強いる．

(2) 同棲期間は，全体の約3分の2が1～3年を経ており，2～3年が3割弱である．女性でも53％は2～4年のかなり長い同棲期間を経ている．1年以下は男女各々10％前後にすぎない．

(3) 何故結婚したかについては，3分の2が何ら特別の事件やきっかけがあったからではないという．通常考えられがちな，子どものことが直接の原因（妊娠，子の養育上）で，結婚にこぎつけたという者は，1割にも満たない．

(4) 男性，女性いずれの側から結婚を望んだかについては，男女各々約7割は，双方共にと答えている．

(5) 周囲の人や，親族からの結婚に向けさせるプレッシャーや影響に関しては，男性の9割は何らプレッシャーは受けなかったが，女性はそれでも2割が結婚にしむける何らかのプレッシャーをかけられたという．また，現在同棲中の男女では，双方がほとんど周囲からのプレッシャーを感じていない．

(6) 結婚による経済的・法的有利性あるいは不利性について，約6割の人が，多少にかかわらず結婚以前に斟酌したことがあるという．

(7) 法改正により，同棲が結婚と同等に認められることになってもなおかつ結婚するかどうかについて，"しなくなる"と答えるのは，僅か10％にすぎない．実に9割は，"そんなことに関係なく結婚をめざす"と回答している．その理由は，結婚が"伝統だから（4分の1）"，"唯一の正しいことだから（4分の1）"であり，その他は，"同一の姓"，"安全のため"に結婚するという者が各々10％程度いる．結局，全体のほぼ6割は，いわば伝統やしきたりという既成の枠内で結婚をごく当たりまえのものに意識し，実行するようである．

(8) 多くの者が，宗教上の手続きを経て結婚するにもかかわらず，宗教的理由で結婚を考える者はほとんどいないのも著しい特徴である．

(9) 結婚後は結婚前よりも将来に対する確信や安全を感じるかどうかに関しては，否定するものが男性の約半数，女性4割である．肯定は，"法的に"と

か"情緒的に"が目立つが，前者は女性の3割が肯定し，女性より男性が少し多いが男女共にほぼ2割が，"情緒的に"と答えている．"子どものためによい"のは僅か1～2％にすぎない．しかし，結婚前，ほぼ9割が結婚により何らかの変化があるとは思っていなかった．

次に，現在同棲中の男女の結婚との関わりについての意識をみてみよう．

(1)将来結婚するとすれば，ごく普通の理由は，生まれてくる子どものためである．男性が約3分の1だが，女性は約半分が将来の結婚の動機を子どもだとみている．ここでは，結婚の動機に，伝統はあまり問題にならない（男女ともに約6分の1）し，法的，経済的，社会的理由もそうである（6分の1）．そして，プレッシャー，実際的理由，情緒的理由などはほとんど関係なしとされている．

(2)結婚に代替する簡単な手続きがあれば，結婚するかという質問には，ほぼ男性の3分の1，女性の3分の1が肯定する．だが，ほぼ2分の1は，手続きは関係ないとしている．

この調査結果なども含めて，結局スウェーデンの結婚と同棲のあり方，意味は次のように要約できるといえるだろう．

(1)スウェーデンは，結婚率が伝統的に低い．代わって，結婚しない同棲の率が世界でもっとも高い率を示し，デンマークがこれにつぐ．

(2)結婚している人のほとんど99％は，結婚前に長短いずれに拘わらず，結婚しているのと同じような状態の同棲期間を経ている．

(3)結婚していない同棲は，同棲の経験者の立場からは何ら逸脱視されていないし，周囲からのプレッシャーはほとんどないと考えられている．もっとも一部宗教団体などに，逸脱視する風潮はある．また，同棲を制裁し，結婚に報酬を与えるような何らかの法律や規則はない．

(4)同棲は，あらゆる社会階層，教育階層に生じる普遍的現象である．同棲関係は，婚約ないし交際（婚前）という一時期だと考えられている．したがって，同棲は，さまざまな文脈から定義される．

(5) スウェーデンでは，デンマークと共に，統計上からみて，結婚していない同棲は，1960年代初頭はもちろん，年代末までは，未だ逸脱現象であった．しかし，その間に同棲が増加しはじめて，1960年代の最後の頃から70年代初頭に，社会的趨勢が変化し，72〜73年頃から，同棲は既にごく当たり前の現象になってきて，もはや新しい"社会制度"といえる状況を呈している．正確には，スウェーデンやデンマークでは，男女のカップルは，同棲を結婚にとって替えたのではない．まさしく同棲するだけなのである．

(6) ごく当たりまえにいうと，人びとは結婚するのが伝統やしきたりだから結婚する．長い間同棲した後結婚するのは，それが伝統だと思うからである．結婚しないとしたら，結婚する理由や利点がとくにないからである．

(7) 結婚する時期は，特別目立った動機や事件があって決定するのではない．子どもの出生や妊娠，育児などが結婚の動機になると同棲中の女性の半分は考えていても，結婚後それを肯定するのはきわめて少ない．

(8) 同棲期間は，結婚してからよりも何かの拍子に壊れやすいのはたしかである．伝統的には，男女が知り合ってから結婚までに，長短にかかわらず，交際期間や，婚約期間があり，婚約公表による同棲期間というような一定のプロセスや手続きがあった．しかし，今日のスウェーデンでは，そうした伝統的なものが，すべて同棲期間の中に含められてしまったともいえる．したがって，

(9) 同棲は，「同棲しているある人達は——とくに極く若い同棲者や，かなり短い時期の同棲者——結婚に至るまでの，緊密な交際関係や婚約関係にある伝統的なシステムの人達と比べそれ以上である，彼等は自分達を，1組の単位と思い，他からも1組の単位とみられる．しかし，われわれが普通に結婚を連想するような，多くの点での伝統的に高度な統合性が，同棲にはない」[11]のである．

(10) 結婚しない同棲と，結婚した共住では，日常生活上にほとんど差は認められない．つまり，事実婚としての同棲は，何ら不当な差別をもはや他から受けないのだ．しかし，しいていえば，日常生活では子どもを保育システムに入れる問題，育児休暇等に関する両親保険の問題，住宅補助，アパートの契約関

第7章　スウェーデンの家族と家族政策　197

係，あるいは，相手が死亡した場合に財産とか年金などの関係で同棲者に不利が生じたりする．が日々の生活の上ではさして大きな差異や不利ではないと考えられる節がある．

(11) 同棲の別離と離婚とは，ほとんど類似の現象とみなされる．法的に差異があるにもかかわらず，人びとの情緒的，実際的，社会的問題に関しては，別離も離婚もまったく同様の感覚で受け取られている．

(12) 結婚前の同棲が，結婚しているような同棲状態でしかも長い期間にわたるものも多い．それゆえ，結婚式にかなりの年齢に達した何人もの子どもを連れて挙式する例は多数あり，もはや逸脱，珍奇なことでもなく，恥にも思われないという．

こうして，20年前には，同棲と結婚は区別され，同棲を逸脱視されたが，今日では，同棲はすでに選択の時期を過ぎ，ごく自然に行なわれる時代になっている．いわば，事実婚として広く容認されている．法律上も差別をなくするため，1979年に，家族法の専門家達が，最終報告を具申したが，これは同棲者達が，結婚していようといまいと，別離したり，離婚書類を提出する際の財産分与だけに限られていた．とはいえ，同棲の定義は，まだ一定しないし，正式婚よりもまだ保護や理解が少ないという事実は，スウェーデン社会にも存在はしているのである．

ともあれ，スウェーデンやデンマークに，70年代にかくも短期間に急激に"結婚していない同棲"が広まったのは，J・トロストによれば，"再生された伝統"[12]の現象なのだという．それは，この国でのキリスト教信仰や教会が，個人の私的生活に及ぼす影響がこれまで他国と異なって一様ではなかったし，かつ私生活が他の国よりも神秘的であったという理由による．つまり，スウェーデン人の伝統的性向は，他人に迷惑さえかけなければ，自分のことは自分で勝手にやるというかなり徹底した個人主義であり，それは，古い諺に曰く"君が干渉ないし妨害をしさえしなければ，君はそれを断念する必要はないのだ"と同じ理屈だという[13]．

ここで，スウェーデンの結婚および同棲状況の歴史をさかのぼってみる必要がある．

すなわち，スウェーデンでは今世紀初頭，結婚していない同棲をしている多くのカップルがあり，とくに特定地域に多くみられた．北部地域のある村では時には，全出産児の半数は，未婚の母から生まれた婚外出生児だったという．未婚の母達は，森林労働者その他の雇用労働者に使われる下女達が大部分で，その同棲は生涯持続することも稀ではなかったし，多くの子どもがその同棲中に出生した．この子ども達は，通常は母親の姓を名乗る慣例にもかかわらず，ほとんど子どもに父親の姓が与えられた．他にも，結婚に先立つかなり長い期間にわたる同棲は珍しくなかった．たいていは，後の結婚が意図されていた．また，日本での足入れ婚に類似するような，ある種のためし婚（trial marriage）とか婚前同棲（premarital cohabitation）が，何らかの理由で行なわれるため，結婚が延期される例もよくみられたという．

また，20世紀に入ると，経済的困窮から結婚しないで同棲する者が多くあり，"ストックホルム結婚（Stockholm-marriages）"と称されたりした．あるいは，19世紀末から20世紀初頭にかけて，宗教上の結婚だけしか許されない事実に対するデモンストレーションや対抗という意味から，"良心結婚（conscience marriage）"をする人達もいた[14]．

宗教上の結婚も市民結婚（civil marriage）も1909年以来共存することになったが，依然として良心結婚なる語は，現在の同棲と称するものを示すのに使われた．そしてやがて1960年代に入り，良心結婚がマス・コミの話題となったりしたが，当時すでに同棲は社会制度としての結婚に対する抵抗やデモンストレーションの意味も付け加えていた[15]．

かくして，スウェーデンの同棲の多さは，伝統を根底に，さまざまな新しい刺激や要因，そして家族政策等も加わった結果であり，まさしくJ・トロストの唱える"再生された伝統"の現象といえるようである．

今日の同棲が，社会的・制度的にさまざまな文脈により，多くの異なった観

点，方法で定義されるので，結婚との間に実生活上はあまり差がないというものの，時により多少の不利が生じて来ることは避けられないようだ．そこで，社会制度的な文脈での同棲定義，あるいは多少の不利性を挙げれば，次のようにいえるだろう．

(1) 若年世代は，結婚よりもまず同棲により家庭を形成するのが一般的である．そしてますます多くの子どもが未婚の両親から生まれている．しかし，同棲未婚者は結婚者と同等の社会保障と保護を享受していない．未婚夫婦が生別，死別すると，一方の配偶者，とくに女性側は予期しない経済的問題で打撃を受ける場合が多い．そこで，まず経済的目的のために同棲している未婚者達は，子どもが出生すれば結婚者とみなされる．この定義は，社会保障立法，学生に対する経済援助資格などの規則でもっとも普通のものである．

(2) 未婚同棲者が新家庭形成のために，政府貸付金 (state loans advanced to established a houshold) から借入する資格については，子どもがいなくても良い．

(3) 生別や死別の場合の財産分配の規則は，同棲未婚者の場合については存在しない．もし，当事者の意志による文書が作成されなければ，この範疇の人びとは，一方の配偶者から結婚により得られる財産分与，あるいは財産相続はありえない．

(4) 同棲未婚の両親は，自分達の子どもを共同親権扶養 (joint custody) しなければならない．これに失敗すれば，母親が自動的に単独親権扶養者とみなされる．また，同棲未婚者達は，一緒に養子をとることができない．

(5) 未亡人年金 (widow's pension) ＝国民扶助年金図式――は，たとえ子どもがあろうとも，死別した未婚同棲者だった場合には受給資格がない．

(6) 未婚同棲者は，配偶者と死別の場合に，生存者に対する補償給付 (conpensation payable to survivors) ＝家族年金図式，集団生命保険，雇用者への集団契約による保険政策など――では，結婚者と同等の保護を享受しえない．集団生命保険では，未婚同棲者のうちの一方の生存者は，結婚者中の一方の生存者が受け取る額の2分の1の死亡給付金しか受けられない．家族年金図式で

の生存者への補償給付は，死亡した未婚の配偶者が地方自治体や私企業の雇用者だった場合，子どもがいても残された配偶者には保留される．

(2) 婚姻法改正と離婚

結婚と同棲，つまりは正式婚と事実婚の区別が日常生活上ほとんどなされなくなった背景のひとつに婚姻法の改正が考えられる．スウェーデンの現行婚姻法は，1973年6月に成立，翌74年1月より施行されている．旧法が1920年6月に制定された当時には，世界のきわめて先端的かつ革新的な内容といわれて半世紀を経た．1973年の改正でさらに超革新的内容が盛られることになった．

結婚の概念は「独立した人格間の任意的な共同生活態であり，各人格の独立性および両者の共同性のいずれをももつ」とされている．男女が互いに，証人の前で結婚の意志を明らかにすれば婚姻関係は成立する（宗教結婚と市民結婚の二つがあり，いずれも手続上のものである）．婚姻に際しては，なるべく他の第三者は干渉を控え，当事者にすぐれて主体性をもたせるようにされている．

さらに，画期的なのは離婚に関する内容の変化である．旧法には，北欧諸国（デンマーク，スウェーデン，ノルウェー，フィンランド，アイスランド）にほぼ共通した離婚理由・根拠が設定されていた．例を挙げると，

- 姦通
- 暴行虐待
- 過度のアルコール飲用および中毒
- 2年間の別居
- 3年間またはそれ以上の重労働の宣告
- 3年間の精神異常
- 別居判決後1年間の分離居住
- 別居判決なしの3年間の分離居住

こうした有責主義ならびに結婚破綻主義（法的別居の義務）は，新法では全廃

され，まさに画期的なものである．一部宗教団体などの反対を受けたものの，スウェーデン大主教の支持を得て成立した．旧法と大きく相違する即時離婚原理を原則として採り入れ，離婚への障害，離婚に伴う不利を少なくし，離婚の容易化を可能にしている．

　各配偶者は，結婚を終結したい時には，何らその理由をあげることなく，離婚を請求する権利をもつ．ただし，制約条件はある．もし一方の配偶者のみが離婚を希望し，他方が反対する場合，あるいは両方の配偶者か一方の配偶者かに16歳以下の扶養する子どもがいる場合には，6ヶ月間の再考慮 (reconsideration) 期間が必要となる．しかし，たとえ一方の配偶者が離婚に同意しなかったり，16歳以下の子どもがいる場合でも，もう既に2ヶ年以上別居していれば，6ヶ月の再考慮期間を置く必要もないとされる．また，いずれの配偶者が違反したかという有責性は，もはや子どもの親権扶養の帰属ないしは養育とは何の関わりもなくなった．

　子どもの親権付与は，子どもの利害関心にとってもっともよいと思われる親の方になされる．ごく公式的な局面からみると，父母双方共に親権を得る条件をもつが，依然多くは母親である．法条項の詳細に立入ることは不可能なので省略するが，要は，婚姻，離婚があくまで当事者中心の独立性を強め，男女平等の権利義務を課し，容易化と徹底した合理化がなされている．離婚理由は不問で不要，手続は簡略で単純，短時日に離婚が成立する．こうした変化は，離婚をめぐる深刻な精神的，経済的葛藤や苦痛，あるいは子どもへの悪影響などを減じることにつながるだろう．しかし，そのためには，他の関連局面での社会保障の支援拡大，離婚後の子どもを中心とする保護や保障を整序するための法的手続きや配慮がよくなされなければならない．あるいは社会文化的な偏見や差別を減少させねばならない．

　とくに子どもがいる場合には，親に対してと同様，離婚の前兆から終焉までのプロセスで，さまざまな問題が生じてくる．スウェーデンでは，離別する夫婦の約3分の2は幼児がおり，子どもの年齢とかかわりなく，とにかく子ども

をもつ離婚者の数はもっと多い．

　J・トロストは，離婚のプロセスには三つの段階があるという[16]．第一段階は離婚前兆期，第二段階は離婚実行期でいわゆる離婚が法的に成立する．第三段階は離婚予後期である．ただし事実経過からいうと，正式（法律的）離婚のみが離婚ではなく，経済の解消が即，別居判決で示される場合もある．別居は再考慮期間（冷却期間）であるとともに，離婚へと一歩踏み出した状態あるいは疑似離婚の状態だともいえる．

　離婚は通常，法的な（正式な）ものだけが妥当すると考えられるが，それには事実上さまざまな問題が生じてくる．たとえば，カソリック教徒などのように離婚が禁じられている場合には，法的離婚はありえないが，事実上の離婚（心理的，情緒的，居住的，経済的関係などの離反）はありうる．

　さらに，男女双方がかなり包絡的な関係で，結婚のような同棲をしている場合にも，いわゆる非法律的な離婚（別離）があり，当事者達には大きな問題となる．スウェーデンのように，結婚のような同棲が普及し一般化している国では，法を伴わない離別が社会的に大きな問題であろう．それゆえ，同棲している男女が同棲を解消し離別しようとする際に，実際的問題を解決する法律を形成する必要がある．ある点では法的離婚に追随するように，婚姻法，離婚法の中にその処遇が盛り込まれるとともに，種々の家族政策や社会政策でも，勘案される．カナダでは，古くからの伝統のままに，今日なお，同棲＝"慣習法結婚（common law marriage）"と称され，何らかの法的保障処遇の対象になっている．

　同棲の法的処遇のきわめて重大な条件は，子どもがいることで，その扶養や親権の帰属が結婚者同様に，同棲者にとってもきわめて大きな問題になる．このことについては後述する．

第4節　男女平等の推進と女性の就業——男も女も個人として共に働く

　家族変化の背景に，男女平等政策の目覚ましい推進，女性の職場進出，家庭での性役割の平等化政策がある．今日のスウェーデンの公共政策および家族政策の基本は，家族を母親と1人の稼ぎ手とからなる伝統的な単位から，2人の稼ぎ手または二つの収入源をもつ単位へと，積極的に変えること，だという．つまり，「男は外，女は内」という男女ともに特別な役割をそれぞれがもった家族から，役割を男女が共有し分有する家族へとパターンを変えさせることである．[17)]

　スウェーデンは，今世紀初頭にもまだ農業中心社会であり，当時は人口の4分の1が都市や町に住んでいたにすぎない．しかし，他国同様，産業化の激しい進攻が，人びとを都市に移動させ，現在の人口のほぼ8割を都市居住者にした．そして移住の継続が，労働市場政策の中心を占めていた．産業発達が必然的に労働力需要を大にした．1940年頃に大きく変化しはじめた人口統計学的パターンは，未婚女性の大半を結婚させ，既婚女性からの労働力補充を期待不可能な状態にしていた．

　したがって，婦人労働力の継続的確保のために，福祉国家体制の確立と推進とともに，女性の家庭と職業両立のための社会保障制度の整備拡充と，日常生活面での男女平等実施が必要であった．

　1960年代中葉から，それまでもっぱら男性に占められていた職業で，婦人労働力の需要が増え，既婚婦人が労働力成長の主要部分を構成することになった．1965～74年にかけ婦人雇用者数は30万人増えたが，男性は3万人減少した．1930年には僅か10％以下を占めた既婚婦人雇用者比率は，1950年に15％，そして今日では60％を占めるまでになった．労働市場の43％は婦人が占め，1970～78年にかけ，婦人雇用率は60～72％に増え，うち7歳以下の子持ち婦人が50～68.5％に増えた．しかしこの70年代に増大した婦人雇用の大半

表7-4　16〜64歳労働力人口の男女比

年間平均　全人口 (pop.)　外国市民 (for.)

	1970	1977		1978	
	pop.	pop.	for.	pop.	for.
男	87.0	88.6	86.9	87.5	86.0
女	59.3	70.6	71.1	72.0	72.8
女（7歳以下の子を持つ）	49.7	66.2	63.2	68.5	67.0

資料出所：Labour force surveys (AKU)

図7-3　16〜64歳雇用者の労働時間調査（AKU）

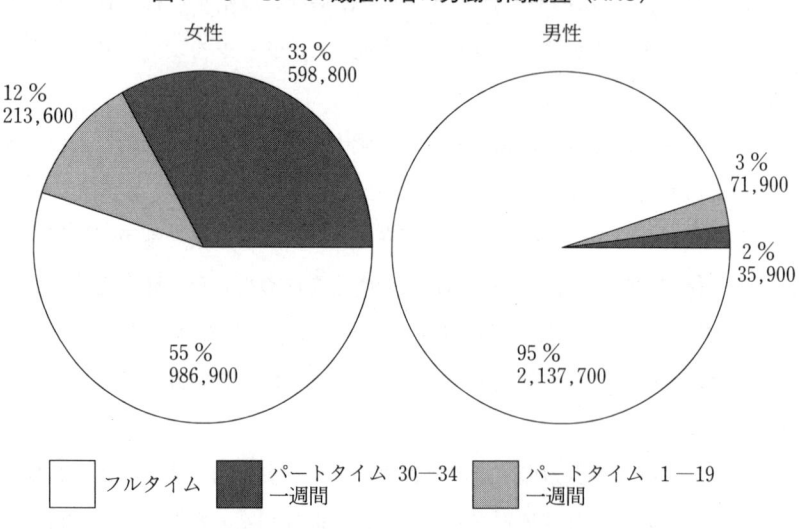

女性
33%　598,800
12%　213,600
55%　986,900

男性
3%　71,900
2%　35,900
95%　2,137,700

□ フルタイム　■ パートタイム 30—34 一週間　▨ パートタイム 1—19 一週間

　は，週20〜24時間働くパートタイム就労であった．それに対し，短時間パートタイム就労は減少してきたし，乳幼児をもつ者はとくにパートタイムを好んだ．

　過去2〜3年，パートタイム就労が著増したが，それは今までフルタイムで働いていた人達がパートタイムに代わったという意味でもある．1978年には，婦人のほぼ半数（45％）がパートタイムで働くのに対し，男性は僅かに5％であった．パートタイマー10人中9人は女性である．1974年以後特にパートタイム就労が婦人の間，とりわけ7歳以下の子どもをもつ婦人や，25〜34歳の

若年婦人層にきわめて有利な形態としてめざましい増加振りを示してきた．パートタイム婦人雇用者の2分の1が，公共行政部門で，4分の1が販売部門に働いていた．パートタイム就労は，1970年代には，男性の55～64歳層にも増加したが，その理由は，その年齢層に対する年金の一部支払いの法律改正がなされたためである．パートタイム就労では，1979年の労働省調べによると，婦人が男性よりも多くいわゆる"非社会的な (unsocial)"時間に働いているという．夜間勤務の86％と深夜勤務者の66％が婦人達であり，したがって，パートタイム労働と非社会的労働時間とは関連が深いといえる．スウェーデンのパートタイム雇用の約半数がこのような非社会的時間を課され，このような時間に働く婦人達は，往々にして他の婦人よりも子沢山な場合が多いし，就学前の幼児を抱えている場合も多い．

　労働力調査によると，女性のパートタイム就労は，第一に女性が家事，育児に忙しいということ，第二に女性自身がフルタイム就労を好まないという理由からである．その背後には，保育施設の欠如，家庭における役割分業上の支障などのかくされた理由がある．1974年に，スウェーデン消費政策委員会の調査したところでは，夫婦ともにフルタイムで働く世帯の家事分担の割合をみると，女性がすべて1人で行なっている世帯は，洗濯 (80％)，食事の支度 (70％)，クリーニング (55％)，買い物 (53％)，食事の後片づけ (50％) である．これをみると，家庭での役割平等はけっしてまだうまく行なわれていない．

　婦人の労働市場への進出は依然男性よりも低い．その率はスウェーデンの中で地域差があるものの，多数の婦人が就業を望みながら実際には困難な条件に置かれている．多数の婦人失業者，とくに若年婦人は求職数も多いが，なかなか良い職につけないという現実がある．最大の障害は，保育機関が足りず，しかもふさわしい仕事がみつからないことにある．今日，保育機関は，地方自治体によって提供されるのは，雇用される8歳以下の子どもをもつ親達全体の3分の1にすぎない．

　さらに，パートタイムで働く母親の数は増す一方であるが，この現象は職場

での女性の地位低下につながり，収入も低下する．またパートタイム労働が週22時間以下になると，社会保障もかなり割が悪くなる．たとえば，部分年金資格を得るには，少なくとも週22時間，退職金支払いは18時間，失業補助は17時間働かねばならない．

家族政策の中心に，家庭を平等な2人の稼ぎ手からなる単位，役割を分有しあう単位へ変えることを目ざしても実態は仲々そうはいっていない．1975年に雇用委員会＝Employment Conmission が刊行した報告書のタイトルは『万人のための仕事（Work for Everyone）』であったといわれる．すべての人がすべての人のために働く社会は，きわめてハードな社会だが，福祉社会の建設はこうしたハードな万人労働主義を根底にそれが名実共に実現されなければきわめて困難だといえるだろう．

「労働とその諸条件は人間生活の欠くべからざる部分を形成する．労働は，良き物質生活を創造する手段である．しかし労働には，社会的交流をめざす方法としての本質的な価値がある．労働は，基本的な人間欲求のひとつをかなえるものであり，その欲求は生活を豊かに発展させるものである」[18]．

このような理念と背景は，労働に対する課税政策にも影響した．1970年代初頭には，一家族での夫と妻の収入は，もはや課税の際に合算する必要をなくした．それ以前の課税システムは，既婚男性はその妻を養うことを仮定したため，夫と妻の収入合算では，累進課税システム下では課税率が高くなりすぎる場合が多い．働いて高収入になるほど高い税金を支払い，実質収入は減り，勤労意欲を減退させかねないという矛盾があったからである．かくて，今日の課税システムは，すべて家庭単位にではなく，独立した個人を対象にしている．したがって，女性のパートタイム就労が多いのも，こうした課税システムに一因があるともいえるのではなかろうか．

また，社会保障制度は，子どものある家族は主として公的扶助に支援されるのではなく，両親の雇用労働により（子どもの扶養のいっそうの便宜をはかるため，公共的財源から振り向ける補助を得て）なされることが原則である．子どものある

家族はおおむね3種類の支出に分かれる．すなわち，(1)所得減損，(2)養育費，(3)消費のための費用である．[19] 所得減損は，母親が育児のために就労できず，収入の途を断たれる場合である．したがって1970年代の家族政策の主眼は，2人分の所得をもつ（共働き）家族が，子どもの成長に手のかかる間でも両親が働き続けられるように，負担を軽くすることであった．中央政府や地方自治体では，家族のために保育施設を増やし，他のサービス提供に努力を集中させた．

さまざまな家族政策が次々と各政党レベルで検討され，立案され，改正されて具体化されてきた．女性の家庭内での役割平等もさることながら，労働の場においては，依然として種々の面で男性との間に差がある．男女同一労働・同一賃金の原則は，1960年代初頭にスウェーデン議会で採択されたが，未だにそれは実現されていない．1969年に製造加工業で働く婦人労働者の賃金は，男性のそれの79％，73年に85％，今日で87％にまで迫った．しかし，低所得委員会＝The Law Income Commission の報告によると，最低賃金層の67％が婦人で，25歳以上の層のそれは実に80％が婦人である．低所得層には，婦人の4人中1人が，男性では12人中1人が属している．両性の平等実現はまだまだで(1)男性に比べ低い賃金，(2)男性に比し狭くて限定された労働市場，(3)婦人労働に対する少ない需要，(4)女性自身の側での就労に対する偏見や消極性，(5)伝統的な役割観への固執などが，女性就労推進の障害でもある．

第5節　親子関係をめぐる変化

(1) 子どもの出生

スウェーデンの新生児数は，1974年以来急速に減少した．1960年代の中葉には，各年12万人の出生でピークに達したが，1970年代に入って74年まで，ほぼ11万，78年には9万3千人に減少した．出生率でみると，人口1,000人中15.8（1966年）から，13.8（1972年），11.64（1977年）と漸減した．母親の出産年齢は，今世紀に入ると若年時の，大体20〜29歳の間に，短い間隔での出

生がなされたのである．しかし，60年代には大部分の女性が20～24歳までに，70年代には25～29歳までに子どもを生むように変わった．母親1人当たりの出生数も当然落ち込み，1.94人（1970年），1.65人（1977年）と史上最低を記録した．反対に，スウェーデン来在の外国人婦人では，1人当たり2.14人（1977年）であるが，スウェーデンの新生児10人中1人は外国人を母親としていることになる．西欧先進諸国はおしなべて出産率低下に悩むが，スウェーデンも例外ではない．新生児のもうひとつの現象は俗にいう非嫡出（illegitimacy），あるいは未婚の母から生まれる子どもの増加である．未婚の母の比率は，66年の14.5%，72年の25%，73年に実に28%を占めた．72年に全新生児の4分の1が婚外子であったが，全未婚の母の3分の2はその子どもの父親と結婚しない同棲をしていた．前述したように，結婚のような同棲が当たり前のように増えた結果，未婚の両親から生まれる子どもの数も急速に増加した．70年代には実に18%から35%にまで増えた．それゆえ，その新生児もいわゆる非嫡出や非合法的出生とはもはやいえない．実際，スウェーデンの1976年統計年鑑では，未婚の親の子どもに対し，既に"非嫡出"という言葉は使われていないという[20]．それは，全出生児が等しく合法的な地位を，出生時点で両親が結婚していようといまいと，将来結婚しようとしまいと，もつことを意味する．未婚の母親の多くが，完全家族で生活しており，社会的プレッシャーやスティグマの対象ではもはやなくなっている．

スウェーデンで，非嫡出の概念が立法や法から取り除かれたのは1917年の昔にさかのぼる．代わって，"婚内子（inside marriage child）"と"婚外子（outside marriage child）"などという新語が使われたという．しかし，今日では，こういう言葉すらもはや正式のものではなく，1977年1月以後は，何らの形容詞やただし書きのつかないただの"子ども"と称されるだけである．

以前は，"私生児（bastard）"ないし庶子が，婚姻外で出生した子どもの法律上の称し方であった．そしてあらゆる社会的側面で，不平等不利益をこうむっていたが，この半世紀の間に，子ども保護に対する新しい関心が高まり，子ど

も出生の環境や背景が,何ら子どもの保護や権利を制約し決定することはないとされるようになった.しかし,"非嫡出子"の概念はスウェーデンの法律から半世紀前に放逐されたにしても,その概念が広く人びとのイメージから消滅するようになったのはごく最近のことである.そして,未婚の母は自らの子を自ら生み育てる可能性とともに責任も公然と与えられるようになった.

1973年の改正婚姻法により,事実婚が大幅に認められ始めたし,社会的偏見の減少,さらに"婚外子"に対する平等政策などが,統計上にも未婚の子の出生を顕在化させ,増加させたといえるだろう.

(2) 子どもの親権・扶養

スウェーデンでは,今日子どもをとり巻く環境,親子間の関係がさまざまな要因により大きく変わっている.その要因は,(1)家庭内における両親の地位・役割の平等化,(2)母親の就労の増大,(3)非嫡出に対する法的差別や偏見の消滅,(4)子どもに対する各種社会保障の充実と拡大,(5)子どもを中心にした両親に対する社会保障の充実と拡大,(6)両親の離別,再婚,同棲の容易化,(7)両親の離婚後の,あるいは未婚の両親による連帯扶養の合法化,あるいはそれに伴う居住状況や親子関係上の変化,(8)16歳以上の子どもの親元からの独立,(9)極度な核家族化に伴う,老人世代との交流欠如による文化・伝統伝達の欠落,(10)早期性教育,中絶の合法化,早期成熟と性体験などがあげられよう.

スウェーデンの法律では,子どもは18歳までその片親,両親あるいは誰か特定の親権者による扶養が定められている(扶養に関する規定は親子法第6章にある).1977年以来,扶養に関しては法律上婚外子と婚内子は何ら基本的差別がなくなった.以前の法では(現在でも新扶養規定と併存している),両親は結婚している場合にのみ子どもの親権者たり得た.結婚していない場合には母親だけが親権扶養者になった.未婚の親,離婚した親達が,合意によって父親を親権扶養者にするには,子どもの最善の利害に反しない限りにおいて可能とされたの

である．連帯扶養している両親は，子どもの養育費用を各々の能力に応じて分担し合わねばならない．片親だけが扶養する場合には，他方の親は子どもの養育費を支払わねばならないとされている．こうした扶養規定は，1973年の改正婚姻法と1977年の共同親権行使（Joint Custody）に関する規定の改正により，さらに変化した．

1977年以来，両親は，法的結婚の有無によらず，あるいは共住の有無によらず，共同親権を行使できるようになった．それゆえ，たとえ両親が共住していなくても共同親権を持てば子どもとの関係は次のようになる．

(1) 片方の親が，日常生活上実際に子どもの養育に責任を持ち，もう一方の親は，子どもの居住場所の問題も含め，重要な事柄について助言し考慮する権利を持つ．

(2) 両親は子どもが一方の親の許にいる期間を決定する．

(3) 片親または両親が共同親権を中止したいと思えば，何方の親が1人で親権を行使できるかの裁定を受けるべく裁判所に訴えることができる．

(4) ただし，現行法では，子どもの権利よりも親の利害と権利が優先しているとみられる．

以上のような処遇の背景は，現行法が四つの原理に焦点を合わせていることによる．[21] すなわち，

1．両親が最良である．

2．両親がもっとも良く知っている（子どもを）

3．母親の方が父親より良い．

4．子どもは，既にいる所に置かれることが一番良いかまたは現状維持がもっとも良い．

これら四つの原理は，それぞれ法的に後づけられ裁定されている．各原理について具体的に検討してみよう．

1の原理

• 両親が結婚していれば自動的に子どもの親権者とみなされる．また父親が

確立されるまでは母親のみが親権をもつが，両親が親権を申し込めば親権は連帯してか，あるいは父親だけに適用することもできる．

- 両親の親権所有は，一方の死去または怠業（negligible＝親たる義務が果せない）により，もう一方の親が単独で子どもの扶養責任を担う．
- 子どもの親権扶養は，親以外の他人の方が妥当であると認められた場合のみ，他人が指名される．
- ただし，1の原理があらゆる機関で忠実に適用されすぎるため，親による子ども虐待の場合すら妥当視されてしまう．このような場合には，児童福祉委員会＝Child Welfare Committee が介入し，子どもを児童福祉法に照らして里親家庭（foster home）に移す．時には強制的に親の意志や権利無視と非難される場合もあるほどに福祉委員会は介入し，子どもを親から取り上げて他へ移すこともある．しかし，子どもが遺棄され，拒否に会い，虐待され，放置されている場合ですら，委員会は裁判所には通知しないし，結果的にも両親に親権は帰属している．
- この里親家庭制度は，スウェーデンにおけるもっとも斬新で独特の他国に例をみない制度であるといえる．
- 後に両親がとりあげられた子供を再び返すよう請求することも可能である．しかし，親の虐待が直らないため，再三再四介入して子どもを他へ移すことも稀ではない．（親の暴行虐待はいうにおよばず，アル中，麻薬中毒，精神異常など，親としての資格に欠けると認定される場合）．ここでは，子どもの権利が重く認定されようとする．
- たとえば，親権扶養する若い母親が，アル中あるいは精神疾患などのため，育児能力が欠ける場合，子どもは里親に預けられ，親権は裁判所の決定でとくに指定された親権者に与えられる．里親は自分の子ども同様に子どもを育てるが，子どもが8歳になると，生みの母親は自らの親権回復を主張することができる．

2の原理

・親が自分達で子どもの親権についての合意協定に達した場合，裁判所はそれを優先して従う．よく両親の実情を裁判所が事前に調査すべきだという意見もあるが，裁判所には，子どもにとって良いか悪いかを知る手だてが何もないから従わざるを得ない．ここでは，両親が最良という原理と，両親がもっともよく知っているという原理とは相互に抵触し合うことも示している．

3の原理

・1973年までは，両親が結婚していない場合の親権者は母親であると考えられていたが，今日では徐々に変化しつつある．両性の平等が家庭・職場のいずれにも進行しつつあるので，母親だけが最良とする根拠は減退しつつある．したがって母性原理はその神聖性を防衛しきれなくなっている．

・裁判所は，未だ母親権の自然的妥当性を優先させている．しかし最近では以前よりも多く，父親権が認められだしたことは事実である．この傾向は，裁判所がもはや慣例や伝統的役割観から解放されたことを示すものではない．むしろ，父親が親権者になるべきだとする夫婦の合意が，以前よりはるかに当たり前になってきたからである．とはいえ，裁判所も，親権者としての母親の妥当性をすんなりと自動的に受け容れるのにはいささかためらいはじめたことも事実である．

4の原理

・この原理は，先の3原理が両親の状況に焦点を置いたのに対し，子どもの状況に注目している．すなわち，日本でも諺にあるように"生みの親より育ての親"あるいは"子どもの今の環境が子どもにとって良好で快適なものであれば，たとえ生みの親が出現しようと，継親との生活環境，状態のままにいる方が良いのだ"という考え方である．スウェーデンにも日本以上にこの原理は強く生かされている．

この四つの原理とその法的裁定によって，親権帰属の手続きをする当事者は，スウェーデン法では何といってもまず両親である．しかし，児童福祉委員会も

事と次第によっては，当事者（関係者）になりうる．両親の利害と子どもの利害が一致しない場合には，児童福祉委員会が事件に関与し，介入することによって，子どもの利害ははじめて検討される．そうでなければ，子どもは自分自身の利害に何ら関与できないままに，その権利が損なわれてしまう．つまり，子どもを親権の対象物とみるのではなく，主体者とみなすことであり，親権は独立した人格をもつ子どもの特性や立場に立って，子どもを中心に考えられるべきもの，なのである．

当事者たる子どもは，親達のとり決めに黙従ないし反対する機会をもつことになるし，検討を要求したり，訴えたりすることもできる．そのためにふさわしい代理人を選定し，事後処理に当たる当事者として，児童福祉委員会が存在するといえる．

(3) 子どもの権利の強化

ここで，注目されるべきことは，子どもの権利 (children's rights) に関して，その合法的な保護と助長が，かなり強力に推進されつつあるということだ．その推進母体として結成された，「子どもの権利に関する委員会」＝ The Commission on Childrens's Rights は，どんな地域で，どんな方法で子どもの法的地位が強化されるか，を検討する仕事を課されている．

委員会による最初の中間報告（1978年10月）の中で，委員会は，子どもに対する体刑の禁止 (a ban on corporal punishment) と他の攻撃的取扱い (offensive treatment) の禁止とを提言した．その結果，1979年1月1日から体刑を禁じる新しい法律条項が導入されたのである．

この報告書で，同委員会は，子どもの親権行使，アクセス権，子どもの移動・譲渡の三つを統制する法規についても論じている．同委員会の見解は，この法規は現在社会や家庭に起こっている変化に，適応させられるべきだという点にある．さらに，親と子どもの関係にかかわる調整が徹底的に論議されることの重要さを，とくに強調している．

未だ自ら自活する能力をもたない子どもたちの人間としての平等の権利は，かくして親との関係においても合法的に保護助長されようとしている．

先述した現行の，親子関係に関わる4原理は，子どもの権利の確立をめざす原理と相矛盾し，真っ向うから対立する場合も出てくる．

すなわち，「子どもには，心理学的，肉体的世話と親密さ，励まし，安全性と持続性といった要因が重要である．多数の生物学的親達＝生みの親達（biological parents）が子どものニーズを満たしてはいるけれども，子どもの立場からいえば，要は，子どものニーズの満足には必ずしも親というつながりを必要としない．子どもの見地では，ニーズの満足が一義的であり，これが生物学的父によって与えられようと，他人によって与えられようとどちらでもかまわない．だから子どものニーズを満足させる人を，ある心理学者は心理学的親（psychological parents）と称している」[22]といった原理にまでいきついてしまう．

今日のスウェーデンの親子関係は，子どもを1個の尊厳をもつ社会的人格として，親と同等，あるいは時に親の手の届かない公共性を強調される対象のように感じられる面もあろう．かくして，何らかの理由で（離婚，離別等々）両親の地位に変化が生じたため，子どもの親権扶養上のトラブルが起こった場合には，子どもの心理学的親によって世話される権利を，子ども達は当然にもつべきだという原理がとり入れられる．もっと端的にいえば，親と子どもの間には，人格上でも見解においても，大きな相違があるのだから，裁判所は子どもの側の要請において，両親を親権者の座からはずして，もし理由があれば，その親権を特別に指定された親権者に課すことができることなのだ．いわば，子どもは，「両親を離婚する権利をもつべきである」ということである．

子どもの権利の行使は，実生活でも，子どもが親を訴えるケース（子どもは法律上未成年では親を訴える権利はない．それゆえ，各コミューン＝地方自治体に設置されている子どもセンターに訴える）もいくつかある．子ども自身よりも，学校，近隣の人，親せきなどが子どもセンターに訴える例が多いという．しかし，こうしたケースも70年代初頭に比べて減少はしてきているといわれる．スウェーデ

ン全体で,過去3年間に約1万5千人（うち4千が7歳以下）の子ども達が親子間での何らかの障害で,里親（foster home）等に育てられるようになったという.

(4) 共同親権の行使と離別

スウェーデンの法律では,両親が結婚していれば,子どもの親権は自動的に母親と父親に属するから,合法的な離婚後は,いずれかの親に属することになる.さらに1977年以来は離婚後も両親が連帯して扶養できることになった.離婚時に子どもの親権扶養をめぐって争いが生じ,子どもが犠牲になる例が多い国々に比し,スウェーデンは比較的安定している方だという.[23] 離別のさまざまな場合に即して,きめの細かい扶養規定がなされていること,社会保障が強力になされることが,扶養問題を比較的安定させていると想像できる.一方の親権をもたない親が,もう一方の親権をもった親と,親権を自分の方に移し換えたくて訴えるというケースもあるが,ごく稀であるという.

子ども達が別れた両親の間を往復し,住み変えようと,あるいは一方の親とずっと一緒に住もうと,法的な扶養権はいずれの親ももつことができる.原則的には,両親は子どもに影響する事柄ならば,常に決定を分かち合う必要がある.これは親達同士,離別後もたえず緊密な連絡を保つことを仮定する.ただし,子どものことすべてに関して,両親は協議する必要はない.ごく当たりまえの日常生活に関しては,子どもと共に住んでいる親が自分の意志で即座に決定することができる.要は,あらゆる面で両親の子どもに対する共同決定と共同扶養が最重点として強調される.

母親が親権者になるという伝統的かつ一般的な傾向の根元は,母親が子どもの日常生活すべての世話をするのにもっとも自然だから,そして母親はいつも母親だから,といった本質的母子一体論,あるいは母親役割固執論または期待論があるといえよう.しかし,男女平等化によって,父母ともに役割が変化していくにつれ,父親に対してあるいは父親自身により母親同様の期待が生じて

表7-5 離婚と子どもの親権
ストックホルム下級裁判所による決定（1977〜1978年）

親権 \ 子供数	2人	%	2人	%	計	%
分 担	70	19	—	—	70	9
共 同	26	7	59	14	85	10
父	14	4	34	8	48	6
母	261	70	325	78	586	72
不 明	—	—	—	—	23	3
	371		418		812	

Source: Recalculation of a table from the National Central Bureau of Statistics. Unit for statistics on legl and social care matters.
 J. Trost "The Law and The Father Role" より転載

きている．それは子どもを扶養する義務というよりむしろ権利としての意味が強いようだ．

　離婚後の共同親権は，理念としてはきわめて理想的であり，子どものためにはとくに有益と考えられる面もある．しかし，実際の行使となるとかなりの危険性，矛盾がある．共同親権が円滑に行使できるのは，両親の間に深刻な否定的問題を残さず，かなりのレベルでコミュニケーションが可能な場合であろう．

　しかし，そうした問題は生じ易いし，かなりの努力，親の自立性が必要となるとともに，かなりの犠牲を生じさせると思われる．共同親権を行使していない人，子どもと同居していない親などより子どもと同居する親にかなりの悪条件が伴いやすい（経済状態，課税システム，社会保障など）ことも事実であろう．共同親権行使はたとえば次のような危険性が生じやすい．一方の親が遠隔の地に移動したとすると，子どもを往復させることもかなり困難になり，さまざまな矛盾やいき違いも生じやすい．1年の半年を父親，残る半年を母親の許で過ごすというとり決めをしたにしても，子どもの学校の問題，交友関係情緒問題など不利な事態が起こりやすい．したがって，法的親権が実質的親権として保持され難くされてしまうのである．

　もともと共同親権は，子どもをめぐって争わないために，子どもを両親の離

婚争いの"道具"に使わないために，合法的に離婚問題を解決したいという意図を明確に表わすものだといえよう．離婚後の親と子どもにかなり肯定的な影響を与えることも事実である．しかし，だんだんと時日が経過するにしたがって，親の側の都合，子どもの側の都合が一致しなくなる，あるいは，子どもが目まぐるしく両親の間を往来する，さらに親たちの新しい恋人や結婚の相手との関わりにおいて子どものさまざまな側面を不安定にするという危険性も予想されるのではないか．

離婚と子どもの親権扶養の帰属との関係について，J・トロスト等はストックホルムの下級裁判所での決定統計から検討している（表7-5）．これをみると，スウェーデンの首都であるストックホルムですら，共同親権は，子ども数によって相違はあるものの，未だけっして一般的とはいえないという（ストックホルムが典型的とは必ずしもいえないにもかかわらず）．1977〜78年にかけて平均僅かに10％にすぎない．地域差や子ども数の相違はあるものの，依然母親の親権保持が70〜72％と圧倒的でとくに1人子の場合には，8割が母親である．子どもが2人以上になると分割（子どもをそれぞれ何人かずつ分け合う）親権もかなり多い．父親親権は全体で6％ときわめて少ない．

離婚に際して，子どもの親権をもたない側の親（概して父親）には，訪問権(visiting right)がある．スウェーデンの法律には，この権利規定が設けられているが，その詳細な意味づけはされていない．[24] そのため，ごく少数ではあるが，訪問権の行使をめぐるトラブルが裁判所に持ち込まれる場合には，裁判所が，月1回何週目かの週末などと，訪問日などの詳細を決定する．

しかし，この訪問権実施規定（別れた親と子の間に定められる）も現実には，さまざまな障害が起こったりして思うようにならない場合が予想される．父親側に支障がなくても，子ども側に病気，友人訪問，遊び，あるいは気が進まないなど支障ができる場合もあるだろう．もちろん，父親側に不都合が生じる場合もある．したがって，訪問権実施の可能性は，かなり制約される場合が多いようだ．かくして，母親の方に親権が与えられやすい状況下では，父親の権利は

かなり弱い．離婚による親権帰属のトラブルは，もっと男女平等化が進めば必然的に増えることも予想される．これまで概して弱かった父親の権利主張も増えると予想されるからである．

さらに，父親は別の側面でもかなり母親より分が悪い．つまり，洋の東西を問わず，離婚後子どもの親権扶養をしない側の親は，子どもの養育費を支払うのが普通である．スウェーデンでは，デンマークとともに，未婚の母に生まれた子どもも同様に，父親は子どもが18歳になるまで養育費を支払わねばならないと法が規定している．もちろん，母親が親権をもたない場合には，母親がその子どもに養育費を支払うこともある．スウェーデンの法の背景には，親達はそれぞれ，自分自身の現在の状況に即応して……役目を果たすという考えがあり，ことに経済問題に関係してはそうした観点が強い．

したがって，実際平均的にいうと，親権をもたない時に母親が別れた子どもに支払うべき養育費と，父親が支払うべき養育費の総額では，どうしても父親の方が母親より多く，経済的負担が重くなりやすいという傾向が指摘されていた．つまり，母親は直接子どもの親権者として扶養し，父親は養育費支払いでそれを支援するという経済的資格や役割を，社会的・制度的に期待されてきた．しかし，実際の調査によると，社会からの強い期待にもかかわらず，子どもに養育費を支払わねばならない男性の社会的・経済的状況はかなり劣悪な場合が多いという[25]．かくて，1979年7月からは，子どもの権利をあらゆる点で強化する法が制定されたことにより，親権をもたない親の経済状態が悪く，子どもに満足な養育費が支払えないような場合には，社会が適正額を支払って，親の経済状況を向上させるという方策がとられることになった．

しかし，いずれにしても，今後，共同親権行使のあり方が，公的な政策として，手続きが簡易化されたり，共同親権者の親達には税金を安くし公的扶助など，いくつかの点でよりよい便宜がはかられるようになれば，共同親権は増加すると予測される．筆者が実際に見聞したが，離別後，子どもに喪失感，不安，動揺を与えたくない，そして以前と同じような社会的状態を保ちたいという配

慮から，離別した両親が共同親権をもつか，あるいはいずれか一方が子どもと共住する，かということは別として，離別した後になお，同じアパートの階を別にした住居に分かれ住むとか，スープの冷めない程度のごく近所にそれぞれ居を構えるという光景が，けっして珍しい例とはいえないのが，今日のスウェーデンである．しかし，子どもが小さい時離別してなお互いに助け合い，頻繁に接し合えるこうした近接居住の配慮も，将来さまざまなトラブルや障害を現出させえないとはけっしていえないだろう．

また，スウェーデンで今日なお，母親の親権が7割以上を占める事実は，子どもを連れた母親が子どもを妻の許に残してきた男達との同棲や再婚の可能性が大きいことでもある．これには，子どもを連れた片親が再婚または再同棲しようと，子どもの法的扶養にはほとんど影響しないという理由がある．なぜなら，たとえ親の配偶関係が何度変わろうと，子どもの扶養は，その生物学的親との関係においてなされるからである．

今日のスウェーデンでは，全有子家族の約11％に少なくとも1人の継子がいるとされている．これは，ほぼ10万の家族で，少なくとも1人の子どもが実母といわゆる継父と一緒に住んでいることを意味する．実父と共に継母と住む例はむしろ少ないようだ．離婚率や同棲解消率が上昇するにつれ，こういった形態が増加していくことも予想される．しかし，継子のいない両親家庭と比べ，継父家庭もそれなりのトラブルをひき起こしやすいだろう．さらに，アメリカのように，子連れの再婚者同士の形成する混合大家族も増してくるだろうという可能性は現に大きい．それと共に，今までの家族といえぬ家族の形態への模索も生じる．

(5) 未婚の親・単親と扶養のあり方

結婚しているような状態でありながら，結婚していない同棲が，急速に増加し，ごく当たり前とみなされ，未婚の親達をもつ婚外子が多数出生することになった．それゆえ，1977年1月1日以降，改正親子法によって，未婚の親達

は，同棲していようといまいと関係なく，双方の間にできた子ども達の親権と扶養を共同行使しうるようになった．法の背景をなす理念は，子どもの福祉のために，未婚の親達も，子どもの親として，結婚している親と同様に振舞えるということである．離婚した親，未婚の親ともに子どもの共同親権を支障なく行使するよう協力しなければならない．が，一方では，共同親権の終結を要求し，法的援助を請求し獲得することもできる．

本来，共同親権の行使とは，以前に片親だけが子どもの親権を行使していた場合になされたのとは異なって，国や社会から公的扶助を受ける権利をもはやもたないことを意味する．両親が国や社会に優先して子どもの扶養を行なうという意味でもある．

同棲して子どものある男女が未婚のまま離別するに際しては，まだ母親に親権扶養についての優先権が強い．もしも同棲中に両親が共同親権にするかあるいは，父親に親権を与えるかを決めていなければ，別れる父親には実際には親権がないということになる．母親側から，共同親権を望むとか，父親に子どもの親権を移すことを望むのはまだきわめて少ないという．

次に，同棲，離婚の容易化に関連して，いわゆる厖大な数の未婚の母を含む単親家庭が出現する．この単親家庭はスウェーデンでは他国と比しかなり概念や実態が異なるし，統計上での実態もなかなか正確にとらえ難い面がある．しかし一応統計的にみてみると，1976年には，18歳以下の子どもをもつ27万人の単親がおり，うち2万4千人が男親であった．"単親"というのは，もっぱら正式結婚での配偶関係との関連からみた言葉である．したがって，未婚のままの，あるいは配偶者と離婚したり，死別したために形式上独身でいる子連れの親のことである．

とくにスウェーデンでは右のような規定が妥当する．だから，実際には誰かと結婚しない同棲をしているか否かに関係なく，正式な配偶者をもたない子どもをもつ親である．父単親の大部分が離婚者ないし死別者であるが，母単親のほとんどが結婚していない独身者である．単親が増加する原因としては，(1)

離婚者の増大，(2)未婚者がますます多く同棲し，結婚しない両親の間に婚外子として出生する子供が増えるからである．

1976年には同じく，前年に結婚しなかった，18歳以下の子どもをもつ母親達の42％（9万9千人）が同棲していた．だから，有子家族の約12％（14万人）がいわゆる本当の意味での単親家庭であり，単親達が1人で世帯を維持し，子どもを育てているのであり，法的に定義されるような同棲はしていないのである．単親家庭は，6歳以下の子どものいるのが，(同一年齢層の子どものいる家庭の) 9.9％，7～17歳では14.8％であった（1976年）．

単親家庭は，母子家庭が多く，スウェーデンのような，進んだ家族政策や社会政策による社会保障システムが発達している国であっても，実際にはさまざまな物心両面での生活困難に見舞われやすいという．1980年3月に，スウェーデンではじめて単親家族の互助と啓蒙のための団体（主として母親たちのための）がヴォランタリイ団体として呱呱の声をあげた．これまでよそ目には世界でもっとも進んだ社会保障の対象として，スウェーデンの中でも，単親家族はかなり恵まれた存在と思えた．しかし実像はかなり異なっている．単親団体は「1,000人の姉妹達 Thousand Systers.」と名付けられ，子どもを抱えた孤独な母親達の共通の悩みや苦労——二重の役割・労働負担，子どもに対する二重の責任，経済的危機，孤独など——を共に分ち合い，互いに教え合い，学び合おうとする互助，自立，啓蒙教育をめざす団体である．[26] 単親母家庭のうちでもっとも不利で惨めなのが，未婚の母のそれであり，離婚がそれに次ぐという．経済的にも精神的・社会的にもだが，ことに社会的不利と偏見は大きい．女1人ということで，以前のとりわけ，家庭持ちの人びとからは警戒され，不安がられて遠ざけられ友人関係・交友関係が破かいされ，社会的ネットワークが断ち切られてしまうことが多く社会的孤立が大きい．全般に都市はまだしも田舎では偏見が大きいという．

いずれにしても，スウェーデンの家族は，社会保障や社会政策と人びとのニ

ーズや現実生活との間で試行錯誤をくり返しながら，より高い水準を求めて変化しつづけるだろうと思われる．その現象は，たしかに，われわれの家族解体あるいは崩壊と称する状況を容易に現出している．たしかに核家族という最小の家族単位は，離婚によって母子ダイアド（mother-child dyad）と父とに分離し，それぞれが別の父や母子ダイアドと結びつくといった状況を繰り返す傾向は強い．まさに，水野肇のいう「核分裂」家族現象であるといえよう．[27] 性解放，性教育進展を背景に，結婚しない同棲が殊に若い世代に容易にかつ頻繁に繰り返される．未婚の子，未婚の母，単親家族がきわめて多いことも事実である．

　さらに，アメリカ合衆国でも当今，既成の概念をはるかに超越した新しい型の拡大家族（＝混成家族 blending family……何人かの子連れ同士の再婚，同棲により成立する．2人の父と2人の母，あるいは義理の兄弟姉妹関係の創出など，複雑な家族，親族構成を現出している）が話題になっている．スウェーデンでも，そういう例もかなり多いといえる．老親の家族と子どもの家族の関わりは，日本的概念では，もはやまったく別々の家族といった関係であり，同居の問題は，扶養の公的機関による充実した代替とともにほぼ解消されているとみられる．反面，家族を通じての世代間の連続，連帯はたしかに失われていくような気がする．

　ともあれ，既成の家族が解体する一方で，新しい人間同士の（必ずしも血縁や法的婚姻にもとづかない）集まりが連帯のきずなを作り出そうと模さくしている面が大きいともいえる．家族政策も，人びとのニーズと相関しうるよう，かなりの柔軟性と包括性をもって家族の真の意味の連帯を助成しようともしている．崩壊とも見える現象のその是非は今ここで一概には断じられない．が，スウェーデンの家族および家族政策はわれわれの家族，福祉制度のあり方に対するひとつの指針として大いに参考にされるべきであろう．

　本稿は，かなり事項網羅的で，内容が多岐に拡大してしまったが，スウェーデンの家族の一応の現象を理解するには，かなり包括的な家族政策との関わりの中で理解していく必要があると考えたからである．まだ研究は序の口であり，本稿はとりあえずは資料提供的な意味をもたせており，今後一層の研究を期し

たい.

　注……本稿は,トヨタ財団ならびに日本学術振興会の研究助成(両助成とも研究代表,明治学院大教授大橋薫)による実地調査(1978～80年)に基づいてなされた筆者の分担研究の成果である.

注)
1) 人びとの税率はたしかに高い.時にはわれわれ日本人の2～3倍の税率を支払う勤労者も少なくない.働きざかり,活動ざかりの若中年勤労者に,高い税率負担に対する不満の声を事実耳にする.しかし,それ以上に,老後保障をはじめ,日常生活の諸側面で保障の利得,税還元の大きさを是とする声も大きい.スウェーデンの高負担は,個人や家族だけの力ではとうてい達成しえない生活安定保障,公平な社会的分配,人命人権の尊重保障をめざすための必須の条件として肯定し,現在の生活水準の高さを賞讃する人も多い.筆者の接した感じであるが,老年層,中所得層ないし中の下所得層の人びとには,満足の方をより多く示す傾向が多いように思える.また,不満の多くは,明日の糧にはもはや困らないという最低生活保障の実現と生活安定の上にたって,質的に真に充実した豊かさを求めるゆえに,個人の自由採量の範囲が縮小されてきたことに対する不満でもある.
2) スウェーデンの家族のあり方の基本理念は,「両性の愛情によって結合される結婚や,愛情の亀裂から生じる離婚は,私的な個人対個人の関係であるため,国家社会は干渉すべきではない」のであるが,家族政策は,「結婚継続中の同居生活における両性の役割を十分円滑に果たしうるため」に,必要なかぎりの側面支援がなされることが必要という立場から,きわめて包括的体系的になされるものである.
3) 家族政策とは,行政が家族のために家族に対して行なう特別のプログラムや政策などのすべてをいう.家族政策の国際比較研究をした,アメリカのS. ケイマーマン等によると,家族政策は,行政の対処のしかたによって,「顕在的(=包括的)」なものと,「潜在的(=部分的)」なものとがあるという.スウェーデンは前者の例であり,家族に関するきわめて明確な包括的なプログラムや政策が政府により提供されることだという.また,家族政策の目的は,明示的には(子どもの発展のための最適条件)であり,潜在的には(女性の就労を助長する)ことである.最近のスウェーデンの家族政策の例でもわかるように,家族政策のとくに必要になる場合は,親性と他の男女役割との間に葛藤が生じる時だという.
　Kamerman, S. & Kahn, A. (ed.), 1978, *Family Policy*, pp. 2-8.
4) Liljeström, R., Sweden : in ibid., p. 19.

5) Ibid., pp. 19-21.
6) Trost, J., *Unmarried Cohabitation*, 1979, Sweden: International Library Vasteras, pp. 45-46.
7) 同棲の規定ないし定義は，時代，社会，文化的背景によってかなり相異し，多様な意味合いをもち，あいまいでもある．概して，結婚との対比関係で捉えられる状態とか意味づけによる．たとえば，ごく一般的には，(1)共同居住（living together），(2)疑似結婚（quasi-marriage），(3)半結婚（semi-marriage），(4)試験結婚（trial marriage）があり，(5)同棲（衾）する（shacking up），(moving in together)（co-habitation）という居住状況で表わす言葉もある．また，スウェーデンでは，(6)良心結婚（conscience marriage）とか，(7) Stockholm marriageなどの呼称もあったという．アメリカ合衆国では，かなり強い道徳的観点から(8)罪の中の居住（living in Sinn）と称されたし，カナダ等の国では，(9)慣習法結婚（Common law marriage）ともいう．
8) Trost, J., ibid., pp. 52-54.
9) Ibid., p. 58.
10) Ibid., pp. 59-95.
11) Ibid., p. 188.
12) Ibid., p. 190.
13) Ibid., p. 191.
14) Ibid., pp. 45-46.
15) Ibid., p. 14.
16) Trost, J., 1979, *Children and Divorce*, p. 1. (Presentation at the I. I. S. C. The Child and the Family, 8)
17) Rita Liljeström, ibid., p. 35.
18) Ibid., p. 38.
19) Ibid., p. 39.
20) Linnér, B., 1977, *No Illegitimate Children in Sweden*, Current Sweden No. 157.
21) Jacobson, U., 1979, *The Child-Parent Relationship*, Current Sweden No. 224, 1979.
22) Ibid.
23) Trost, J., 1979, *Children and Divorce*, pp. 2-3.
24) Ibid.
25) Ibid.

26) スウェーデン語で"Tusen systar"―Thousand syster―という。最初に呼びかけたのは，マーゴット・エスタスタルという53歳の単親で，離婚者である．彼女は，まず，ストックホルムの女性の家 "Kvinnohuset（Women's Hous―夫による妻虐待・家庭不和，生活困窮などの問題を抱えた女性のための相談所ないしは一時収容施設）運動の主要人物であるグニラ・ルドリンと連絡をとり多くの母単親に呼びかけて当団体として発足した．スウェーデンは本来，ヴォランタリィ活動の盛んな国としての歴史をもち，それが発展して福祉制度に結実していったという感じもする．現在でも実に多くのヴォランタリィ団体，組織が存在し，オンブズマン制度とタイアップし，強力な圧力団体として活動を展開している．しかし，筆者らの過去3回の訪問と調査でも惨めな単親家族問題はすでに保障制度の中に解消されたものというのが大勢の人の意見であり，事実そうした団体も以前にはどう探してもみつからなかった．しかし，単親問題は充実したかに見えるスウェーデンの家族政策の狭間に厳然と存在している．国民皆休暇制の発達と外国旅行の盛んなスウェーデンで，ストックホルム以外には一度も出掛けられない貧乏な単親母家庭，休日には，誰一人訪れる者も，誘う者もなく，家の中でひっそりと子どもと過さねばならない母子達は多いという．

27) 水野肇「福祉社会の家庭は崩壊するか」『中央公論』1979年10月号．

〈参考文献・資料〉

Step by Step―National Plan of Action or Equality, National Committee on Equality between Men and Women, Stockholm, 1979.

Trost, J., 1979, *Unmarried Cohabitation,* International Library, Västeras, Sweden.

Kamerman, S. B. and Kahn, A. J. (ed.), 1978, *Family Policy―Government and Families in Fourteen Countries,* New York: Columbia Univ. Press.

Birgitta, W., 1977, *Joint Custody of the Children of Divorced and Unmarried Parents,* Current Sweden, No. 149.

Lillemor Melsted., 1979, *Election Year '79―Swedish Family Policy,* Current Sweden, No. 225.

Equality in the Labour Market―Programme adopted by the Labour Market Board, 1977.

Trost, J., 1978, *Dissolution of Marriage and Cohabitation without Marriage,* 1978.

Trost, J., 1978, *The Law and the Father Role.*

Trost, J., 1979, *Children and Divorce.*

Liljeström, R. & others, 1978, *Roles in Transition*, 1978.
Liljeström, R. *A Study of Abortion in Sweden*, 1974.
清原瑞彦『スウェーデン神話現代版』亜紀書房，1972 年
田中　久『裸のスウェーデン』相模書房，1972 年
川口　弘『福祉国家の光と影』日本評論社，1974 年
スウェーデン社会研究所編『福祉とは何をすることか』至誠堂新書，1976 年
　その他，里親制度，単親家族関係のパンフレット，新聞など．

あとがき

　本書は，私が1970年代後半頃から90年代初めにかけて，欧米の先進諸国での実地調査や見聞に基づきながら，論文としてまた種々の書物の中にいわば書き散らしてきた諸論稿の一部を改めて私の単著として編んだものです．もっと早くから，まとめようという希望と，チャンスもなくはありませんでした．しかし，研究と教育を両立させ，バランスを保つこと，いやむしろ教育や何時間もの講義，学生との接触の方が大きな比重を占める私学の一教員として，机の上での研究とは異なり，フィールドにしかも毎年のように夏休み，春休みを利用して海外調査や国内での方ぼうの研究調査に出かけ，それを一応まとめて論文や報告書にするというのは，実際大変な作業でありました．さらにその間には，さまざまな国内外の学会やセミナーへの出席・発表も多くこなすとなれば，ただ旺盛な好奇心・探究心と，教育に必ず還元できると信じて研究することに無上の喜びを感じながら，うまず，たゆまず，おごらず，屈せずとばかりにひたすらかけてまいりました．

　さらに，私が研究・教育を曲がりなりにも両立しえたのは，私が創価大学での教育に生涯を捧げたいと心に決めて若い学生たちに豊かで大きな人材に育って欲しい，そのための捨石になろうと，そして，いつも逆に教員の私の心を奮い立たせ，示唆を与える原動力になった愛すべき若い学生たちがいたからです．創価大学という本当に素晴らしい教育，研究の場や環境が与えられてきたこと，そして，創立者池田大作先生の学生たちに注がれる慈愛や期待，そして励ましと指針，そして平和・文化・教育に大きな未来への夢を託された思想と行動に常に身近に接し，触発され，啓蒙されてきたという思いが強くあります．学生と共に私自身，創立者に薫陶され，育てられ，励まされ，寛容の精神と人間の尊厳，自由と規律，「他人の不幸の上に自らの幸福を築いてはならない」こと，戦争や暴力，憎悪，異質なものや異文化への偏見，差別を悪とし，善なる精神

へと自己変革し，社会を変え，世界を変えて行こうとする気構え，努力の持続などを学んだのです．

私の国内外のおびただしい調査研究には，文部省（現文部科学省）をはじめ，日本学術振興会，民間のトヨタ財団，資生堂，豪日交流基金などの学術・福祉研究助成を得て，プロジェクト研究に，個人研究に多くのチャンスを与えていただいたことも，そして，研究チームの代表や仲間たちとの交流と友誼と討議や助言も，研究のチャンスも本当に息つく暇もないくらいに与えられたことも幸せでした．

本書の内容は，時代的にみれば，既に過去20〜30年に属するものです．世界は，東西冷戦中で，地球は表面上，東西が米ソをリーダーに，まったく分断されて，大戦争はなく一見平穏でありました．西側諸国は，市民生活は，大量消費の豊かな生活水準を楽しめる中産階級が成長し，60年代を境に市民生活では，さまざまな新しい変化が，いわば自由の拡大と新しいライフスタイルや思考のパラダイム変換などが行われるようになりました．

家族，結婚，性のあり方，女性のライフサイクルなどに著しい変化が60年代には生じています．女性の教育の向上，経済的自立を求めての就業拡大，ウーマンリバレーションの台頭，ピルの出現，性の自由化，法や制度の改変など．70年代にはそれらがますます盛んになり，フェミニズムからジェンダーという視角も生じてきました．やがて離婚や未婚母の増大，離婚による単親（母子）世帯が全体の10分の1以上を占めるほど（アメリカでは20パーセントに近い）に増え，貧困の女性化と単親家族の生活問題が深刻化し，ステップ・ファミリーや非婚・同棲の増大や同性愛問題も80年代前半に台頭．80年代はいわば伝統的家族の大崩壊と危機の時代であり，両親の暴力や離婚の犠牲になる子どもたちへの虐待や暴力や誘拐もすでにアメリカなどでは大きな社会問題でした．セルフヘルプ・グループもヴォランティアも著しく進展し，EUでは各国で家族政策も盛んになりました．

15〜20年の違いで欧米に追随してきた日本の家族や結婚や性愛関係の進捗

性といわれましたが,今日本はまさしくアメリカやカナダやヨーロッパ諸国が辿った道を猛スピードで後追いしつつあるように思えます.離婚や再婚の容易化,DV,子ども虐待,子どもや青少年の暴走,家族の絆やモラルの希薄化,数え上げればきりがないないほど.長い研究生活の中で,私が今さらのようにこれこそ家族の役割・価値と思えるに至りましたのは,家族や結婚は,まさに一人ひとりの個性を持つ個人が異体同心と共生の文化を築き,実証しうる最初の場であり,人間生命の尊厳,正義,善などを育み育てる礎であるということです.そうした家族の努力,絆,心を地域や学校や職場,社会や,世界へ広げていけば,またどんな個人や家族も幸せになれるだろうに…………と.社会科学者というより,市井の一庶民,家族生活者としての感情的家族論とみられるかもしれません.欧米のこれまでの家族は,まずおとなが自らの個人主義や,利己主義の追求にとらわれすぎて,子どもたちの未来への可能性や希望を損なってきた面もあるのではないでしょうか.子どもたちを忘れ,子どもたちの心や希望や信頼・未来を失ってきたのではないでしょうか.

　本書は,創価大学の創立 35 周年を記念する出版助成金(平成 16 年度)を与えられることで出版が可能になりました.本当に嬉しく喜ばしく,心より感謝しています.

　また,創立者池田先生にこれまでの実に大きなご指針やご激励をいただき,勇気づけられてきたことを感謝し,満腔の意を込めて厚く御礼申し上げたく思います.大学の第 2 の草創期の大学改革・創造の貴重な時期に出版助成で更なる教育の向上へと奨励をして下さった学長初め関係者の方がたに厚くお礼を申し上げ,更なる教育に深まりをもたらすべく,まだまだ若々しい心で自分らしく努力するように致します.

　そして,本書の出版のために,さまざまな点で励まし,お骨折り下さった学文社社長田中千津子氏には,感謝してもしきれない程の気持ちであります.本当に幸せな気分です.

　本書を編むに当たりましては,これまでの研究調査を纏め上げたつもりです

が，思わぬ間違いや不備・不足などあるやもしれません．読者諸君の忌憚のないご意見・ご叱正などお寄せいただきたく思います．

　平成4年4月

西村　洋子

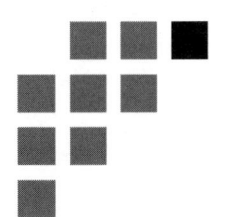

索 引

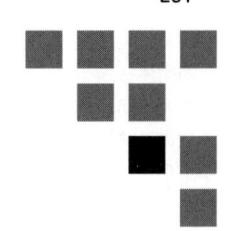

あ 行

後継ぎの子同士　11
イエ意識　11
一妻多夫婚　8
"一般化された他者"　27
一夫一妻制家族　8
イド　28
陰茎期　28
インセスト・タブー　14,18
ウォラーステーン，J.　64
エゴ　28
オールタナティブ　67
オグバーン，W. F.　16

か 行

外婚原理　14
鏡に映る自己　26
核家族　6
拡大家族　7
家族　75
家族員の個別分離化　30
家族生活周期　38
家族内役割分担の機能　20
家族の姓　187
家族の保護と情緒的欲求充足の機能　21
家族のライフサイクルの諸段階　39
過度な役割分業　40
カナダ単親家族協会　149
過保護や過干渉　30
空っぽの巣　42

帰属的地位　23
基礎的社会化　17
救済離婚主義　54
教育の女性化　155
業績的地位　23
共同親権　132,210
近親相姦禁止→インセスト・タブー
近親相姦禁止規則　14
クーリー，H.　26
組み換え　75
経済——家計維持機能　19
結婚解消　52
結婚の個人主義化　13,99
結婚　13
ケリイ，J.　64
口唇期　28
肛門期　28
個人領域の拡大化　30
子どもの社会化の機能　22
婚姻証明書なき結婚　174
婚姻子　172
婚外出生児　88
婚外子　208
混合家族　12,47,74
婚前同棲　198
婚内子　208

さ 行

再構成家族　74
里親家族　211
自我の発達　26

(妻の) 自己同一性概念　33
自助団体　148
私生児　208
児童福祉委員会　211
私別化　20
市民結婚　198
社会的再生産　18
社会的地位付与の機能　22
重婚罪　8
"重要な他者"達の役割　27
衝動的な"I"　27
女性の性と母性の分離　156
諸要求を自己認知する"me"　27
新拡大家族　47
新居制　9
ジンジャー・ブレッド　73, 122
親性　40
親性の認可　19
スーパーエゴ　28
雀百まで踊り忘れず　25
スティグマ　19
ステップ・ファミリー　12, 70
スワッピング　18
生育家族　7
青少年期　40
生殖革命　12
生殖家族　7
生殖期　28
精神的な5つの段階　28
性的─生殖的機能　17
性役割　12
世帯分離　7
絶対的離婚　52
狭く内に向う価値　30
潜在期　28
選択居制または双居制　9
1,000人の姉妹達　221
双系制　10

相対主義的な家族　129

た 行

第1次的社会化　41
脱教会化　154
ためし婚　175, 198
単婚家族　8
単親家族　12, 66, 173
単親家族と社会化　36
父親不在の現象　40
嫡出子　19
直系家族制　15
定位家族　7
伝統的役割分業観　32
同性愛　18
同性愛家族　12, 15
同棲＝"慣習法結婚"　202
同棲規準　118
共働き家族と社会化　32

な 行

内婚原理　14

は 行

パーソナリティの安定化　17
パーソンズ，T.　17
配偶者なき親達の団体　149
配偶者なき親　73
破綻離婚主義　54, 55
母親主導型　40
非合法的出産　132
非婚同棲　100
非婚同棲家族　15
非嫡出　100
非嫡出子　19, 209
ひとり親家族→単親家族
ひとり親団体　73
ひとりっ子同士の結婚　11

平等結婚　12
平等制　12
ヒル，R. の9段階説　39
広く外に向う価値　30
ファイナー・リポート　112
夫婦家族制　15
父居制　9
父系制　10
複婚家族　8
フロイト　28
訪問権　132
母居制　9
母系制　10
母子ダイアド　222

ま 行

Muss-Ehe　175

ミード，H. G.　27
未成熟段階　24
三つ子の魂百まで　25
未発達状態　24

や 行

友愛結婚　12
有責離婚主義　54,55
予見的社会化　42

ら 行

良心結婚　198
両親との"同情関係"　27
連次結婚　15, 57, 127

わ 行

Wilde Ehe　176

著者紹介

西村　洋子（にしむら・ひろこ）
　　　　　鳥取県生まれ
　1971年　中央大学文学部を経て立正大学大学院博士課程満期退学
　　　　　（社会学専攻）
　現　職　創価大学文学部教授
　主　著　「単親家族問題国際比較」『福祉国家にみる都市化の問題』
　　　　　（共著）垣内出版，「家族の崩壊―母子―父子家庭」『家族の
　　　　　人間関係』プレーン出版，「家族―第一次集団における社会
　　　　　化」『揺らぐ社会の人間形成』勁草書房
　　　　　（編書）『教養の家族社会学』学文社，『地域社会と人間』学
　　　　　文社，"THE AGEING IN HUNGARY AND JAPAN"
　　　　　(Hungarian central statistical office) 他多数

変化する社会と家族の役割・価値
―――――――――――――――――――――――――――――
2004年5月5日　第一版第一刷発行

　　　　　　　　　　　　　　著者　西　村　洋　子

発行所　株式会社　学文社　〒153-0064　東京都目黒区下目黒3-6-1
　　　　　　　　　　　　　　　　　　　電話 (03) 3715-1501（代表）
発行者　田　中　千津子　　　　　　　振替 00130-9-98842

　乱丁・落丁本は，本社にてお取替え致します。　　　　（検印省略）
　定価は，カバー，売上げカードに表示　　　　　　印刷／㈱亨有堂印刷所

Ⓒ 2004　NISHIMURA Hiroko　Printed in Japan　　ISBN4-7620-1328-5